新工科·智能网联汽车卓越工程师培养系列教材

智能网联汽车建模与仿真技术

（含实验指导）

主　编　李　彪　王　巍
副主编　朱　鸣　白　云　罗长亮
参　编　侯晓晓　和　柯　朱茂飞　郑廷钊　李腾飞　夏宁馨

配套资源目录

机械工业出版社

本书以智能网联汽车建模与仿真为背景，层层递进引入仿真基础知识、环境感知及识别、功能系统控制等。具体来说，本书介绍了智能网联汽车仿真系统构成、仿真测试体系、场景构建方法以及仿真基础知识和软件。在此基础上，本书沿着智能网联汽车仿真技术路线，重点阐述了环境感知传感器、目标识别技术、运动控制技术、部分功能系统等内容。在最后，本书还给出了自动驾驶测试及仿真示例，帮助读者进行实践以加深对该课程的理解。

本书可作为应用型本科院校汽车类专业教材，也适合对智能网联汽车建模仿真技术感兴趣的读者阅读学习，无论是开发者、设计者、科研工作者还是刚入门的人员。

图书在版编目（CIP）数据

智能网联汽车建模与仿真技术：含实验指导 / 李彪，王巍主编. —北京：机械工业出版社，2022.11（2024.1重印）
新工科·智能网联汽车卓越工程师培养系列教材
ISBN 978-7-111-72044-7

Ⅰ.①智… Ⅱ.①李…②王… Ⅲ.①汽车 – 智能通信网 – 系统建模 – 技术培训 – 教材②汽车 – 智能通信网 – 系统仿真 – 技术培训 – 教材
Ⅳ.① U463.67

中国版本图书馆 CIP 数据核字（2022）第 215859 号

机械工业出版社（北京市百万庄大街22号　邮政编码100037）
策划编辑：王　婕　何士娟　责任编辑：王　婕　何士娟
责任校对：潘　蕊　陈　越　封面设计：马若漾
责任印制：常天培
固安县铭成印刷有限公司印刷
2024年1月第1版第2次印刷
184mm×260mm · 19.5印张 · 474千字
标准书号：ISBN 978-7-111-72044-7
定价：75.00元

电话服务　　　　　　　　网络服务
客服电话：010-88361066　机 工 官 网：www.cmpbook.com
　　　　　010-88379833　机 工 官 博：weibo.com/cmp1952
　　　　　010-68326294　金 书 网：www.golden-book.com
封底无防伪标均为盗版　机工教育服务网：www.cmpedu.com

前 言

2021年8月，工业和信息化部发布《关于加强智能网联汽车生产企业及产品准入管理的意见》，明确智能网联汽车产品应满足模拟仿真、封闭场地、实际道路、网络安全、软件升级、数据记录等测试要求。其中，封闭场地与实际道路测试均属于传统测试技术，要求使用真实车辆在真实世界进行测试，在场景覆盖面及测试效率上存在较大局限。在此背景下，模拟仿真技术可从以下两个方面补充实车测试的不足之处：首先，可以模拟真实世界中出现概率极低的危险场景，从而可以使自动驾驶系统在更加丰富和复杂的场景中进行高频度的有效测试验证，在保障安全高效的前提下实现更充分的测试验证效果，提高自动驾驶功能开发和测评的可靠性；其次，通过对实车测试数据进行复现和泛化，不仅能够更加有效和深入地分析实车测试过程中的问题，进行针对性优化，而且可以更加精准地约束测试条件，提升测试效率，缩短功能开发和测试周期。

本书以智能网联汽车建模与仿真为背景，层层递进引入仿真基础知识、环境感知及识别、功能系统控制等。具体来说，本书介绍了智能网联汽车仿真系统构成、仿真测试体系、场景构建方法以及仿真基础知识和软件。在此基础上，本书沿着智能网联汽车仿真技术路线，重点阐述了环境感知传感器、目标识别技术、运动控制技术、部分功能系统等内容。在最后，本书还增加了自动驾驶仿真示例，帮助读者进行实践以加深对该课程的理解。

本书的内容均由参与了智能网联汽车产品设计、开发、测试、评价等各个环节的工程师、产品经理、开发代表、测试代表等一线人员编写，内容充实，实操性强，各类技术均属行业前沿。与目前的教材相比，实操性更强，更易于与岗位技能接轨。

本书由河南凯瑞车辆检测认证中心有限公司、国家智能清洁能源汽车质量检验检测中心李彪，黄河交通学院王巍担任主编；上海霍兰汽车科技有限公司朱鸣，国家智能清洁能源汽车质量检验检测中心白云，中汽院汽车技术有限公司、北京中汽院科技有限公司罗长亮担任副主编；黄河交通学院侯晓晓、和柯，合肥学院朱茂飞，国家智能清洁能源汽车质量检验检测中心李腾飞，高新兴科技集团股份有限公司郑廷钊、夏宁馨参加编写工作。

由于编者学识有限，书中不当之处在所难免，希望读者指正。

本书配备教学课件，选用本书作为教材的教师可在机械工业出版社教育服务网（www.cmpedu.com）注册后免费下载。客服人员微信：13070116286。

编　者

"天工讲堂"二维码目录

素材名称	二维码	页码	素材名称	二维码	页码
李德毅院士的"工匠精神"		21	77GHz毫米波雷达		91
中国科技服务第31届世界大学生夏季运动会		77	毫米波雷达的应用		93
车载视觉传感器的作用与分类		82	激光雷达的定义		99
毫米波雷达认知		87	激光雷达的产品及应用		103
毫米波雷达的工作原理		89	汽车GPS导航定位		111

"天工讲堂"二维码目录

（续）

素材名称	二维码	页码	素材名称	二维码	页码
中国北斗为何成为世界一流卫星导航系统		120	自动驾驶汽车道路行驶教学演示		178
前碰撞系统作用		149	车道保持辅助系统仿真		附加册 41
前向碰撞预警系统的原理		150	车道偏离预警系统仿真		附加册 48
车道保持辅助系统认知		152	自动制动辅助系统仿真		附加册 55
自动制动辅助系统认知		158	自适应巡航控制系统仿真		附加册 61
自适应巡航控制系统的认知		165			

目 录

前言
"天工讲堂"二维码目录

第1章　绪论　1

1.1　智能网联汽车概述　1
1.1.1　智能网联汽车自动化　1
1.1.2　智能网联汽车环境感知传感器　3
1.1.3　智能网联汽车路侧智能感知系统　5

1.2　智能网联汽车仿真概述　8
1.2.1　驾驶自动化仿真定义　8
1.2.2　智能网联汽车自动驾驶仿真体系　9
1.2.3　驾驶自动化仿真系统构成　10
1.2.4　驾驶自动化仿真测试流程　11

1.3　智能网联汽车驾驶自动化仿真测试评价　13
1.3.1　虚拟仿真测试评价体系　13
1.3.2　虚拟仿真测试平台搭建技术要求　15
1.3.3　驾驶自动化系统测试内容　20

思考题　21

第2章　智能网联汽车驾驶自动化系统仿真　22

2.1　智能网联汽车自动驾驶仿真基础知识　22
2.1.1　坐标系搭建　23
2.1.2　汽车模型搭建　26
2.1.3　卡尔曼滤波技术　32
2.1.4　道路识别技术　36
2.1.5　车辆识别技术　42
2.1.6　行人识别技术　44
2.1.7　传感器信息融合技术　48

2.2　智能网联汽车自动驾驶仿真软件　51

	2.2.1　CarSim 软件	51
	2.2.2　PreScan 软件	52
	2.2.3　CarMaker 软件	53
	2.2.4　VIRES VTD 软件	55
	2.2.5　51Sim-One 软件	56
	2.2.6　PTV-VISSIM 软件	58
	2.2.7　Pro-SiVIC 软件	59
	2.2.8　PanoSim 软件	60
2.3	智能网联汽车自动驾驶仿真模块	62
	2.3.1　PreScan 的用户模块	62
	2.3.2　PreScan 基本操作流程	64
	2.3.3　PreScan 常见场景元素库	69
	2.3.4　PreScan 与 MATLAB 联合	75
思考题		77

第 3 章　智能网联汽车环境感知及仿真　　78

3.1	视觉传感器	78
	3.1.1　视觉传感器认知	79
	3.1.2　视觉传感器函数和模块	82
3.2	毫米波雷达	87
	3.2.1　毫米波雷达认知	87
	3.2.2　雷达检测器函数和模块	94
3.3	激光雷达	99
	3.3.1　激光雷达认知	99
	3.3.2　激光雷达函数和仿真	106
3.4	导航定位技术	110
	3.4.1　导航定位技术认知	111
	3.4.2　导航定位函数和仿真	117
思考题		120

第 4 章　智能网联汽车驾驶控制仿真　　121

4.1	驾驶场景	121
	4.1.1　驾驶场景认知	121
	4.1.2　驾驶场景模块	123
4.2	汽车运动控制技术	140
	4.2.1　汽车运动模型认知	140
	4.2.2　汽车运动控制模块	147

4.3 前向碰撞预警系统 ····· 149
4.3.1 前向碰撞预警系统认知 ····· 149
4.3.2 前向碰撞预警系统仿真 ····· 151
4.4 车道保持辅助系统 ····· 152
4.4.1 车道保持辅助系统认知 ····· 152
4.4.2 车道保持辅助系统模块 ····· 155
4.5 自动制动辅助系统 ····· 158
4.5.1 自动制动辅助系统认知 ····· 158
4.5.2 自动制动辅助系统模块 ····· 162
4.6 自适应巡航控制系统 ····· 165
4.6.1 自适应巡航控制系统认知 ····· 165
4.6.2 自适应巡航控制系统模块 ····· 168
4.7 路径跟踪系统 ····· 173
4.7.1 路径跟踪系统认知 ····· 173
4.7.2 路径跟踪系统模块 ····· 174
思考题 ····· 177

第5章 智能网联汽车自动驾驶测试及仿真示例 178

5.1 自动驾驶仿真测试与测试场景介绍 ····· 178
5.1.1 自动驾驶测试概述 ····· 178
5.1.2 测试场景概述 ····· 181
5.2 自动驾驶仿真测试 ····· 184
5.2.1 仿真测试的必要性 ····· 184
5.2.2 测试场景的架构及要素 ····· 185
5.2.3 测试场景的构建方法及应用 ····· 191
5.3 自动驾驶仿真测试典型场景 ····· 195
5.3.1 自动驾驶功能测试内容 ····· 195
5.3.2 自动驾驶功能主要测试场景 ····· 197
5.4 自动驾驶仿真测试场景用例设计和案例 ····· 214
5.4.1 仿真测试场景的设计内容 ····· 214
5.4.2 自动驾驶仿真测试场景案例 ····· 214
思考题 ····· 221

参考文献 ····· 222

第1章 绪 论

本章首先介绍了智能网联汽车自动化的基本知识和实现自动化驾驶的智能感知传感器,包括超声波传感器、毫米波雷达、激光雷达和视觉传感器。在此基础上介绍智能网联汽车路侧感知常见应用场景,进一步介绍路侧智能感知系统,包括交通标志识别系统和交通信号灯识别系统。其次,介绍智能网联汽车仿真相关内容,如智能网联汽车驾驶自动化仿真定义、体系、系统构成和测试流程。最后介绍智能网联汽车驾驶自动化仿真测试评价体系、测试平台搭建技术要求和常见的测试内容。

 学习目标

1. 了解智能网联汽车及自动化的概念。
2. 掌握智能网联汽车感知传感器技术。
3. 掌握智能网联汽车路侧智能感知系统。
4. 掌握智能网联汽车驾驶自动化仿真测试流程。
5. 了解智能网联汽车虚拟仿真测试评价体系和测试平台搭建技术要求。
6. 掌握智能网联汽车驾驶自动化系统测试内容。

1.1　智能网联汽车概述

2020年2月,国家发展和改革委员会联合科技部、工信部、财政部、交通运输部、商务部等11部委印发《智能汽车创新发展战略》,旨在加快推进智能网联汽车的创新发展。智能网联汽车已经进入发展的快车道,其所涉及的知识和技术与传统汽车有较大差别,因此必须重新构建,以满足智能网联汽车快速发展对人才的需求。智能网联汽车如何感知外界行驶环境?其驾驶自动化功能如何进行测试评价?

1.1.1　智能网联汽车自动化

1. 智能网联汽车

从狭义讲,智能网联汽车是指搭载先进的车载传感器、控制器、执行器等装置,并融合现代通信与网络技术,实现车与X(车、路、行人、云端等)智能信息交换、共享,具备复杂环境感知、智能决策、协同控制等功能,可实现车辆"安全、高效、舒适、节能"行驶,并最终可实现替代人来操作的新一代汽车。

从广义讲，智能网联汽车是以车辆为主体和主要节点，融合现代通信和网络技术，使车辆与外部节点实现信息共享和协同控制，以达到车辆"安全、有序、高效、节能"行驶的新一代多车辆系统。

智能网联汽车是一种跨技术、跨产业领域的新兴汽车体系，不同角度、不同背景对它的理解是有差异的，各国对于智能网联汽车的定义不同，叫法也不尽相同，但终极目标是一样的，即可上路安全行驶的无人驾驶汽车。

智能网联汽车更侧重于解决安全、节能、环保等制约产业发展的核心问题，其本身具备自主的环境感知能力，其聚焦点是在车上，发展重点是提高汽车安全性。

2. 智能网联汽车自动化分级

2021年8月20日，由工业和信息化部提出、全国汽车标准化技术委员会归口的GB/T 40429—2021《汽车驾驶自动化分级》由国家市场监督管理总局、国家标准化管理委员会批准发布（国家标准公告2021年第11号文），于2022年3月1日起实施。

该标准为《国家车联网产业标准体系建设指南（智能网联汽车）》规划的分类和编码类推荐性国家标准项目（体系编号102-3），规定了汽车驾驶自动化分级遵循的原则、分级要素、各级别定义和技术要求框架，旨在解决我国汽车驾驶自动化分级的规范性问题。

标准规定了汽车驾驶自动化功能的分级，适用于具备驾驶自动化功能的M类、N类汽车，其他类型车辆可参照执行。

基于驾驶自动化系统能够执行动态驾驶任务的程度，根据在执行动态驾驶任务中的角色分配以及有无设计运行范围限制，将驾驶自动化分成0~5级，共6个等级。其中，0~2级为驾驶辅助，系统辅助人类执行动态驾驶任务，驾驶主体仍为驾驶人；3~5级为自动驾驶，系统在设计运行条件下代替人类执行动态驾驶任务，当功能激活时，驾驶主体是系统。各级名称及定义如下：

1）0级驾驶自动化——应急辅助（Emergency Assistance）系统不能持续执行动态驾驶任务中的车辆横向或纵向运动控制，但具备持续执行动态驾驶任务中的部分目标和事件探测与响应的能力。

2）1级驾驶自动化——部分驾驶辅助（Partial Driver Assistance）系统在其设计运行条件下持续地执行动态驾驶任务中的车辆横向或纵向运动控制，且具备与所执行的车辆横向或纵向运动控制相适应的部分目标和事件探测与响应的能力。

3）2级驾驶自动化——组合驾驶辅助（Combined Driver Assistance）系统在其设计运行条件下持续地执行动态驾驶任务中的车辆横向和纵向运动控制，且具备与所执行的车辆横向和纵向运动控制相适应的部分目标和事件探测与响应的能力。

4）3级驾驶自动化——有条件自动驾驶（Conditionally Automated Driving）系统在其设计运行条件下持续地执行全部动态驾驶任务。

5）4级驾驶自动化——高度自动驾驶（Highly Automated Driving）系统在其设计运行条件下持续地执行全部动态驾驶任务并自动执行最小风险策略。

6）5级驾驶自动化——完全自动驾驶（Fully Automated Driving）系统在任何可行驶条件下持续地执行全部动态驾驶任务并自动执行最小风险策略。

3. 智能网联汽车驾驶自动化系统

智能网联汽车驾驶自动化系统由环境感知系统、智能决策系统以及控制和执行系统组成。

汽车在行驶过程中通过传感器自行感知周围环境及道路上的各种信息，并依据感知信息完成处理、融合过程，形成对全局的理解，进一步通过各种算法决策如何应对，最后将决策信息传递给各控制系统形成执行命令，完成驾驶动作。

(1) 环境感知系统

环境感知指对于整个驾驶环境的场景认知能力，是对障碍物、道路标志、交通标线、车辆、交通信息等数据的语言分类。

环境感知系统的主要功能是通过车载环境感知技术、卫星定位技术、4G/5G 及 V2X 无线通信技术等，实现对车辆本身和外界（如道路、车辆和行人等）静、动态信息的提取和收集，并向智能决策系统输送信息。

智能网联汽车自动驾驶常用的环境感知传感器有视觉传感器、毫米波雷达、激光雷达、超声波传感器和红外传感器等。

(2) 智能决策系统

决策规划是智能网联汽车的关键之一。智能决策系统的主要功能是接收环境感知层的信息并进行融合，对道路、车辆、行人、交通标志和交通信号等进行识别，决策分析和判断车辆驾驶模式和将要执行的操作，并向控制和执行层输送指令。比如从 A 地到 B 地，需要通过一系列规划的算法实现，包括地图的建立、避障等，最后选择一条最优化路线，这就是决策规划。

(3) 控制和执行系统

控制执行系统的主要功能是根据功能决策的指令对车辆进行操作和协调，为联网车辆提供道路交通信息、安全信息、娱乐信息、救援信息、商务信息、在线消费等，以保证安全可靠、舒适驾驶。

1.1.2 智能网联汽车环境感知传感器

自动驾驶汽车在传统汽车的基础上扩展了视觉感知功能、实时相对地图功能、高速规划与控制功能，增加了全球定位系统天线、工业级计算机、GPS 接收机、雷达等核心软硬件。环境感知系统通过各种传感器采集周围环境基本信息，是自动驾驶的基础，主要包括毫米波雷达、激光雷达、超声波传感器、视觉传感器等。

环境感知是通过安装在智能网联汽车上的智能传感器或 V2X 技术，对道路、车辆、行人、交通标志、交通信号灯等进行检测和识别，主要应用于先进驾驶辅助系统（ADAS）和自动驾驶系统（ADS），保障智能网联汽车安全、准确到达目的地。

1. 超声波传感器

超声波传感器是利用超声波的特性，将超声波信号转换成其他能量信号的传感器，具有频率高、波长短、绕射现象小等特点，对液体、固体的穿透性较强，用于自动驾驶汽车可帮助车辆探测外部环境并指导车辆对此做出适当的反应。超声波传感器能够发出高于人类听觉水平的高频声音。

超声波传感器初期主要用于车辆制动辅助系统和倒车雷达，用来检测障碍物以避免碰撞和擦蹭，目前已被研究应用在自动泊车和自动制动系统中。

自动泊车辅助系统利用超声波传感器提供的停车区信息和车辆位置，控制汽车节气门、制动器和转向，从而完成车库停车和侧方位自动泊车。泊车传感器通过声呐技术来计算与目标物体的距离或方向，汽车制造商通过在后保险杠上安置 2~4 颗传感器来部署自动泊车系统，这样可以确保探测距离在 2～2.5m，并将测量到的距离用蜂鸣声传达给驾驶人。

超声波自动制动系统是通过松开加速踏板同时采取制动来避免前侧碰撞，放置在汽车车头的超声波传感器会发射超声波，在接收到前面物体的反射波后确定汽车与物体之间的距离，进而通过伺服电机自动控制汽车制动系统。

2. 毫米波雷达

毫米波雷达利用无线电波对物体进行探测和定位。

现在的车载毫米波雷达系统主要有用于中短测距的 24GHz 雷达和长测距的 77GHz 雷达 2 种，其中 77GHz 的优势主要在于距离和速度测定的准确性，此外其角分辨率也更加精准。毫米波雷达可有效提取景深及速度信息，识别障碍物，有一定的穿透雾、烟和灰尘的能力，但在环境障碍物复杂的情况下，由于毫米波依靠电磁波定位，因此电磁波出现漫反射时，漏检率和误差率比较高；固态雷达芯片系统很常见，体积小，价格低廉。它们具有良好的频率范围，但与其他传感器相比，分辨率更差。固态雷达芯片系统在明暗条件下同样能够很好地探测和定位。77GHz 系统受雾、雨和雪的干扰影响较小。

车载毫米波雷达无法进行颜色、对比度或光学字符识别，但在测定当前交通场景中目标的相对速度方面非常准确且时效性高。

3. 激光雷达

激光雷达依靠的是激光而不是无线电波。除了激光发射器，这套系统还需要一个敏感的接收器。激光雷达系统能探测静态和动态物体，并提供被探测物的高分辨率的几何图像、距离图像和速度图像。

激光雷达目前是大而昂贵的系统，必须安装在车辆外面。其可分为单线和多线激光雷达，多线激光雷达可以获得极高的速度、距离和角度分辨率，形成精确的 3D 地图，是智能驾驶汽车发展的技术路线，但是成本较高，也容易受到恶劣天气和烟雾环境的影响。按照有无机械旋转部件，激光雷达也可分为机械环绕式激光雷达、固态激光雷达和混合固态激光雷达三种。机械环绕式激光雷达带有控制激光发射角度的旋转部件，而固态激光雷达则无需机械旋转部件，主要依靠电子部件来控制激光发射角度。由于内部结构有所差别，三种激光雷达的大小也不尽相同，机械环绕式激光雷达体积更大，总体来说价格更为昂贵，但测量精度相对较高。而固态激光雷达尺寸较小，成本低，但测量精度相对会低一些。混合固态激光雷达介于两者之间。目前，固态激光雷达已初步实现了量产，是未来发展趋势。

与其他雷达相比，激光雷达在所有光线条件下都能很好地工作，但激光雷达无法检测颜色或对比度，也无法提供光学字符识别功能。在汽车行业，激光雷达是个相对较新的系统，正越来越受欢迎。谷歌的自动驾驶汽车解决方案使用激光雷达作为主要传感器，但也使用其他传感器。

激光雷达在工业和军事领域已经应用。但是由于激光雷达拥有 360° 全景视角的复杂机械透镜系统，单个成本高达数万美元。因此，激光雷达暂时还不能像毫米波雷达一样在汽车产业大规模部署。

4. 视觉传感器

视觉传感器是指利用光学元件和成像装置获取外部环境图像信息的仪器，通常用图像分辨率来描述视觉传感器的性能。视觉传感器的精度不仅与分辨率有关，而且同被测物体的检测距离相关。被测物体距离越远，其绝对的位置精度越差。

视觉传感器成本低、体积小且分辨率高。与其他传感器不同，视觉传感器具有颜色、对比度和光学字符识别功能，但受光线条件影响，其探测范围和性能会随着光线水平变暗而降低。

通过对采集图像进行计算机算法分析，车载摄像头能够识别行人、自行车、机动车、车道线、路牌、信号灯等环境信息，进而支撑实现车道保持辅助、车道偏离预警、前向碰撞预警、行人碰撞预警、全景泊车、驾驶人疲劳预警等功能。

1.1.3 智能网联汽车路侧智能感知系统

1. 路侧感知功能

路侧感知就是利用摄像机、毫米波雷达、激光雷达等传感器，并结合路侧边缘计算，实现对该路段的交通参与者、路况等的瞬时智能感知。

路侧感知能拓展自动驾驶车辆和驾驶人的感知范围，并通过V2X车路协同技术实现人-车-路-云的一体化运行监测，第一时间发现道路通行异常，实现车路协同、车云协同、区域路云协同等智能应用，满足自动驾驶车辆和社会车辆智能出行需求，同时它能使监管机构变得更加高效灵活，从而建立一个响应速度更快、更加灵活的监管环境。

针对自动驾驶车辆，路侧感知将增强其感知能力，有效弥补单车智能的感知盲点，让自动驾驶由过去的单车智能转变为有组织的高效协同合作。在自动驾驶感知、决策层面技术痛点无法短时间突破的背景下，行业正由单车智能走向协同智能，也将推动自动驾驶产业加速成熟，最终形成低成本的自动驾驶。

针对普通社会车辆，路侧感知将给其赋能先进辅助驾驶功能。通过路侧雷达、摄像头等传感器采集汽车周边、前方较远距离的环境数据，进行静态和动态物体的识别与跟踪，控制系统结合地图数据做出行为决策，使驾驶人觉察可能发生的危险，从而有效提升驾驶安全性与舒适性。社会车辆通过安装车路协同App或者观察道路侧的交通信息指示牌，即可体验部分功能，获取视距范围外的实时路况信息，提前根据需要减速或调整路线，以达到降低交通隐患、舒适出行的目的。

路侧感知数据接入交警数据平台，可将原始数据和本地处理的结果上传云端，通过对海量交通运行数据进行整合处理，形成分析预测模型，运用于交通调度引导、线路规划和车辆管控等方面，推动道路基础设施要素资源全面数字化、"人车客货"互联互通，用数据管理和决策为车辆的运行与监管提供全方位的支持，为提升高速公路的交通效率提供了有效的解决方案。

2. 路侧感知常见应用场景

通过对不同类型的路段进行路侧感知会得到相应的应用场景，这些应用场景不但能够保证车辆安全通行的需求，同时还能够满足智能网联车辆的测试需求。立足于不同路段的交通流特点及其延伸出来的痛点分析结果，我们将路侧感知应用场景划分为智慧高速道路和智慧城市交叉路口两个主要的应用板块。

智慧高速解决方案中，路侧感知主要场景见表1-1。

智慧城市解决方案中，路侧感知主要场景见表1-2。

网联化是指通过V2X技术，让所有道路参与者实现路况信息实时共享，实现真正的"人-车-路-云"协同智能。路侧感知是V2X的重要组成部分，通过架设在道路侧的传感器感知实时道路信息和交通信息，并与车辆共享，使车拥有超视距感知能力，为实现更高级别的智能驾

表 1-1　智慧高速道路路侧感知主要场景

序号	主要场景	序号	主要场景
1	弱势交通参与者碰撞预警（行人、非机动车）	11	障碍物识别与响应
2	车辆违停检测	12	交通事故提醒
3	车流量统计	13	特殊车辆提醒
4	前方拥堵提醒	14	高速车道线磨损提示
5	道路施工检测	15	白天能见度检测与预警
6	异常驾驶行为预警（导流线区域停车）	16	区间测速
7	高速汇流通行辅助	17	车辆连续变道提醒
8	车辆超速预警	18	护栏间距提醒
9	车辆危险行为预警（慢速车辆）	19	车辆逆行避碰预警
10	出匝道口非法变道预警	20	违法车辆预警（占用应急车道）

表 1-2　智慧城市道路路侧感知主要场景

序号	主要场景	序号	主要场景
1	交叉路口全息态势感知（LDM）	11	障碍物识别与响应
2	"鬼探头"预警	12	紧急制动预警
3	交叉路口防碰撞	13	红绿灯动态配时
4	前方拥堵提醒	14	绿波车速引导
5	车流量统计	15	车辆失控预警
6	非机动车接近预警	16	公交优先
7	逆向行驶告警	17	车道级交通诱导
8	违停车辆监控	18	路口排队状态
9	道路施工预警	19	行人穿越预警
10	车辆超速预警		

驶提供新方向。同时，V2X 技术是物联网技术面向应用的概念延伸。通过 V2X 技术，将路侧传感器与车载传感器等进行互联，也有利于实现单机智能向互联智能，甚至主动智能方向转变。因此，智能网联汽车路侧智能感知离不开交通标志和信号灯的识别技术。

3. 交通标志识别系统

在与机动车有关的死亡事故中，一部分是因为发生了与速度有关的碰撞。交通标志识别（TSR）是一种先进驾驶辅助系统，也是一个车辆安全系统。该系统使用先进的前置摄像头，一般安装在风窗玻璃上，靠近后视镜。摄像头处理道路标志的检测，软件对其进行处理，对某些交通标志的含义进行分类。在对交通标志进行分类后，通过仪表板、多媒体或平视显示器将交通标志信息传递给驾驶人，帮助驾驶人了解速度限制和其他道路标志，帮助驾驶人提高安全意识，能够做出更安全的驾驶决定。

交通标志的识别包括两个过程：检测和识别。

检测的目的是去除无效信息对识别的干扰，只对感兴趣的区域处理，减少计算机处理图像的计算量。一般是通过交通标志的色彩或是形状特征以及两者综合的方法检测出所有可能是交通标志的区域，然后将兴趣区域从整个图像中分割，再进行规则化以方便在接下来的识别阶段识别交通标志。检测方法通常分为基于颜色和基于形状检测两类。颜色是交通标志最重要的特征之一，同类交通标志通常具有颜色相同的特征，比如我国交通标志大部分为红、黄、蓝、黑、白几种颜色，并且视角改变时颜色也不会发生改变。而且，根据色彩空间的特征，颜色具有较好的可分离性。通过特征颜色分割，可以达到去除大片非感兴趣区域的目的，这有利于提高系统的实时性。

识别就是进一步判定分割出的交通标志内核区域的含义。在完成检测到交通标志并把非交通标志的区域设为背景后，还要经过将分割出的图像进行归一化以及预处理操作，如消除噪声、拍摄抖动、光照等的影响，而后对其内核内容进行识别，通常使用支持向量机进行分类。该方法是一种基于对大量样本学习的优化分类模型，原理是根据统计学的结构风险最小化原理，其结构简单泛化能力强，在颜色分割的基础上，以目标区域的边界距离为特征训练线性支持向量分类检测交通标志，然后以交通标志的全部像素为特征训练非线性支持向量分类机来对标志进行分类理解。该算法不足之处是以标志的全部像素为特征，特征空间较大，网络复杂；分类时需要高维映射，计算量较大。

交通标志检测并不是在所有情况下都能发挥作用，当道路标志损坏、缺失或相隔距离较远时，就更明显了。由于识别道路标志的固有问题，一些车辆使用 TSR 和全球定位系统（GPS）数据的组合来驱动其当前的速度限制显示。将不同来源的数据结合起来，可以获得更好的知情驾驶体验。

目前的技术还不能确定所有的交通标志，也不能在所有条件下运行。TSR 系统的性能受以下几种情况限制：前照灯脏污或调整不当；风窗玻璃脏污、起雾或堵塞；翘曲、扭曲或弯曲的标志；轮胎或车轮状况异常；由于重物或修改悬架而导致的车辆倾斜。虽然 TSR 和类似的车辆传感技术在迈向完全自主驾驶方面很有帮助，但距离仍然很大，驾驶人不能完全依赖任何 ADAS 来替他们驾驶。

4. 交通信号灯识别系统

交通信号灯识别系统同样包括检测和识别两个基本环节。首先是定位交通信号灯，通过摄像头从复杂的城市道路交通环境中获取图像，根据交通信号灯的颜色、几何特征等信息，准确定位其位置，获取候选区域。然后是识别交通信号灯，通过检测算法获取交通信号灯的候选区域，通过对其分析及特征提取运用分类算法，实现对其分类识别。

（1）系统组成

交通信号灯有各种识别系统，主要由图像采集模块、图像预处理模块、检测模块、识别模块、跟踪模块和通信模块等组成。

1）图像采集模块。摄像头的成像质量好坏将影响后续识别和跟踪的效果，一般采用彩色摄像头，其中镜头焦距、曝光时间、增益、白水平等参数的选择都对摄像头成像效果和后续处理有重要影响。

2）图像预处理模块。图像预处理模块包括彩色空间选择和转换，彩色空间各分量的统计分析基于彩色分析的彩色图像分割、噪声去除以及基于区域生长聚类的区域标记，通过图像预处理后得到交通信号灯的候选区域。

3）检测模块。检测模块包括离线训练和在线监测两部分。离线训练通过交通信号灯的样本和背景样本的统计学习得到分类器，利用得到的分类器完成交通信号灯的检测。

4）识别模块。通过检测模块在图像中的检测定位，结合图像预处理得出信号灯色彩结果、交通信号灯发光单元面积大小和位置等先验知识，从而实现交通信号灯的识别功能。

5）跟踪模块。通过识别模块得到的结果可以得到跟踪目标，利用基于彩色的跟踪算法可以对目标进行跟踪，有效提高目标识别的实时性和稳定性。运动目标跟踪办法可分为四类，分别是基于区域的跟踪办法、基于特征的跟踪办法、基于主动轮廓线的跟踪办法和基于模型的跟踪办法。

6）通信模块。该模块是联系环境感知模块、规划决策模块与车辆底层控制模块的桥梁，通过制订的通信协议完成各系统的通信，实现信息共享。

（2）识别方法

交通信号灯的识别方法主要有基于颜色特征的识别算法和基于形状特征的识别算法。

1）基于颜色特征的识别算法。基于颜色特征的交通信号灯识别算法主要是选取某个色彩空间对交通信号灯的红、黄、绿3种颜色进行描述。在这些算法中，依据对色彩空间的不同，主要分为基于RGB颜色空间的识别算法、基于HIS颜色空间的识别算法和基于HSV颜色空间的识别算法。

2）基于形状特征的识别算法。基于形状特征的识别算法主要是利用交通信号灯和它的相关支撑物之间的几何信息。这一识别算法的主要优势在于交通信号灯的形状信息一般不会受到光学变化和天气变化的影响。此外，也可以将交通信号灯的颜色特征和形状特征结合起来，以减少单独利用某一特征所带来的影响。

1.2 智能网联汽车仿真概述

针对自动驾驶功能，联合国世界车辆法规协调论坛（UN/WP.29）自动驾驶与网联车辆工作组（GRVA）提出了结合审核与审计、仿真测试、场地测试与真实道路测试等多种不同方法来支撑自动驾驶功能的评价方法——"多支柱法"。

场地测试与真实道路测试均属于传统测试技术，要求使用真实车辆在真实世界进行测试，在场景覆盖面及测试效率上存在较大局限。在此背景下，仿真测试技术可从以下两个方面补充实车测试的不足之处：

1）可以模拟真实世界中出现概率极低的危险场景，从而可以使自动驾驶系统在更加丰富和复杂的场景中进行高频度的有效测试验证，在保障安全高效的前提下实现更充分的测试验证效果，提高自动驾驶功能开发和测评的可靠性。

2）通过对实车测试数据进行复现和泛化，不仅能够更加有效和深入地分析实车测试过程中的问题，进行针对性优化，而且可以更加精准地约束测试条件，提升测试效率，缩短功能开发和测试周期。

1.2.1 驾驶自动化仿真定义

自动驾驶仿真技术是计算机仿真技术在汽车领域的应用，它比传统ADAS仿真系统研发更为复杂，对系统在解耦和架构上的要求非常高。仿真技术的基本原理就是在仿真场景内，将真实控制器变成算法，结合传感器仿真等技术，完成对算法的测试和验证。类似其他通用仿真平台，它必须尽可能真实，而对仿真系统进行分析和研究的一个基础性和关键性的问题就是将系统模型化。通过数学建模的方式将真实世界进行数字化还原和泛化，建立正确、可靠、有效的仿真模型是保证仿真结果具有高可信度的关键和前提。

1.2.2 智能网联汽车自动驾驶仿真体系

智能网联汽车自动驾驶仿真体系作为标准的系统工程，由仿真交通场景、仿真软件和测试评价三个主要模块组成。

1. 仿真交通场景

仿真交通场景模块主要用于车辆运行的外部模拟世界，包括外部交通场景要素模拟，例如：①道路情况（高速公路、城市道路等不同的道路结构）；②交通标志和信号灯等道路附属设施；③道路车辆及人等交通参与者（轿车、货车、摩托车、行人）；④道路临时物体（路障、锥桶、遗撒物等）；⑤气候（晴、阴、雨、雪、白天、黑夜等）。此外，还需要模拟不同交通场景要素之间的组合和动态关系，比如在崎岖泥泞的山路上，一辆轿车在被测车辆前方紧急制动停车等情况。

2. 仿真软件

仿真软件不需要真实的环境和硬件，通过软件模拟就能够发现和复现问题，从而可以极大地节省成本和时间。现有的仿真软件主要包括 CarSim、PreScan、CarMaker、VTD、51Sim-One、Vissim、SUMO、rFpro、Cognata、VIRES VTD、Pilot-D GaiA、Metamoto、腾讯 TAD Sim 仿真平台、百度 Apollo、AirSim、NVIDIA Drive Constellation Waymo Carcraft、PanoSim、MATLAB 等。

3. 测试评价

对安全、体验和配置三大维度的评价指标进行测试，对比历史数据和标准值予以评价。仿真测试主要包括模型在环（MIL）、软件在环（SIL）、硬件在环（HIL）、驾驶人在环（DIL）和车辆在环（VIL）。

（1）模型在环（MIL）

在系统开发阶段，需要建立算法模型并进行仿真测试，根据仿真测试结果，不断优化系统设计。这个阶段的仿真通常被定义为模型在环。

在自动驾驶仿真中，通常需要进行模型在环仿真的算法有视觉、雷达、高精度地图、定位、多传感器融合等感知算法，以及规划、决策乃至执行算法。

（2）软件在环（SIL）

在完成模型在环测试后，对算法模型进行代码转化，形成代码，同样需要对代码进行仿真测试，进行代码与算法模型等效性测试，保证代码与算法模型一致。该阶段测试通常被定义为软件在环。

（3）硬件在环（HIL）

硬件在环提供可以模拟真实的系统环境的动态系统模型作为"受控设备仿真"，并通过嵌入式系统的输入输出将其与仿真系统平台相连，形成闭环。硬件在环测试的目的是验证控制器。

（4）驾驶人在环（DIL）

在对车辆、发动机等系统进行仿真的基础上，以及在保证测试精度的前提下，增加了交通和环境的仿真，并将真实驾驶人引入仿真测试闭环，融合传感器仿真技术，结合 3D 实时动画，对系统进行验证。

(5)车辆在环(VIL)

将测试系统集成到真实车辆中,结合仿真平台模拟道路、交通场景以及传感器信号,从而构成完整测试闭环。车辆在环测试的目的是验证测试系统功能、各场景仿真测试、与整车相关电控系统的匹配及集成测试。

1.2.3 驾驶自动化仿真系统构成

虚拟仿真测试是通过传感器仿真、车辆动力学仿真、交通流仿真、道路建模等技术模拟真实测试环境,搭建相对真实的驾驶场景,完成自动驾驶汽车测试工作的一种形式。

仿真系统在整个仿真体系中起到承上启下的作用,能够设置仿真场景、测试研究对象、通过仿真数据接口提供被测对象的运行表现数据,是仿真体系的核心。在实际应用工作中,仿真系统的性能也决定着整个仿真体系的上限。自动驾驶仿真系统主要包括仿真软件和通信环境。

1. 仿真软件

首先,仿真系统不止是仿真软件。从狭义上来说,它是仿真软件、通信环境与被测对象的集合;从广义上来说,它又包括云仿真环境等。

其次,仿真系统是具体的工具。不同的仿真软件、不同的通信环境、不同的被测对象都有各自的特点,作为仿真工程师需要了解不同仿真模块各自的共有属性,并充分理解并利用不同对象的特异性。关键是做到兼容并包,调节需求和客观仿真资源之间的矛盾。

一个完整的自动驾驶仿真软件从逻辑上包括静态环境模块、交通流模块、传感器模块、动力学模块和数据管理模块(包括场景模块)。

(1)静态环境模块

静态环境模块指构建、维护静态场景的模块。具体需要的静态元素需要同感知组进行对接,也可以结合具体的专家知识提取分析产品设计运行域(ODD)。之后需要设计符合真实情况的场景元素并以合理的方法进行泛化。

这一模块的关键问题在于静态环境的真实度保障以及自动化构建大规模静态场景的方法两方面。

(2)交通流模块

常见的动态场景构建方式有:典型交通行为建模,如起动、跟车、换道、超车、十字路口处理等。利用人工智能(AI)技术生成驾驶模型,在虚拟世界中设置AI车辆自动行驶,AI可以学习交通流的特性,尤其在行人仿真方面有比较好的成效。这部分主要可以使用模仿学习、强化学习来完成。导入交通学中的交通流模型,并引入数学概率分布模型。这样的交通流模型包括宏观交通流模型和微观模型,相应的数学概率分布模型应该以高斯模型为主,这部分可以通过与SUMO/Vissim联合仿真完成,也可直接构建交通流模型,将真人开车的数据导入交通流中,研究稀有事件模拟(Rare-Events Simulation),主要利用驾驶模拟器实现。

(3)传感器模块

传感器模块是连接外界环境和被测车辆的媒介。针对不同的被测对象,有不同的传感器模块使用方法。在进行决策规划系统测试时,可使用对象级传感器,由此可以避免传感器模型的不准确带来的大部分后续问题。对于需要原始仿真信息(如图像、点云)的被测系统,则需要基于实际产品情况精确标定传感器参数,如对于图像传感器标定位置外部参数和畸变系数等内部参数,对于激光雷达等传感器标定线数、旋转速度等。

传感器建模是个处理难度很高的模块，目前有物理建模和统计建模两种典型的传感器建模方法。物理建模难度比较高，且需要大量的计算资源，如何弥补这两种模型的缺陷是需要深入讨论的问题。

如果必须要用到传感器建模，那么对于统计建模的方法，可以精心设计噪声参数并通过数据处理方法解决由真实程度带来的仿真结果差异。对于物理建模，则要考虑各仿真器的性能。

（4）动力学模块

动力学模块在传统车辆仿真工作中占有非常重要的地位，相关的理论和实践工作也已非常成熟。动力学仿真结果的精确度直接影响自动驾驶仿真结果的可用程度，主要采用集成动力学仿真的方式。

对于动力学仿真模块，要熟练掌握 CarSim 和 TruckSim 等动力学仿真软件和各种动力学模型，掌握联合仿真方法和动力学模型标定方法。另外，百度提供了一种基于数据的动力学建模方法，也有很高的实用价值。

（5）数据管理模块

数据管理模块指的是管理整个仿真数据管线的模块，它的内涵覆盖范围很广，包括场景解析、仿真过程记录、过程回放、数据导出等。

仿真软件种类很多，也各有特色。常见的有 Prescan、VTD、Panosim、51simOne、GaiA 等商业自动驾驶仿真软件；CARLA、lgsvl、Airsim 等开源自动驾驶仿真软件；精度较低一些的 DeepDrive、一些基于 ROS 构建的自动驾驶仿真平台；专精于特定功能仿真的软件，如在交通流仿真方面有 Vissim、SUMO、High-env 等；在动力学仿真方面有 CarSim、Trucksim、Carmaker 等软件；在静态场景仿真方面有一些大规模城市构建仿真软件；在构建复杂交通流场景方面也有一些软件。

2. 通信环境

通信环境指的是仿真软件和被测对象之间的信息传输环境。其基础是利用计算机网络的相关知识完成信息传输工作，即开发仿真接口。

一般情况下，可以通过通信中间件处理仿真数据，并将其转化为被测对象所需的数据格式进行传输。中间件类型有很多，常用的可能有基于 ROS 的中间件、基于 AutoSAR 的中间件等。关键问题是结合具体测试需求选择合适的中间件，以及如何减少仿真消息的延迟和丢失以保证通信效率，这和仿真的可用度密切相关。

1.2.4 驾驶自动化仿真测试流程

如图 1-1 所示，针对智能网联汽车自动驾驶功能的虚拟仿真测试，典型的测试流程包括：测试需求分析、测试资源配置、接口定义、设计测试用例、测试执行、出具测试报告以及形成评价结论等主要环节。

1. 测试需求分析

仿真测试需求通常包括被测自动驾驶系统的功能及性能需求、对仿真结果的输出需求及仿真测试平台的自身需求等。被测自动驾驶系统的功能及性能需求有功能规范、性能指标、架构框图、设计运行范围、测试范围等。对仿真结果的输出需求有输出的数据格式及内容、输出数据频率、结果分析。仿真测试平台的自身需求有同步性、实时性、稳定性等。

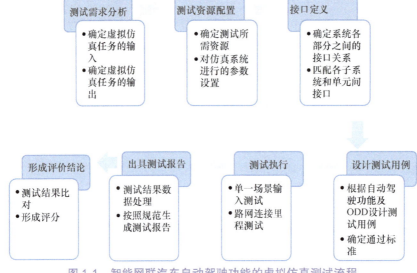

图 1-1　智能网联汽车自动驾驶功能的虚拟仿真测试流程

2. 测试资源配置

测试资源配置指根据测试项目和需求，对仿真测试平台进行参数配置，具体包括：

1）车辆模型配置：主要设置空气动力学、动力传动系统、制动系统、转向系统、悬架系统、轮胎等。

2）静态场景配置：主要设置道路参数，包括道路、标线、标志、护栏、植被、路灯、天气等。

3）动态场景配置：主要是目标模型的输入，包括车辆、行人、动物及其之间的动态关系。

4）传感器模拟配置：根据摄像头、毫米波雷达、激光雷达、超声波传感器的物理特性进行建模。

5）控制器配置：主要是设置供电配置电压、接口配置和协议配置。

3. 接口定义

接口定义包括数据格式接口、通信接口、执行器和控制器之间的接口以及特殊接口等。

4. 设计测试用例

测试用例的设计应兼顾充分性和效率原则，且对自动驾驶测试任务的描述、搭建和执行过程，具有可重复性。测试用例主要描述功能、静态场景、动态场景、期望测试结果、通过标准等。

5. 测试执行

测试执行指根据被测系统测试需求，制定试验大纲，再通过软件运行开展具体的仿真场景测试工作，从而取得测试对象针对仿真平台输入信号的响应数据的过程。测试执行具体包括初始状态设置、测试车辆运行、目标车辆添加、测试车辆决策、测试过程监控、测试过程自动化、数据存储等环节。

6. 出具测试报告

通过软件进行自动化测试结果的数据处理，具体包括数据分类、统计、筛选和可视化，并根据规范生成测试报告。报告应包括测试对象、测试人员、测试时间、测试结果和测试数据等内容。

7. 形成评价结论

测试结果应比对标准值和历史数据,形成评价结果的评分。其主要用来评价系统仿真测试是否达到预定要求,通常包括已按要求完成预定的系统测试任务;实际测试过程遵循了预定的测试计划;客观、完备地记录了测试过程和测试中发现的所有问题;测试的全过程自始至终在控制下进行;测试中的异常有合理解释或者正确有效的处理;全部测试用例、测试软件和测试配置项已完成,数据已记录。

1.3 智能网联汽车驾驶自动化仿真测试评价

阿里发布首个自动驾驶仿真路测平台,一天可测 800 万 km。

路测是自动驾驶落地的核心环节。研究显示,自动驾驶汽车需要积累 177 亿 km 的测试数据,才能保证自动驾驶感知、决策、控制整个链路的安全性。传统纯虚拟仿真测试平台能快速跑完自动驾驶路测里程,但仍然面临极端场景训练效率低下的关键问题:极端场景数据不足,就无法还原真实路况的不确定性,系统就无法精准应对真实路况的突发情况,自动驾驶就难以实现进一步突破。

达摩院首创自动驾驶混合式仿真测试平台解决了这一难题。该平台打通了线上虚拟固定环境与线下真实路况不确定性的鸿沟。传统仿真平台难以通过算法模拟人类的随机干预,但在达摩院的平台上,不仅可以使用真实路测数据自动生成仿真场景,还可通过人为随机干预,实时模拟前后车辆加速、急转弯、紧急停车等场景,加大自动驾驶车辆的避障训练难度。

针对极端场景数据不足的问题,该平台可以任意增加极端路测场景变量。在实际路测中,复现一次极端场景的接管可能需要 1 个月的时间,但该平台可在 30s 内完成雨雪天气、夜间照明不良条件等特殊场景的构建和测试,每日可支持的场景构建数量达百万级。

行业专家指出,这一平台规模化地解决了极端场景的复现难题,使得这些关键场景的训练效率提高上百万倍,将推动自动驾驶加速迈向 L5 阶段。仿真测试与实际道路测试的区别在哪里,需要具备哪些技术?

1.3.1 虚拟仿真测试评价体系

自动驾驶汽车需要经历大量的道路测试才能达到商用要求。采用路测来优化自动驾驶算法耗费的时间和成本太高,且开放道路测试仍受到法规限制,极端交通条件和场景复现困难,测试安全存在隐患。目前,自动驾驶仿真测试已经被行业广泛接受,自动驾驶算法测试大约 90% 通过仿真平台完成,9% 在测试场完成,1% 通过实际路测完成。基于场景的自动驾驶虚拟仿真测试方法在测试效率、测试成本等方面具有巨大的技术优势,是未来自动驾驶汽车测试验证的重要手段。

安全是汽车智能化的基本前提,也是自动驾驶的基本要求。在保障安全的前提下,用户体验的好坏也是消费者是否接受智能网联汽车的重要方面。智能网联汽车基于车辆的智能化网联化配置,可以有效保障车内乘员及其他道路使用者的生命安全,还可以带来更加舒适的驾乘体验。同时,场景库的真实性和评价标准的有效性都能反映该系统处理复杂使用场景的能力上限。

因此,对智能网联汽车产品的仿真测试评价可以分为自动驾驶车辆相关评价以及仿真测试自身评价。对自动驾驶车辆相关评价包括驾驶安全性、驾驶舒适性、交通协调性和标准匹配性评价；对仿真测试自身评价包含真实性和有效性评价。

1. 评价依据

标准化交通场景确定之后，自动驾驶算法接入仿真平台即开始测试，自动驾驶测试评价的依据源于原子结果和车辆状态。原子结果指的是自动驾驶车辆从起点出发之后所有的细微表现，如是否闯红灯、是否压实线、是否发生碰撞、是否达到终点。车辆状态主要指自动驾驶车辆从起点出发之后到终点的全过程中的加速、制动、转向状态。

2. 评价内容

1）驾驶安全性：指车辆在道路上的行驶决策和行为。自动驾驶车辆也需要遵守交通规则，必须在各种驾驶情境（不论该情境是预期内还是预期外的）为用户提供导航，确保驾驶安全性。

首先是对自动驾驶模块运行可靠性的判定，类似模块是否会发生软件的致命错误、内存泄露和数据延迟等。其次是对自动驾驶基础功能的评价，类似模块是否按照道路指示标志行车、是否冲撞行人、是否发生交通事故等。

2）驾驶舒适性：指车辆在道路上行驶期间驾驶人或乘员的驾乘体验。

依据行驶过程记录下的加速、制动、转向状态，评估车辆驾乘是否平稳，转弯是否平顺；利用多自由度驾驶模拟器，通过驾驶人在环，评估驾驶人的体感判定和心理感受（体感判定包括了横摆角、顿挫感等评估体系，心理感受包括了心理安全感以及迟钝感等。）

3）交通协调性：指车辆在道路上行驶时相对其他交通参与者的交通移动表现。

在仿真平台内，对交通协调性的评价方法是比较困难的，只能从外部交通参与者或者全局视角去分析评价。通过算法不断自我强化学习，协调性可以得到提升。

4）标准匹配性：指按不同国家的法律法规，对自动驾驶行为做出评价。

在仿真平台内，通过不同的排列组合和条件筛选，可以从不同维度按不同行业标准，对自动驾驶算法做出评价。

5）真实度评价：主要是针对场景库真实合理性的评价，分为场景信息真实度、场景分布真实度两个方面，如图 1-2 所示。

图 1-2　真实度评价的两个维度

① 场景信息真实度：在场景构建过程中，需要合理准确地在虚拟环境中渲染测试场景中的静态场景要素（如交通设施、道路及障碍物等）、动态场景要素（动态指示设施、通信环境信息）、交通参与者要素（机动车/非机动车、行人等）以及气象环境要素（环境温度、光照条件、天气情况）等信息。

② 场景分布真实度：在参数重组场景中，对于由特征元素组合和人工编辑合成的场景，由于人工修改参数后可能会出现真实世界不存在的场景，因此在人工编辑场景时需参考真实世界场景的参数值范围去合理化地设置参数重组场景。

6）有效性评价：目前尚无统一的有效性评价标准，可参考的评价标准见表 1-3。

表 1-3 可参考的评价标准

项目		指导性文件	发布单位	测试方法	局限性
仿真测试有效性评价	国外	*New Assessment/Test Method for Automated Driving*（NATM）*Master Document*	联合国 WP29 GRVA 自动驾驶工作组	从认知与交通法规遵守能力、执行有效性评价能力、应急处置与人工介入能力、综合驾驶能力四个方面实现自动驾驶车辆在常规场景下与外部环境交互的有效性评价	常规场景下与外部环境交互的有效性评价
	国内	《自动驾驶车辆道路测试能力评估内容与方法》	中关村智通智能交通产业联盟	对比自动驾驶系统在仿真测试与实车测试中的性能差异	只能在部分关键场景中验证

1.3.2 虚拟仿真测试平台搭建技术要求

1. 通用要求

通用要求主要指平台的完备性要求。

1）应具备功能完整的算法测试能力，支持对自动驾驶车辆的感知、决策、控制等算法进行测试，可支持实时仿真测试，且具备多车并发测试的能力。

2）应具备支持多种类型的测试场景的能力，包括城市道路、乡村道路、高速公路等环境。

3）应具备复杂交通场景快速构建和批量生成能力，主要包含道路和道路网络结构、道路路面和车道信息、地形、路边建筑物、可变的道路信息、信号灯、交通标识标线等。

4）应具备交通流仿真模拟能力。

5）应具备自然天气建模和渲染的能力，包括白天、夜晚、晴天、多云、阴天、雨、雪、雾、沙尘等，具备天气条件和路面附着条件的关联能力，具备自然天气条件对传感器的关联能力，可实时模拟路面积水、积雪、雨水浸润镜头等工况。

6）应具备传感器仿真建模能力，包括摄像头、毫米波雷达、超声波传感器、激光雷达、导航定位单元、惯性测量单元等。其中激光雷达和摄像头应能分别实现点云数据和图像数据原始信号注入方式的仿真；超声波传感器和毫米波雷达应能满足仿真通用雷达传感器的目标级信号，支持多传感器分布式部署，支持不同类型和数量进行仿真配置。

7）可具备驾驶人仿真建模能力，驾驶人可控制测试车辆满足基本的驾驶行为测试，主要包括但不限于车辆起动与停止、车速控制、轨迹控制、人机切换。

8）应具备车辆动力学仿真建模能力，支持外部车辆动力学模型设置和导入等。

9）应具备除车辆外的其他交通参与者的仿真建模能力，包括摩托车、两轮电动车、自行车、行人、动物等。

10）应具备对不同操作系统的兼容能力。

11）应支持传感器套件和环境条件的灵活配置。

12）应支持多种不同的高精度地图格式导入，同时应具备一次性导入道路总长度不小于 100km 的能力。

13）应支持运行数据的自定义组合分析，自动生成数据图表和分析报告。

14）应进行模拟仿真测试平台与实际路测标定。

15）同一场景多次重复测试时的一致性应不低于 99%。

16）具备高并发测试的能力。

17）测试过程中可显示仿真动画和数据仪表，支持多种视角切换，可单步运行。

18）系统应支持对测试过程的回放功能，支持对测试结果数据的下载功能。

19）系统应支持单个场景输入测试和路网连续里程测试等多种测试模式。

20）系统应具备评价模块，能够对被测对象的测试结果进行评定，包括但不限于是否违反交通规则、是否发生碰撞等功能。

21）模拟仿真测试平台支持对被测对象不同的接入方式，同时具备相应的机制保证信息安全和数据安全。

2．技术要求

（1）场地要素设计

1）道路等级、建设长度和设计可通行车辆类型。系统应具备不同等级和不同类型的道路，包括高速公路及出入口匝道、城市快速路、主干路、次干路、支路和其他道路等，道路线形包括直线和平曲线，平曲线又包括圆曲线和缓和曲线，各种道路的可实现长度以及设计可通行车辆类型的具体要求见表1-4。

表1-4　道路等级、可实现长度和设计可通行车辆类型技术要求

道路等级	可实现长度/m	设计可通行车辆类型
高速公路主路	≥50000	大型载客汽车、中型载客汽车、小型载客汽车、微型载客汽车，重型载货汽车、中型载货汽车、轻型载货汽车、特种车辆
快速路主路	≥50000	
城市主干路	≥50000	
城市次干路	≥50000	
城市支路	≥50000	
城市其他道路	≥50000	
非机动车道	≥50000	自行车、电动汽车等
人行道	≥10000	行人

以上要素依据但不限于JTG D80—2006《高速公路交通工程及沿线设施设计通用规范》、JTG D81—2017《公路交通安全设施设计规范》、CJJ 37—2012《城市道路工程设计规范（2016年版）》等标准规范，利用数值模型的方式在模拟仿真测试平台中实现。

2）车道类型和数量。系统内各种道路应具备相应的车道类型和数量，具体要求见表1-5。

表1-5　车道类型技术要求

道路等级	车道类型和数量的具体要求
高速公路主路	行车道具备双向2车道、4车道、6车道等多种类型的车道类型，并且具备超车道、应急车道、公交车道、自动驾驶专用道等特殊车道类型
快速路主路	行车道具备双向2车道、4车道、6车道等多种类型的车道类型，并且具备超车道、公交车道、自动驾驶专用道等特殊车道类型
城市主干路	行车道具备双向2车道、4车道等多种类型的车道类型，并且具备公交车道、左转待转区、右转专用道、潮汐车道等
城市次干路	行车道具备双向2车道、4车道等多种类型的车道类型，并且具备非机动车道、机非混行道、行人专用道、路面停车位等
城市支路	行车道具备双向2车道、4车道等多种类型的车道类型
城市其他道路	行车道具备双向2车道的车道类型

以上要素依据但不限于 JTG D80—2006、JTG D81—2017、CJJ 37—2012 等标准规范，利用数值模型的方式在模拟仿真测试平台中实现。

3）交叉口。系统应具备不同类型和几何形状的道路交叉口，包括十字形、T 形、Y 形、X 形、错位及环形交叉口。各类交叉口的功能和基本要求应符合相关规定。城市快速路系统上的交叉口应采用立体交叉型式，除快速路之外的城区道路上不宜采用立体交叉型式，具体要求见表 1-6。

表 1-6 交叉口技术要求

交叉口类型		型式要求
平面交叉口	主干路 - 主干路	信号控制，进、出口道展宽式交叉口
	主干路 - 次干路	信号控制，进、出口道展宽式交叉口
	主干路 - 支路	无信号控制，支路只准右转通行交叉口
	次干路 - 次干路	信号控制，进、出口道展宽式交叉口
	次干路 - 支路	无信号控制，减速让行或停车让行标志管制交叉口
	支路 - 支路	无信号控制，减速让行或停车让行标志管制交叉口
立体交叉口	枢纽立交	全定向，喇叭形，组合式全互通立交；苜蓿叶形，半定向
	一般立交	喇叭形，苜蓿叶形，环形，组合式全互通或半互通立交
	分离式立交	分离式立交

以上交叉口，需要考虑不同等级道路之间的交叉，依据但不限于 GB50647—2011《城市道路交叉口规划规范》、JTG D80—2006、JTG D81—2017、CJJ 37—2012、CJJ 152—2010《城市道路交叉口设计规程》等标准规范，利用数值模型的方式在模拟仿真测试平台中实现。

4）行人交通。系统应具备人行横道等行人交通设施，并且人行横道的宽度与道路总宽度比例符合要求且可调整，具体要求见表 1-7。

表 1-7 行人交通技术要求

道路类别	横断面形式		
	单幅路	双幅路	三幅路
主干路	—	1/10～1/6	1/10～1/5
次干路	1/6～1/4	—	1/8～1/4
支路	1/6～1/3	—	—

以上要素依据但不限于 JTG D80—2006、JTG D81—2017、CJJ 37—2012、CJJ 152—2010 等标准规范，利用数值模型的方式在模拟仿真测试平台中实现。

5）道路特征。以城市道路作为参考依据，系统内道路特征要求见表 1-8，其他道路环境依照相关标准进行设计。

以上要素依据但不限于 JTG D80—2006、JTG D81—2017、CJJ 37—2012、CJJ 152—2010 等标准规范，利用数值模型的方式在模拟仿真测试平台中实现。

6）交通标志、标线和信号灯等道路附属设施。系统内交通标志、标线和信号灯技术要求见表 1-9。

表 1-8 道路特征技术要求

道路特征	具体要求		
覆盖特征	系统应具备不同的道路摩擦系统，对应不同的气候环境	常温、干燥、无杂质	0.8~1
		潮湿、积水	0.5~0.8
		积雪、结冰	≤0.5
遮挡特征	系统应具备隧道，搭建隧道长度不少于1000m		
	系统应具备林荫道，利用树荫对车道线实现不同程度的光线遮挡。林荫道长度不少于1000m		
	系统应具备雨、雪、雾、霾等天气特征，可设置不同的能见度		

表 1-9 交通标志、标线和信号灯技术要求

交通标志、标线与信号灯		具体要求
交通标志	指示标志	应设计包含 GB 5768.2—2022《道路交通标志和标线 第 2 部分：道路交通标志》中的直行、向左转弯、向右转弯、直行和向左转弯、直行和向右转弯、向左和向右转弯、靠右侧道路行驶、靠左侧道路行驶、单行路、最低限速、右转车道、直行和右转合用车道、人行横道、公交专用道等标志
	警告标志	应设计包含 GB 5768.2—2022 中的注意儿童、注意行人等标志
	禁令标志	应设计包含 GB 5768.2—2022 中的禁止通行、禁止驶入、禁止左转、禁止右转、禁止直行、禁止掉头、限制速度、停车让行、减速让行、会车让行等标志
	指路标志	不做要求。根据实际测试需求，按照 GB 5768.2—2022 要求设置
	道路施工安全标志	应设计包含 GB 5768.2—2022 中的所有道路施工安全标志
	辅助标志	应设计包含 GB 5768.2—2022 中的学校、时间范围等标志
交通标线	指示标线	应设置 GB 5768.3—2009《道路交通标志和标线 第 3 部分：道路交通标线》中包含的双向 2 车道路面中心线、车行道分界线、车行道边缘线、左转弯待转区线、左转弯待导向线、人行横道线、停车位标线、临时停车区等
	禁止标线	应设置 GB 5768.3—2009 中包含的禁止超车线、停止线、停车让行线、减速让行线、导流线、网状线、专用车道线等
	警告标线	不做要求，根据实际测试需求，按 GB 5768.3—2009 要求设置
交通信号灯		应设置 GB 14887—2011《道路交通信号灯》中包含的机动车信号灯、非机动车信号灯、人行横道信号灯、方向指示信号灯、闪光警告信号灯、掉头信号灯等

（2）车辆模型

车辆模型可配置基本的车辆动力学实验工况。另外，为了满足自动驾驶测试的需要，车辆模型应可配置并满足线控接口的需求，具体要求见表 1-10。

表 1-10 车辆模型技术要求

车辆模型		具体要求
车辆属性配置	模型参数化与配置	可配置车辆的动力系统、制动系统、转向系统、悬架系统、轮胎系统、空气动力学等部件和参数
	车辆类型选择	可配置车辆的尺寸，如大型载客汽车、中型载客汽车、小型载客汽车、微型载客汽车、重型载货汽车、中型载货汽车、轻型载货汽车等；可配置轿车、MPV、SUV 等车身结构；可配置纯电动、混合动力、燃油汽车等车辆类型
	线控接口配置	仿真系统可提供转向系统、制动系统、动力系统等线控接口

（3）传感器模型

系统应具备对传感器不同层级仿真建模的能力，可设置不同传感器在自动驾驶车辆模型上的安装位置与安装角度，可设置传感器的视场范围，可同时仿真不同类型和不同数目的传感器，具体要求见表1-11。

表1-11 传感器模型技术要求

传感器模型	具体要求
摄像头模型	可以仿真单目摄像头、广角摄像头、鱼眼摄像头的摄像头信号，支持模糊、畸变、暗角、雨水浸润等物理缺陷，可输出彩色/灰白图像
毫米波雷达模型	可以仿真毫米波雷达目标反射特征、探测目标的相对位置和速度，可模拟电磁回波、发射功率、天线增益、杂波和衰减，且具备不同角度、距离、速度的分辨能力
激光雷达模型	可仿真不同帧率、不同线数的激光雷达；可仿真典型固态和机械旋转式激光雷达，可输出高精度的点云，可体现车辆、行人、障碍物、树木树叶、围栏等精细模型
超声波传感器模型	可探测探头与障碍物的间距
惯性传感器模型	可仿真惯性传感器的信号
地图传感器模型	可仿真地图的基本输出信息，支持不同的地图协议和传输方式
全球导航卫星系统（GNSS）模型	支持多种定位方式，可仿真GNSS经纬度、速度、时钟同步等信息

（4）动态要素设计

1）交通参与者。系统应支持不同类型的具有复杂动力学模型的交通参与者以及相应的动态行为。对于单个测试场景能够支撑的交通参与者数量和设计速度的具体要求见表1-12。

表1-12 交通参与者动态技术要求

交通参与者	支持数量	设计速度/(km/h)
普通车辆	≥20	0～120
特殊车辆	≥3	0～120
行人	≥10	0～5.4
自行车	≥5	0～20
摩托车	≥5	0～80

注：特殊车辆是指警车、消防车、救护车等，在执行紧急任务时拥有优先路权，包括不受行驶路线、行驶方向、行驶速度和信号灯的限制，其他车辆和行人应让行。

2）交通信号灯控制。系统应支持交通灯的时序控制。

① 信号基本转换序列：

a）机动车信号：红→绿→黄→红。

b）非机动车信号：红→绿→黄→红。

c）行人过街信号：红→绿→绿闪→红。

② 信号持续时间：能实现至少4个相位控制；绿信号、红信号、行人绿闪信号、黄闪信号的持续时间应根据测试系统需求进行设置；黄信号持续时间可调，至少持续3s。

3）交通流。系统应能仿真交通参与者（包括汽车、摩托车）在实际道路上的运动行为，包括但不限于跟车、换道、转弯、掉头等，并且系统应可指定如下交通流行为，支持现有微观交通流模型，具体要求见表1-13。

表1-13 交通流动态技术要求

交通参与者		指定方式
自动交通流	宏观交通流	指定某个区域交通流的初始密度，交通流的期望速度及速度分布、期望加速度及加速度分布，车辆位置分布应符合现实交通情况
	微观交通流	指定交通车的微观驾驶人行为，包括但不限于以下归一化参数：超车冲动系数、期望速度系数、远视距系数、遵守交通系数；可以指定特定交通车的期望速度、期望加速度，速度与加速度设置应满足车辆实际物理加速度与速度的范围

1.3.3 驾驶自动化系统测试内容

对于申请进行自动驾驶功能道路测试的智能网联汽车，常进行的驾驶功能检测项目见表1-14，包括必测项目9项和选测项目5项（标注 *），依据各项目特点，并遵循编制主要思路与基本原则，拟定必测场景20个，选测场景14个。

其中，对于选测项目及场景（标注 *），如企业声明其车辆具有相应功能或测试路段涉及相应场景的，也应进行相关项目的检测。

表1-14 智能网联汽车自动驾驶功能检测项目及测试场景

序号	检测项目	测试场景
1	交通标志和标线的识别及响应	限速标志识别及响应
		停车让行标志标线识别及响应
		车道线识别及响应
		人行横道线识别及响应
2	交通信号灯识别及响应 *	机动车信号灯识别及响应
		方向指示信号灯识别及响应
3	前方车辆行驶状态识别及响应	车辆驶入识别及响应
		对向车辆借道本车车道行驶识别及响应
4	障碍物识别及响应	障碍物测试
		误作用测试
5	行人和非机动车识别及避让 *	行人横穿马路
		行人沿道路行走
		两轮车横穿马路
		两轮车沿道路骑行
6	跟车行驶	稳定跟车行驶
		停 - 走功能
7	靠路边停车	靠路边应急停车
		最右车道内靠边停车
8	超车	超车
9	并道	邻近车道无车并道
		邻近车道有车并道
		前方车道减少

（续）

序号	检测项目	测试场景
10	交叉路口通行 *	直行车辆冲突通行
		右转车辆冲突通行
		左转车辆冲突通行
11	环形路口通行 *	环形路口通行
12	自动紧急制动	前车静止
		前车制动
		行人横穿
13	人工操作接管	人工操作接管
14	联网通信 *	长直路段车车通信
		长直路段车路通信
		十字交叉口车车通信
		编队行驶测试

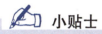 小贴士

李德毅院士的"工匠精神"

思考题

1. 为什么要进行自动驾驶仿真？
2. 自动驾驶仿真测试流程是什么？
3. 常见的仿真测试内容有哪些？

第 2 章　智能网联汽车驾驶自动化系统仿真

本章首先介绍了智能网联汽车自动驾驶仿真基础知识，包括坐标系的搭建、汽车运动学和动力学模型、卡尔曼滤波技术、传感器融合技术和道路、车辆、行人等识别技术；同时介绍了 8 种当前常用的仿真软件。最后，本章介绍了一种场景搭建功能完善的仿真软件——PreScan，包括 PreScan 的用户模块、PreScan 的基本操作流程和 PreScan 常见场景元素库。

 学习目标

1. 了解坐标系的搭建。
2. 掌握汽车运动学和动力学模型。
3. 掌握道路、车辆和行人等识别技术。
4. 了解常用的自动驾驶仿真软件。
5. 掌握 PreScan 的用户模块、基本操作流程和常见场景元库。

2.1　智能网联汽车自动驾驶仿真基础知识

目前，自动驾驶仿真科技公司主要包括腾讯、百度、华为、阿里等。

以腾讯为例，基于在地图、游戏、云计算、人工智能等领域的技术积累，腾讯自动驾驶虚拟仿真平台，（Tencent Autonomous Driving Simulator，TAD Sim）可以实现自动化的场景生成和云端高并发测试，提高自动驾驶测试验证效率，目前已经与长沙、襄阳、深圳等地智能网联测试场展开虚实一体的自动驾驶测试合作。

TAD Sim 于 2018 年发布，是结合了专业游戏引擎、工业级车辆动力学模型、虚实一体交通流等技术打造的虚实结合、线上线下一体的自动驾驶仿真平台。为实现场景的高还原度，腾讯发挥自身在游戏领域的经验和技术，应用了包括场景还原、大气系统、传感器仿真、物理引擎、Agent AI、云游戏技术、MMO 同步等游戏技术。

2020 年 6 月，TAD Sim 2.0 版本发布，其在原有基础上进行了架构的优化升级，数据传输能力和加速能力都有大幅提升，资源占用量减少 30%。目前，其场景库中有超过 1000 种场景类型，可以泛化生成万倍以上的丰富场景，具备每日 1000 万 km 以上的测试能力。

测试平台应具备哪些模块和功能才可以高度模拟实际道路驾驶情况？又是通过哪些技术如何实现的？

2.1.1 坐标系搭建

在相机模型中，驾驶场景中三维世界的某一点和其对应的像素点是通过坐标系的转换得到的。这个过程会涉及四个坐标系，即世界坐标系、相机坐标系、图像坐标系、像素坐标系。下面将详细介绍四个坐标系及其转换过程。

1. 世界坐标系

世界坐标系指的是带有小圆的圆心为原点 O_w，X_w 轴水平向右，Y_w 轴向下，Z_w 由右手法则确定，如图 2-1 所示。当在驾驶场景中定义一个点时，我们说它的坐标是在世界空间中定义的，即该点的坐标是相对于全局或世界笛卡儿坐标系定义的。世界坐标系具有一个原点，被称为世界原点，并且相对于该原点（坐标为 [0，0，0] 的点）定义了该空间中定义的任何点的坐标。

图 2-1　世界坐标系

世界坐标系是用于定义 3D 虚拟空间中的坐标 [0，0，0] 和彼此正交的三个单位轴的约定。它是 3D 场景的本初子午线，是对任何其他点或任何其他任意坐标系进行测量的参考。

2. 相机坐标系

世界坐标系的原点以及 X、Y、Z 轴通常不会改变，就是固定的地方。但是相机安装在车辆的任意位置，其在真实世界中的坐标会跟随相机而改变，因此需要建立相机坐标系。世界坐标系的原点与各轴的方向是人为指定的，但一般情况下会指定拍摄第一张图像的相机坐标系为世界坐标系，即以拍摄第一张图像时相机的光心（小孔）作为原点，X 轴为水平方向，Y 轴为竖直方向，Z 轴指向拍摄第一张图像时相机所观察的方向。相机坐标系为 $O_cX_cY_cZ_c$，如图 2-2 所示。

3. 图像坐标系和像素坐标系

图像坐标系和像素坐标系都在成像平面上，只是各自的原点和度量单位不一样。图像坐标系的原点 o 为相机光轴与成像平面的交点，其坐标系为 Oxy，如图 2-2 所示。像素坐标系以成像平面左上角为原点，其坐标系为 Ouv，如图 2-2 所示。图像坐标系的单位是 mm，属于物理单位，而像素坐标系的单位是像素，我们平常描述一个像素点都是几行几列。这二者之间的转换关系如下：dx 和 dy 表示每一列和每一行分别代表多少毫米，即 1 像素 = dx mm。

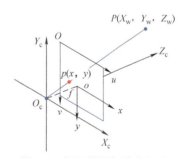

图 2-2　相机投影相关坐标系

4. 坐标系间的相互转换

首先，将四个坐标系之间的空间关系用一张图来直观表示，如图 2-3 所示。

由图 2-3 可知，世界坐标系通过平移和旋转得到相机坐标系，相机坐标系通过成像模型中的相似三角形原理得到图像坐标系，图像坐标系通过平移和缩放得到像素坐标系。下面介绍具体的数学过程。

（1）世界坐标系到相机坐标系

世界坐标系到相机坐标系包括了旋转和平移，首先介绍旋转过程。图 2-4 所示为世界坐标系绕 Z 轴旋转模型。

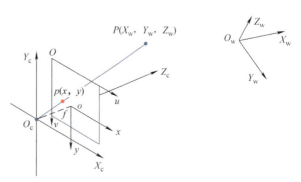

图 2-3　四个坐标系的空间位置关系

从图 2-4 可知，对于世界坐标系中的一点 (X_w, Y_w, Z_w)，其对应相机坐标系中 X_c 的坐标为 $X_w\cos\alpha - Y_w\sin\alpha$。同理可得，$Y_c$ 的坐标为 $X_w\sin\alpha + Y_w\cos\alpha$，由于围绕 Z 轴旋转，故 $Z_c = Z_w$。写成矩阵的形式可得：

$$\begin{pmatrix} X_c \\ Y_c \\ Z_c \end{pmatrix} = \begin{pmatrix} \cos\alpha & -\sin\alpha & 0 \\ \sin\alpha & \cos\alpha & 0 \\ 0 & 0 & 1 \end{pmatrix} \begin{pmatrix} X_w \\ Y_w \\ Z_w \end{pmatrix} \quad (2\text{-}1)$$

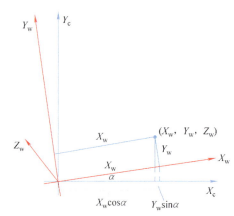

图 2-4　世界坐标系绕 Z 轴旋转模型

其中，3×3 的变换矩阵称为 r_1。同样地，可以得到关于 X 轴、Y 轴旋转的变换矩阵 r_2、r_3。而总的旋转矩阵为 $R = r_1 r_2 r_3$。平移则相对简单，只需在旋转后的基础上加上一个平移量 t_i 即可。

综上，即可得世界坐标系到相机坐标系的变换为

$$\begin{pmatrix} X_c \\ Y_c \\ Z_c \end{pmatrix} = R \begin{pmatrix} X_w \\ Y_w \\ Z_w \end{pmatrix} + \begin{pmatrix} t_1 \\ t_2 \\ t_3 \end{pmatrix} \quad (2\text{-}2)$$

令 $T = \begin{pmatrix} t_1 \\ t_2 \\ t_3 \end{pmatrix}$，可得其增广形式为

$$\begin{pmatrix} X_c \\ Y_c \\ Z_c \\ 1 \end{pmatrix} = \begin{pmatrix} R & T \\ 0 & 1 \end{pmatrix} \begin{pmatrix} X_w \\ Y_w \\ Z_w \\ 1 \end{pmatrix} \quad (2\text{-}3)$$

（2）相机坐标系到图像坐标系

相机坐标系到图像坐标系满足小孔成像原理，通过简单的相似三角形原理即可得到，如图 2-5 所示。

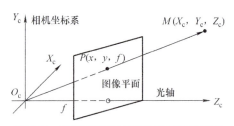

图 2-5　相机光轴通过图像坐标系的原点

从图中可知，$\dfrac{X_c}{x} = \dfrac{Y_c}{y} = \dfrac{Z_c}{f}$，其中 f 为焦距。通过变换可得 $x = \dfrac{X_c}{Z_c} f$、$y = \dfrac{Y_c}{Z_c} f$，由此可得其增广形式为

$$\begin{pmatrix} x \\ y \\ 1 \end{pmatrix} = \dfrac{1}{Z_c} \begin{pmatrix} f & 0 & 0 & 0 \\ 0 & f & 0 & 0 \\ 0 & 0 & 1 & 0 \end{pmatrix} \begin{pmatrix} X_c \\ Y_c \\ Z_c \\ 1 \end{pmatrix} \quad (2\text{-}4)$$

（3）图像坐标系到像素坐标系

由于图像坐标系和像素坐标系处于同一平面，故两者之间的差异在于坐标原点的位置和单位。像素坐标系的原点在图像坐标系的左上角，同时像素坐标系的单位为像素。观察图 2-2

即可更直观地观察 xoy 坐标系和 uv 坐标系的关系。两个坐标系之间的变换满足 $u = \dfrac{x}{\mathrm{d}x} + u_0$、$v = \dfrac{y}{\mathrm{d}y} + v_0$。其中，$\mathrm{d}x$，$\mathrm{d}y$ 表示像素坐标系中每个像素点的宽和高，而图像坐标系原点在像素坐标系中的横纵坐标分别为 u_0 和 v_0。

同样可得其增广形式为

$$\begin{pmatrix} u \\ v \\ 1 \end{pmatrix} = \begin{pmatrix} \dfrac{1}{\mathrm{d}x} & 0 & u_0 \\ 0 & \dfrac{1}{\mathrm{d}y} & v_0 \\ 0 & 0 & 1 \end{pmatrix} \begin{pmatrix} x \\ y \\ 1 \end{pmatrix} \tag{2-5}$$

至此，四个坐标系之间的变换关系已知，即可求得世界坐标系到像素坐标系的关系为

$$Z_c \begin{pmatrix} u \\ v \\ 1 \end{pmatrix} = \begin{pmatrix} \dfrac{1}{\mathrm{d}x} & 0 & u_0 \\ 0 & \dfrac{1}{\mathrm{d}y} & v_0 \\ 0 & 0 & 1 \end{pmatrix} \begin{pmatrix} f & 0 & 0 & 0 \\ 0 & f & 0 & 0 \\ 0 & 0 & 1 & 0 \end{pmatrix} \begin{pmatrix} \boldsymbol{R} & \boldsymbol{T} \\ 0 & 1 \end{pmatrix} \begin{pmatrix} X_w \\ Y_w \\ Z_w \\ 1 \end{pmatrix} \tag{2-6}$$

5. 车辆坐标系

车辆坐标系用来描述车辆与周围交通参与者之间的相对位置关系。目前常用的车辆坐标系是国际标准化组织（ISO）车辆坐标系。

MATLAB 自动驾驶工具箱中，车辆坐标系固定在主车上，如图 2-6 所示。其中 X_V 轴指向车辆前方；当向前看时，Y_V 轴指向左方，Z_V 轴指离地面。X_V、Y_V、Z_V 的正方向符合右手法则。绕 X_V 轴的运动为横滚运动，绕 Y_V 轴的运动为俯仰运动，绕 Z_V 轴的运动为偏航运动。主车指装有传感器、能够感知周围环境的车辆。

智能网联汽车一般都装有多个传感器，每个传感器安装的位置、方向都不一样。同一个交通参与者（如车辆、行人）在各个传感器视野中出现的位置也都不同。

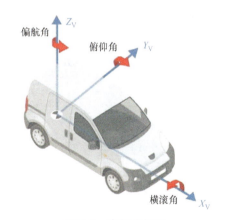

图 2-6 车辆坐标系

为了将不同传感器间彼此独立的结果关联起来，建立统一的环境模型，需要找到各个传感器与车体间的位置关系，这也是自动驾驶中感知融合算法的最基本步骤。传感器在车体上的安装位置一旦确定，在运行中就会保持固定，所以可以采用离线标定的方法确定各传感器相对车体的精确位置。

车辆坐标系和世界坐标系之间的关系是由车辆本身的位置和姿态决定的，这一转换关系可以从车辆的定位结果中直接得到。通过车辆坐标系和世界坐标系的转换关系，可以确定车辆在高精度地图中的位置和方向，进而可以计算出车辆和其他道路元素，如车道线、红绿灯、停止线之间的相对关系。

6. 时间坐标系

自动驾驶应用所应对的是一个随时间变化的环境，所以时间坐标系的设立与统一也是至关重要的，自动驾驶中一般使用多种不同类型的传感器，彼此独立地对环境进行感知。这样会造成各传感器收集的环境数据并不在同一个时间点。即便空间坐标系已经建立了完美的转换关系，在时间上也无法将环境数据进行统一。因此，除了空间坐标系需要进行精确标定外，各个设备之间的时间坐标系也需要进行同步。

（1）统一的时间系统

自动驾驶系统中含有多个主机、传感器和控制器，一般都具有自己独立的时钟。为了建立统一的时间坐标系，让各个设备使用相同的时间基准，需要一个高精度授时系统。自动驾驶中一般采用 GPS 的时钟系统作为各个系统的时间基准。GPS 时间系统规定 1980 年 1 月 6 日零时为时间坐标系的原点，时间向上累加，系统授时精度可以达到纳秒量级。同时，自动驾驶中所使用的大部分设备都具备接受外部授时的功能。

（2）硬件同步触发

一些设备的数据采集可以通过外部触发的方式进行激活，于是可以使用同一个外部信号，同时激活多个传感器，从而得到同一个时间点上的环境信息。例如，相机的曝光可以通过外部开关信号进行触发，于是智能网联汽车上的多个相机可以使用同一个开关信号进行曝光和采样的硬同步。进而，这一开关信号还可以与激光雷达等其他传感器进行协同，完成不同种类传感器间的同步触发操作。

（3）软件时间对齐

有些传感器的采样不支持外部触发，同时有些设备的工作频率也不一致，无法做到严格的硬时间同步，这就需要在软件中进行处理。有了前面提到的统一的时间系统，通过不同传感器获得的环境信息即便不在同一个时间点上，也有着统一的时间标记。这样通过软件计算，对非同步采样结果进行差值或外推，就可以近似得到同一个时间点上的环境信息，成为决策控制系统进行判断的依据。

2.1.2 汽车模型搭建

车辆运动学模型与动力学模型的建立是出于车辆运动的规划与控制考虑的。自动驾驶场景下，车辆大多按照规划轨迹行驶，控制模块的作用就是控制车辆尽可能精准地按照规划轨迹行驶。这就要求规划轨迹尽可能贴近实际情况，也就是说，轨迹规划过程中应尽可能考虑车辆运动学及动力学约束，使得运动跟踪控制的性能更好。搭建车辆模型主要是为了更好地规划和控制，因此，在分析模型时尽量以应用时所需的输入、输出对对象进行建模分析。

1. 汽车运动学模型

运动学是从几何学的角度研究物体的运动规律，包括物体在空间的位置、速度等随时间而产生的变化。因此，车辆运动学模型应该能反映车辆位置、速度、加速度等与时间的关系。在车辆轨迹规划过程中应用运动学模型，可以使规划出的轨迹更切合实际，满足行驶过程中的运动学几何约束，且基于运动学模型设计出的控制器也能具有更可靠的控制性能。

（1）单车模型

建立模型时，应尽可能使模型简单易用，且能真实反映车辆特性，搭建车辆模型多基于单车模型，使用单车模型需做如下假设：

1）不考虑车辆在 Z 轴方向的运动，只考虑 XY 水平面的运动。

2）左右侧车轮转角一致，这样可将左右侧轮胎合并为一个轮胎，以便于搭建单车模型，如图 2-7 所示。

3）车辆行驶速度变化缓慢，忽略前后轴载荷的转移。

4）车身及悬架系统是刚性的。

单车模型（Bicycle Model）将左/右前轮合并为一个点，位于 A 点；将左/右后轮合并为一个点，位于 B 点；点 C 为车辆质心点。其中，O 为 OA、OB 的交点，是车辆的瞬时滚动中心，线段 OA、OB 分别垂直于两个滚动轮的方向；β 为滑移角（Tire Slip Angle），指车辆速度方向和车身朝向两者间所成的角度，ψ 为航向角（Heading Angle），指车身与 X 轴的夹角。

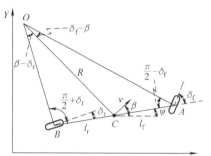

图 2-7 单车模型

A—前轮中心　B—后轮中心　C—车辆质心
O—转向圆心　v—质心车速　R—转向半径
l_r—后悬长度　l_f—前悬长度　β—滑移角
ψ—航向角　$δ_r$—后轮偏角　$δ_f$—前轮偏角

当车辆为前轮驱动时，可假设 $δ_r$ 恒为 0。

基于单车模型，搭建车辆运动学模型。由正弦法则：

$$\frac{\sin(\delta_f - \beta)}{l_f} = \frac{\sin\left(\frac{\pi}{2} - \delta_f\right)}{R} \tag{2-7}$$

$$\frac{\sin(\beta - \delta_r)}{l_r} = \frac{\sin\left(\frac{\pi}{2} + \delta_r\right)}{R} \tag{2-8}$$

将式（2-7）、式（2-8）展开可得：

$$\frac{\sin\delta_f \cos\beta - \sin\beta \cos\delta_f}{l_f} = \frac{\cos\delta_f}{R} \tag{2-9}$$

$$\frac{\cos\delta_r \sin\beta - \cos\beta \sin\delta_r}{l_r} = \frac{\cos\delta_r}{R} \tag{2-10}$$

联立公式可得：

$$(\tan\delta_f - \tan\delta_r)\cos\beta = \frac{l_f + l_r}{R} \tag{2-11}$$

低速环境下，车辆行驶路径的转弯半径变化缓慢，此时可以假设车辆的方向变化率等于车辆的角速度。则车辆的角速度为

$$\dot\psi = \frac{v}{R} \tag{2-12}$$

联立式（2-11）和式（2-12）可得：

$$\dot\psi = \frac{v\cos\beta}{l_f + l_r}(\tan\delta_f - \tan\delta_r) \tag{2-13}$$

则在惯性坐标系 XY 下，可得车辆运动学模型：

$$\begin{cases} \dot{X} = v\cos(\psi + \beta) \\ \dot{Y} = v\sin(\psi + \beta) \\ \dot{\psi} = \dfrac{v\cos\beta}{l_f + l_r}(\tan\delta_f - \tan\delta_r) \end{cases} \quad (2\text{-}14)$$

此模型中有三个输入：δ_r、δ_f 和 v。

滑移角 β 为

$$\beta = \arctan\left(\frac{l_f \tan\delta_r + l_r \tan\delta_f}{l_f + l_r}\right) \quad (2\text{-}15)$$

（2）四轮模型

四轮模型和单车模型最大的不同就是前轮左右角度不同，但是保证两个前轮的垂线和后轴的垂线相交于一点，具体如何实现是由转向机构来负责的，只要知道两个前轮的转角是不一样的。

通常情况下，内侧轮胎转角更大。如图 2-8 所示，δ_o 和 δ_f 分别为外侧前轮和内侧前轮偏角，当车辆右转时，右前轮胎为内侧轮胎，其转角 δ_f 较左前轮胎转角 δ_o 更大。l_w 为轮距，L 为轴距，后轮两轮胎转角始终为 $0°$。当以后轴中心为参考点时，转向半径 R 如图 2-8 所示。

当滑移角 β 很小时，且后轮偏角为 $0°$ 时，有：

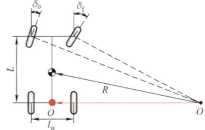

图 2-8 四轮模型（阿克曼转向几何）

$$\frac{\dot{\psi}}{v} \approx \frac{1}{R} = \frac{\delta}{L} \quad (2\text{-}16)$$

由于内外侧轮胎的转向半径不同，因此有

$$\delta_o = \frac{L}{R + \dfrac{l_w}{2}} \quad (2\text{-}17)$$

$$\delta_f = \frac{L}{R - \dfrac{l_w}{2}} \quad (2\text{-}18)$$

则前轮平均转角为

$$\delta = \frac{\delta_o + \delta_f}{2} \cong \frac{L}{R} \quad (2\text{-}19)$$

内外转角之差为

$$\Delta\delta = \delta_f - \delta_o = \frac{L}{R^2} l_w = \delta^2 \frac{l_w}{L} \quad (2\text{-}20)$$

因此，两个前轮的转向角的差异 $\Delta\delta$ 与平均转向角 δ 的平方成正比。

依据阿克曼转向几何设计的车辆，沿着弯道转弯时，利用四连杆的相等曲柄使内侧轮的转向角比外侧轮大 $2°\sim 4°$，使四个轮子路径的圆心大致交会于后轴的延长线上瞬时转向中心，让车辆可以顺畅地转弯。

2. 汽车动力学模型

动力学主要研究作用于物体的力与物体运动的关系，车辆动力学模型一般用于分析车辆的平顺性和车辆操纵的稳定性。对于车辆来说，研究车辆动力学，主要是研究车辆轮胎及其相关部件的受力情况。比如，通过控制轮胎转速实现纵向速度控制；通过控制轮胎转角实现横向航向控制。

正常情况下，车辆上的作用力沿着三个不同的轴分布（图2-9）：

1）纵轴上的力包括驱动力和制动力，以及滚动阻力和拖拽阻力做滚摆运动。

2）横轴上的力包括转向力、离心力和侧风力，汽车绕横轴做俯仰运动。

3）立轴上的力包括车辆上下振荡施加的力，汽车绕立轴做偏摆或转向运动。

图2-9 车辆受力模型

（1）单车模型

在单车模型假设的前提下，再做如下假设即可简单搭建车辆的动力学模型：

1）只考虑纯侧偏轮胎特性，忽略轮胎力的纵横向耦合关系。

2）用单车模型来描述车辆的运动，不考虑载荷的左右转移。

3）忽略横纵向空气动力学。

如图2-10所示，$oxyz$ 为固定于车身的车辆坐标系，OXY 为固定于地面的惯性坐标系。单车模型的车辆具有2个自由度：绕 z 轴的横摆运动和沿 x 轴的纵向运动。纵向指沿物体前进方向。纵向运动受总驱动阻力、加速、减速等的影响。其中，总驱动阻力由滚动阻力、拖拽阻力和坡度阻力等构成。横向（或侧向）指垂直纵向方向。横向运动出自横向的风力，以及曲线行驶时的离心力等。滑移角指的是轮胎方向和轮胎速度方向的夹角，主要是由于车轮所受合力方向并非朝向车轮行进方向产生的，但车轮的偏移角通常较小。

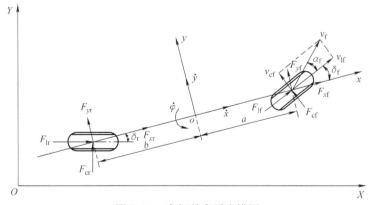

图2-10 车辆单车受力模型

F_{lf}—前轮胎受到的纵向力　F_{lr}—后轮胎受到的纵向力　F_{cf}—前轮胎受到的侧向力　F_{cr}—后轮胎受到的侧向力
F_{xf}—前轮胎受到的 x 方向力　F_{xr}—后轮胎受到的 x 方向力　F_{yf}—前轮胎受到的 y 方向力　F_{yr}—后轮胎受到的 y 方向力
a—前悬长度　b—后悬长度　δ_f—前轮偏角　δ_r—后轮偏角　α_f—前轮偏移角

根据牛顿第二定律，分别沿 x 轴、y 轴和 z 轴做受力分析：
在 x 轴方向上：

$$ma_x = F_{xf} + F_{xr} \tag{2-21}$$

在 y 轴方向上：

$$ma_y = F_{yf} + F_{yr} \tag{2-22}$$

在 z 轴方向上：

$$I_z\ddot{\varphi} = aF_{yf} - bF_{yr} \tag{2-23}$$

式（2-21）~式（2-23）中，m 为整车质量；I_z 为车辆绕 z 轴转动的转动惯量。

x 轴方向的运动（绕纵轴的滚动运动）可暂不用考虑。

（2）横向动力学模型（图 2-11）

y 轴方向加速度 a_y 由两部分构成：y 轴方向的位移相关的加速度 $\ddot{y}$ 和向心加速度 $v_x\dot{\varphi}$，则

$$a_y = \ddot{y} + v_x\dot{\varphi} \tag{2-24}$$

$$ma_y = m(\ddot{y} + v_x\dot{\varphi}) = F_{yf} + F_{yr} \tag{2-25}$$

由于轮胎受到的横向压力，轮胎会有一个很小的滑移角，如图 2-12 所示。

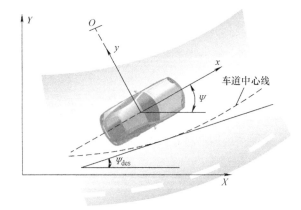

图 2-11　横向动力学模型

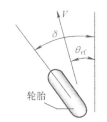

图 2-12　轮胎滑移角

前轮滑移角为

$$\alpha_f = \delta - \theta_{vf} \tag{2-26}$$

式中，θ_{vf} 为前轮速度方向；δ 为前轮转角。

后轮滑移角为

$$\alpha_r = -\theta_{vr} \tag{2-27}$$

式中，θ_{vr} 为后轮速度方向。

则前轮所受的横向力为

$$F_{yf} = 2C_{\alpha f}(\delta - \theta_{vf}) \tag{2-28}$$

后轮所受的横向力为

$$F_{yr} = 2C_{\alpha r}(-\theta_{vr}) \tag{2-29}$$

式中，$C_{\alpha f}$、$C_{\alpha r}$ 分别为前后轮的侧偏刚度，由于车辆前后各两个轮，所以受力要乘以 2。

结合图 2-12，θ_{vf}、θ_{vr} 可用式（2-30）、式（2-31）计算：

$$\tan\theta_{vf} = \frac{v_y + l_f\dot\varphi}{v_x} \tag{2-30}$$

$$\tan\theta_{vr} = \frac{v_y - l_r\dot\varphi}{v_x} \tag{2-31}$$

式中，l_f 为前悬长度；l_r 为后悬长度。

又 $\dot y = v_y$，则：

$$\theta_{vf} = \frac{\dot y + l_f\dot\varphi}{v_x} \tag{2-32}$$

$$\theta_{vr} = \frac{\dot y - l_r\dot\varphi}{v_x} \tag{2-33}$$

联合相关公式，得：

$$\frac{d}{dt}\begin{bmatrix}y\\ \dot y\\ \varphi\\ \dot\varphi\end{bmatrix} = \begin{bmatrix}0 & 1 & 0 & 0\\ 0 & -\dfrac{2C_{\alpha f}+2C_{\alpha r}}{mv_x} & 0 & -v_x-\dfrac{2C_{\alpha f}l_f-2C_{\alpha r}l_r}{mv_x}\\ 0 & 0 & 0 & 1\\ 0 & -\dfrac{2C_{\alpha f}l_f-2C_{\alpha r}l_r}{I_z v_x} & 0 & -\dfrac{2C_{\alpha f}l_f^2+2C_{\alpha r}l_r^2}{I_z v_x}\end{bmatrix}\begin{bmatrix}y\\ \dot y\\ \varphi\\ \dot\varphi\end{bmatrix}+\begin{bmatrix}0\\ \dfrac{2C_{\alpha f}}{m}\\ 0\\ \dfrac{2l_f C_{\alpha f}}{I_z}\end{bmatrix} \tag{2-34}$$

（3）转向盘控制模型

横向控制主要通过控制轮胎转角实现，而对于驾驶人来说，可直接操控的是转向盘角度，因此在搭建车辆动力学模型时，可以以相对于道路的方向和距离误差为状态变量的动力学模型。

假设，e_1 为横向误差，即车辆质心距车道中心线的距离，e_2 为航向误差，车辆纵向速度为 v_x，车辆转弯半径为 R，结合图 2-9～图 2-11，则：

车身转过期望角度所需转角速度为

$$\dot\varphi_{des} = \frac{v_x}{R} \tag{2-35}$$

所需横向加速度为

$$a_{ydes} = \frac{v_x^2}{R} = v_x\dot\varphi_{des} \tag{2-36}$$

则横向加速度误差为

$$\ddot e_1 = a_y - a_{ydes} = (\ddot y + v_x\dot\varphi) - \frac{v_x^2}{R} = \ddot y + v_x(\dot\varphi - \dot\varphi_{des}) \tag{2-37}$$

横向速度误差为

$$\dot e_1 = \dot y + v_x(\varphi - \varphi_{des}) \tag{2-38}$$

航向误差为

$$e_2 = \varphi - \varphi_{\text{des}} \tag{2-39}$$

联合相关公式

$$m(\ddot{e}_1 + v_x \dot{\varphi}_{\text{des}}) = \dot{e}_1 \left[-\frac{2C_{\alpha f}}{v_x} - \frac{2C_{\alpha r}}{v_x} \right] + e_2 [2C_{\alpha f} + 2C_{\alpha r}] + \dot{e}_2 \left[-\frac{2C_{\alpha f} l_f}{v_x} + \frac{2C_{\alpha r} l_r}{v_x} \right] + \dot{\varphi}_{\text{des}} \left[-\frac{2C_{\alpha f} l_f}{v_x} + \frac{2C_{\alpha r} l_r}{v_x} \right] + 2C_{\alpha f} \delta \tag{2-40}$$

$$I_z \ddot{e}_2 = 2C_{\alpha f} l_f \delta + \dot{e}_1 \left[-\frac{2C_{\alpha f} l_f}{v_x} + \frac{2C_{\alpha r} l_r}{v_x} \right] + e_2 [2C_{\alpha f} l_f + 2C_{\alpha r} l_r] + \dot{e}_2 \left[-\frac{2C_{\alpha f} l_f^2}{v_x} - \frac{2C_{\alpha r} l_r^2}{v_x} \right] - I_z \ddot{\varphi}_{\text{des}} + \dot{\varphi} \left[-\frac{2C_{\alpha f} l_f^2}{v_x} - \frac{2C_{\alpha r} l_r^2}{v_x} \right] \tag{2-41}$$

假设车辆系统的状态空间方程为

$$\dot{X} = AX + Bu \tag{2-42}$$

$$Y = CX + Du \tag{2-43}$$

综上，可得转向盘控制的动力学模型为

$$\frac{\mathrm{d}}{\mathrm{d}t} \begin{bmatrix} e_1 \\ \dot{e}_1 \\ e_2 \\ \dot{e}_2 \end{bmatrix} = \begin{bmatrix} 0 & 1 & 0 & 0 \\ 0 & -\dfrac{2C_{\alpha f} + 2C_{\alpha r}}{m v_x} & \dfrac{2C_{\alpha f} + 2C_{\alpha r}}{m} & \dfrac{-2C_{\alpha f} l_f + 2C_{\alpha r} l_r}{m v_x} \\ 0 & 0 & 0 & 1 \\ 0 & -\dfrac{2C_{\alpha f} l_f - 2C_{\alpha r} l_r}{I_z v_x} & \dfrac{2C_{\alpha f} l_f - 2C_{\alpha r} l_r}{I_z} & -\dfrac{2C_{\alpha f} l_f^2 + 2C_{\alpha r} l_r^2}{I_z v_x} \end{bmatrix} \begin{bmatrix} e_1 \\ \dot{e}_1 \\ e_2 \\ \dot{e}_2 \end{bmatrix} + \begin{bmatrix} 0 \\ \dfrac{2C_{\alpha f}}{m} \\ 0 \\ \dfrac{2l_f C_{\alpha f}}{I_z} \end{bmatrix} \delta + \begin{bmatrix} 0 \\ \dfrac{-2C_{\alpha f} l_f + 2C_{\alpha r} l_r}{m v_x} - v_x \\ 0 \\ -\dfrac{2C_{\alpha f} l_f^2 + 2C_{\alpha r} l_r^2}{I_z v_x} \end{bmatrix} \dot{\varphi}_{\text{des}} \tag{2-44}$$

2.1.3 卡尔曼滤波技术

1. 概念

卡尔曼滤波（Kalman Filtering）是一种利用线性系统状态方程，通过系统输入输出观测数据，对系统状态进行最优估计的算法。由于观测数据中包括系统中的噪声和干扰的影响，所以最优估计也可看作是滤波过程。卡尔曼滤波在测量方差已知的情况下能够从一系列存在测量噪声的数据中，估计动态系统的状态，常在控制、制导、导航、通信等领域使用。目前已经发展了很多变体，扩展到更多领域，如计算机视觉。

传统的滤波方法，只能是在有用信号与噪声具有不同频带的条件下才能实现。20 世纪 40 年代，N. 维纳和 A.H. 柯尔莫哥罗夫把信号和噪声的统计性质引进了滤波理论，在假设信号和噪声都是平稳过程的条件下，利用最优化方法对信号真值进行估计，达到滤波目的，从而在概念上与传统的滤波方法联系起来，被称为维纳滤波。这种方法要求信号和噪声都必须以平稳过程为条件。20世纪60年代初，卡尔曼（R.E.Kalman）和布塞（R.S.Bucy）发表了一篇重要的论文《线性滤波和预测理论的新成果》，提出了一种新的线性滤波和预测理论，被称为卡尔曼滤波。其特点是在线性状态空间表示的基础上对有噪声的输入和观测信号进行处理，求取系统状态或真实信号。

这种理论是在时间域上来表述的，基本的概念是：在线性系统的状态空间表示基础上，从输出和输入观测数据求系统状态的最优估计。这里所说的系统状态，是总结系统所有过去的输入和扰动对系统作用的最小参数的集合，知道了系统的状态，就能够与未来的输入与系统的扰动一起确定系统的整个行为。

卡尔曼滤波不要求信号和噪声都是平稳过程的假设条件。对于每个时刻的系统扰动和观测误差（即噪声），只要对它们的统计性质做某些适当的假定，通过对含有噪声的观测信号进行处理，就能在平均的意义上，求得误差为最小的真实信号的估计值。因此，自从卡尔曼滤波理论问世以来，在通信系统、电力系统、航空航天、环境污染控制、工业控制、雷达信号处理等许多部门都得到了应用，取得了许多成功应用的成果。例如在图像处理方面，应用卡尔曼滤波对由于某些噪声影响而造成模糊的图像进行复原。在对噪声做了某些统计性质的假定后，就可以用卡尔曼的算法以递推的方式从模糊图像中得到均方差最小的真实图像，使模糊的图像得到复原。

2. 性质

卡尔曼滤波是一个算法，它适用于线性、离散和有限维系统。每一个有外部变量的自回归移动平均系统（ARMAX）或可用有理传递函数表示的系统都可以转换成用状态空间表示的系统，从而能用卡尔曼滤波进行计算。

任何一组观测数据都无助于消除 $x(t)$ 的确定性。增益 $K(t)$ 也同样与观测数据无关。

当观测数据和状态联合服从高斯分布时，用卡尔曼递归公式计算得到的是高斯随机变量的条件均值和条件方差，从而卡尔曼滤波公式给出了计算状态的条件概率密度的更新过程线性最小方差估计，也就是最小方差估计。

3. 形式

卡尔曼滤波已经有很多不同的实现，卡尔曼最初提出的形式一般被称为简单卡尔曼滤波器。除此以外，还有施密特扩展滤波器、信息滤波器，以及很多 Bierman 和 Thornton 开发的平方根滤波器的变种。最常见的卡尔曼滤波器是锁相环，它在收音机、计算机和几乎任何视频或通信设备中广泛存在。

卡尔曼滤波的一个典型实例是从一组有限的、包含噪声的观察序列中预测出物体的坐标位置及速度。在很多工程应用（雷达、计算机视觉）中都可以找到它的身影。同时，卡尔曼滤波也是控制理论以及控制系统工程中的一个重要话题。

比如，在雷达中，人们感兴趣的是跟踪目标，但目标的位置、速度和加速度的测量值往往在任何时候都有噪声。卡尔曼滤波利用目标的动态信息，设法去掉噪声的影响，得到一个关于目标位置的好的估计。这个估计可以是对当前目标位置的估计（滤波），可以是对将来位置的估计（预测），也可以是对过去位置的估计（插值或平滑）。扩展卡尔曼滤波器是考虑时间非线性的动态系统，常应用于目标跟踪系统。

4. 状态估计及状态量

状态估计是卡尔曼滤波的重要组成部分。一般来说，根据观测数据对随机量进行定量推断就是估计问题，特别是对动态行为的状态估计，它能实现实时运行状态的估计和预测功能。比如对飞行器状态估计。状态估计对于了解和控制一个系统具有重要意义，所应用的方法属于统计学中的估计理论。最常用的是最小二乘估计、线性最小方差估计、最小方差估计、递推最小二乘估计等。其他如风险准则的贝叶斯估计、最大似然估计、随机逼近等方法也都有应用。

受噪声干扰的状态量是个随机量，不可能测得精确值，但可对它进行一系列观测，并依据一组观测值，按某种统计观点对它进行估计。使估计值尽可能准确地接近真实值，这就是最优估计。真实值与估计值之差称为估计误差。若估计值的数学期望与真实值相等，这种估计称为无偏估计。卡尔曼提出的递推最优估计理论，采用状态空间描述法，算法采用递推形式，能处理多维和非平稳的随机过程。

5. 模型方程

（1）系统的状态方程

$$x_k = Ax_{k-1} + Bu_{k-1} + w_{k-1} \tag{2-45}$$

状态方程是根据上一时刻的状态和控制变量来推测当前时刻的状态，w_{k-1} 是服从高斯分布的噪声，是预测过程的噪声，它对应了 x_k 中每个分量的噪声，是期望为 0、协方差为 Q 的高斯白噪声 $w_{k-1} \sim N(0, Q)$，Q 即下文的过程激励噪声 Q。

（2）系统的观测方程

$$z_k = Hx_k + v_k \tag{2-46}$$

观测方式是当前时刻的量测信息，v_k 是观测的噪声，服从高斯分布，$v_k \sim N(0, R)$，R 即下文的测量噪声 R。

卡尔曼滤波算法有两个基本假设。

1）信息过程的足够精确的模型，是由白噪声所激发的线性（也可以是时变的）动态系统。

2）每次的测量信号都包含着附加的白噪声分量。当满足以上假设时，可以应用卡尔曼滤波算法。

6. 卡尔曼滤波过程

（1）卡尔曼滤波时间更新（预测）

1）向前推算状态变量：

$$\hat{x}_k^- = A\hat{x}_{k-1} + Bu_{k-1} \tag{2-47}$$

2）向前推算误差协方差：

$$P_k^- = AP_{k-1}A^T + Q \tag{2-48}$$

（2）卡尔曼滤波测量更新（校正）

1）计算卡尔曼增益：

$$K_k = \frac{P_k^- H^T}{HP_k^- H^T + R} \tag{2-49}$$

2）由观测变量更新估计：

$$\hat{x}_k = \hat{x}_k^- + K_k(z_k - H\hat{x}_k^-) \quad (2\text{-}50)$$

3）更新测量误差：

$$P_k = (I - K_k H)P_k^- \quad (2\text{-}51)$$

以上过程涉及的参数具体如下：

1）$\hat{x}_{k-1}$ 和 $\hat{x}_k$：分别表示 $k-1$ 时刻和 k 时刻的后验状态估计值，是滤波的结果之一，即更新后的结果，也叫作最优估计（估计的状态，根据理论，我们不可能知道每时刻状态的确切结果，所以叫作估计）。

2）$\hat{x}_k^-$：k 时刻的先验状态估计值，是滤波的中间计算结果，即根据上一时刻的最优估计预测的 k 时刻的结果，是预测方程的结果。

3）P_{k-1} 和 P_k：分别表示 $k-1$ 时刻和 k 时刻的后验估计协方差（即 $\hat{x}_{k-1}$ 和 $\hat{x}_k$ 的协方差，表示状态的不确定度），是滤波的结果之一。

4）P_k^-：k 时刻的先验估计协方差（$\hat{x}_k^-$ 的协方差），是滤波的中间计算结果。

5）H：是状态变量到测量（观测）的转换矩阵，表示将状态和观测连接起来的关系。卡尔曼滤波里为线性关系，它负责将 m 维的测量值转换到 n 维，使之符合状态变量的数学形式，是滤波的前提条件之一。

6）z_k：测量值（观测值），是滤波的输入。

7）K_k：滤波增益矩阵，是滤波的中间计算结果，卡尔曼增益，或卡尔曼系数。

8）A：状态转移矩阵，实际上是对目标状态转换的一种猜想模型。例如在机动目标跟踪中，状态转移矩阵常常用来对目标的运动建模，其模型可能为匀速直线运动或者匀加速运动。当状态转移矩阵不符合目标的状态转换模型时，滤波会很快发散。

9）Q：过程激励噪声协方差（系统过程的协方差）。该参数被用来表示状态转换矩阵与实际过程之间的误差。因为我们无法直接观测到过程信号，所以 Q 的取值是很难确定的。

10）R：测量噪声协方差。滤波器实际实现时，测量噪声协方差 R 一般可以观测得到，是滤波器的已知条件。

11）B：将输入转换为状态的矩阵。

12）$(z_k - H\hat{x}_k^-)$：实际观测和预测观测的残差，与卡尔曼增益一起修正先验（预测），得到后验。

7. 卡尔曼滤波在智能网联汽车仿真建模中的应用

卡尔曼滤波是无人驾驶汽车系统感知模块的重要技术，应用包括卡尔曼滤波与行人状态估计；扩展卡尔曼滤波（EKF）与传感器融合；处理模型，如无损卡尔曼滤波（UKF）与车辆状态轨迹传感器。

以目标状态估计为例，进行 100s 内汽车的速度和位置估计。假设当汽车从 $t=0$ 时刻开始，每秒采集一个位置数据，共采集到 100 个数据。传感器的测量伴随着均值为 0、方差为 1 的高斯噪声 $Z=(1:2:200) + \text{randn}(1, 100)$；传感器提供的观测矩阵为 $H = [1, 0]$；传感器的观测噪声协方差矩阵为 $R = 1$；初始状态为 $X = [0; 0]$，即 [位置；速度] = [0; 0]；状态协方差矩阵为 $P = [1\ 0; 0\ 1]$；状态转移矩阵为 $F = [1\ \Delta t; 0\ 1] = [1\ 1; 0\ 1]$；外部干扰用状态转移协方差矩阵为 $Q = [0.0001, 0; 0, 0.0001]$。利用卡尔曼滤波综合运动学方程计算与传感器测量，可以得到汽车在不同时刻的位置与速度。

2.1.4 道路识别技术

道路识别技术主要用于车道偏离报警系统和车道保持辅助系统等。在实现方法上主要分为基于雷达成像原理的雷达传感器和基于机器视觉图像的视觉传感器两类，目前以视觉传感器识别为主。

1. 图像特征分类

要对图像中的物体进行分类，就需要先知道图像中各个部分的特征，利用这些特征作为划分的标准。从某种意义上说，特征的合适与否对分类的精确度起着决定性作用。图像中的特征最基本的是颜色，除此之外，还有纹理、形状等就个体而言的特征以及空间位置关系这种整体的特征。

（1）颜色特征

颜色特征是一种全局特征，描述了图像或图像区域所对应的景物的表面性质。一般颜色特征是基于像素点的特征，此时所有属于图像或图像区域的像素都有各自的贡献。由于颜色对图像或图像区域的方向、大小等变化不敏感，所以颜色特征不能很好地捕捉图像中对象的局部特征。另外，仅使用颜色特征查询时，如果数据库很大，常会将许多不需要的图像也检索出来。颜色直方图是最常用的表达颜色特征的方法，其优点是不受图像旋转和平移变化的影响，进一步借助归一化还可不受图像尺度变化的影响，其缺点是没有表达出颜色空间分布的信息。

常用的特征提取与匹配方法有以下几种：

1）颜色直方图。它能简单描述一幅图像中颜色的全局分布，即不同色彩在整幅图像中所占的比例，特别适用于描述那些难以自动分割的图像和不需要考虑物体空间位置的图像。其缺点在于：它无法描述图像中颜色的局部分布及每种色彩所处的空间位置，即无法描述图像中的某一具体的对象或物体。最常用的颜色空间有 RGB 颜色空间和 HSV 颜色空间。颜色直方图特征匹配方法有直方图相交法、距离法、中心距法、参考颜色表法和累加颜色直方图法。

2）颜色集（如 HSV 空间）。颜色直方图法是一种全局颜色特征提取与匹配方法，无法区分局部颜色信息。颜色集是对颜色直方图的一种近似。首先将图像从 RGB 颜色空间转化成视觉均衡的颜色空间（如 HSV 空间），并将颜色空间量化成若干个柄。然后，用色彩自动分割技术将图像分为若干区域，每个区域用量化颜色空间的某个颜色分量来索引，从而将图像表达为一个二进制的颜色索引集。在图像匹配中，比较不同图像颜色集之间的距离和色彩区域的空间关系。

3）颜色矩（颜色分布）。这种方法的数学基础在于图像中任何的颜色分布均可以用它的矩来表示。此外，由于颜色分布信息主要集中在低阶矩中，因此仅采用颜色的一阶矩（mean）、二阶矩（variance）和三阶矩（skewness）就足以表达图像的颜色分布。

4）颜色聚合向量。其核心思想是将属于直方图每一个柄的像素分成两部分，如果该柄内的某些像素所占据的连续区域的面积大于给定的阈值，则该区域内的像素作为聚合像素，否则作为非聚合像素。

5）颜色相关图。

（2）纹理特征

纹理特征也是一种全局特征，它也描述了图像或图像区域所对应景物的表面性质。但由于纹理只是一种物体表面的特性，并不能完全反映出物体的本质属性，所以仅仅利用纹理特征是无法获得高层次图像内容的。与颜色特征不同，纹理特征不是基于像素点的特征，它需要在包含多个像素点的区域中进行统计计算。在模式匹配中，这种区域性的特征具有较大的优越性，不会由于局部的偏差而无法匹配成功。作为一种统计特征，纹理特征常具有旋转不变性，并且对于噪声有较强的抵抗能力。但是，纹理特征也有其缺点，一个很明显的缺点是当图像的分辨率变化的时候，所计算出来的纹理可能会有较大偏差。另外，由于有可能受到光照、反射情况的影响，从 2D 图像中反映出来的纹理不一定是 3D 物体表面真实的纹理。例如，水中的倒影、光滑的金属面互相反射造成的影响等都会导致纹理的变化。由于这些不是物体本身的特性，因而将纹理信息应用于检索时，这些虚假的纹理有时会对检索造成"误导"。

在检索具有粗细、疏密等方面较大差别的纹理图像时，利用纹理特征是一种有效的方法。但当纹理之间的粗细、疏密等易于分辨的信息之间相差不大的时候，通常的纹理特征很难准确地反映出人的视觉感觉不同的纹理之间的差别。

常用的特征提取与匹配方法有以下几种：

1）统计方法。统计方法的典型代表是一种称为灰度共生矩阵（GLCM）的纹理特征分析方法。Gotlieb 和 Kreyszig 等人在研究共生矩阵中各种统计特征基础上，通过实验得出灰度共生矩阵的四个关键特征：能量、惯量、熵和相关性。统计方法中的另一种典型方法，则是从图像的自相关函数（即图像的能量谱函数）提取纹理特征，即通过对图像的能量谱函数的计算，提取纹理的粗细度及方向性等特征参数。

2）几何法。所谓几何法，是建立在纹理基元（基本的纹理元素）理论基础上的一种纹理特征分析方法。纹理基元理论认为，复杂的纹理可以由若干简单的纹理基元以一定的有规律的形式重复排列构成。在几何法中，比较有影响的算法有两种：Voronio 棋盘格特征法和结构法。

3）模型法。模型法以图像的构造模型为基础，采用模型的参数作为纹理特征。典型的方法是条件随机场（CRF）模型法，如马尔可夫（Markov）随机场（MRF）模型法和 Gibbs 随机场模型法。

4）信号处理法。纹理特征的提取与匹配主要有：灰度共生矩阵、Tamura 纹理特征、自回归纹理模型、小波变换等。

灰度共生矩阵特征提取与匹配主要依赖于能量、惯量、熵和相关性四个参数。Tamura 纹理特征基于人类对纹理的视觉感知心理学研究，提出 6 种属性，即粗糙度、对比度、方向度、线像度、规整度和粗略度。自回归纹理模型（Simultaneous Auto-Regressive，SAR）是 MRF 模型的一种应用实例。

（3）形状特征

各种基于形状特征的检索方法都可以比较有效地利用图像中感兴趣的目标来进行检索，但它们也有一些共同的问题，包括：①目前基于形状的检索方法还缺乏比较完善的数学模型；②如果目标有变形时检索结果往往不太可靠；③许多形状特征仅描述了目标局部的性质，要全面描述目标常对计算时间和存储量有较高的要求；④许多形状特征所反映的目标形状信息与人的直观感觉不完全一致，或者说，特征空间的相似性与人视觉系统感受到的相似性有差别。

另外，从 2D 图像中表现的 3D 物体实际上只是物体在空间某一平面的投影，从 2D 图像中反映出来的形状通常不是 3D 物体真实的形状，由于视点的变化，可能会产生各种失真。

常用的特征提取与匹配方法有以下几种：

1）典型的形状特征描述方法。通常情况下，形状特征有两类表示方法，一类是轮廓特征，另一类是区域特征。图像的轮廓特征主要针对物体的外边界，而图像的区域特征则关系到整个形状区域。

① 边界特征法——通过对边界特征的描述来获取图像的形状参数。其中Hough变换检测平行直线方法和边界方向直方图方法是经典方法。Hough变换是利用图像全局特性而将边缘像素连接起来组成区域封闭边界的一种方法，其基本思想是点-线的对偶性；边界方向直方图法首先微分图像求得图像边缘，然后做出关于边缘大小和方向的直方图，通常的方法是构造图像灰度梯度方向矩阵。

② 傅里叶形状描述符法——傅里叶形状描述符（Fourier Shape Deors）基本思想是用物体边界的傅里叶变换作为形状描述，利用区域边界的封闭性和周期性，将二维问题转化为一维问题。由边界点导出三种形状表达，分别是曲率函数、质心距离、复坐标函数。

③ 几何参数法——形状的表达和匹配采用更为简单的区域特征描述方法，例如采用有关形状定量测度（如矩、面积、周长等）的形状参数法（Shape Factor）。在图像检索系统（QBIC）中，便是利用圆度、偏心率、主轴方向和代数不变矩等几何参数，进行基于形状特征的图像检索。

需要说明的是，形状参数的提取，必须以图像处理及图像分割为前提，参数的准确性必然受到分割效果的影响，对分割效果很差的图像，形状参数甚至无法提取。

④ 形状不变矩法——利用目标所占区域的矩作为形状描述参数。

2）基于小波和相对矩的形状特征提取与匹配。该方法先用小波变换模极大值得到多尺度边缘图像，然后计算每一尺度的7个不变矩，再转化为10个相对矩，将所有尺度上的相对矩作为图像特征向量，从而统一了区域和封闭、不封闭结构。

（4）空间关系特征

所谓空间关系，是指图像中分割出来的多个目标之间的相互的空间位置或相对方向关系，这些关系也可分为连接/邻接关系、交叠/重叠关系和包含/包容关系等。通常，空间位置信息可以分为两类：相对空间位置信息和绝对空间位置信息。前一种关系强调的是目标之间的相对情况，如上下左右关系等，后一种关系强调的是目标之间的距离大小以及方位。显而易见，由绝对空间位置可推出相对空间位置，但表达相对空间位置信息通常比较简单。

空间关系特征的使用可加强对图像内容的描述区分能力，但空间关系特征常对图像或目标的旋转、反转、尺度变化等比较敏感。另外，实际应用中，仅利用空间信息往往是不够的，不能有效准确地表达场景信息。为了检索，除使用空间关系特征外，还需要其他特征来配合。

提取图像空间关系特征可以有两种方法：一种方法是首先对图像进行自动分割，划分出图像中所包含的对象或颜色区域，然后根据这些区域提取图像特征，并建立索引；另一种方法则简单地将图像均匀地划分为若干规则子块，然后对每个图像子块提取特征，并建立索引。

2. 姿态估计问题

确定某一三维目标物体的方位指向问题。姿态估计在机器人视觉、动作跟踪和单照相机定标等很多领域都有应用。在不同领域用于姿态估计的传感器是不一样的，本书主要介绍基于视觉的姿态估计。

基于视觉的姿态估计根据使用的摄像机数目又可分为单目视觉姿态估计和多目视觉姿态估计。根据算法的不同又可分为基于模型的姿态估计和基于学习的姿态估计。

（1）基于模型的姿态估计方法

基于模型的方法通常利用物体的几何关系或者物体的特征点来估计。其基本思想是利用某种几何模型或结构来表示物体的结构和形状，并通过提取某些物体特征，在模型和图像之间建立起对应关系，然后通过几何或者其他方法实现物体空间姿态的估计。这里所使用的模型既可能是简单的几何形体，如平面、圆柱，也可能是某种几何结构，还可能是通过激光扫描或其他方法获得的三维模型。

基于模型的姿态估计方法是通过比对真实图像和合成图像，进行相似度计算更新物体姿态。目前，基于模型的方法为了避免在全局状态空间中进行优化搜索，一般都将优化问题先降解成多个局部特征的匹配问题，非常依赖于局部特征的准确检测。当噪声较大无法提取准确的局部特征的时候，该方法的鲁棒性受到很大影响。

（2）基于学习的姿态估计方法

基于学习的方法借助于机器学习（Machine Learning）方法，从事先获取的不同姿态下的训练样本中学习二维观测与三维姿态之间的对应关系，并将学习得到的决策规则或回归函数应用于样本，将所得结果作为对样本的姿态估计。基于学习的方法一般采用全局观测特征，不需检测或识别物体的局部特征，具有较好的鲁棒性。其缺点是由于无法获取在高维空间中进行连续估计所需要的密集采样，因此无法保证姿态估计的精度与连续性。

基于学习的姿态估计方法源于姿态识别方法的思想。姿态识别需要预先定义多个姿态类别，每个类别包含了一定的姿态范围；然后为每个姿态类别标注若干训练样本，通过模式分类的方法训练姿态分类器以实现姿态识别。

这一类方法并不需要对物体进行建模，一般通过图像的全局特征进行匹配分析，可以有效避免局部特征方法在复杂姿态和遮挡关系情况下出现的特征匹配歧义性问题。然而姿态识别方法只能将姿态划分到事先定义的几个姿态类别中，并不能对姿态进行连续的精确估计。

基于学习的方法一般采用全局观测特征，可以保证算法具有较好的鲁棒性。然而这一类方法的姿态估计精度很大程度上依赖于训练的充分程度。要想比较精确地得到二维观测与三维姿态之间的对应关系，就必须获取足够密集的样本来学习决策规则和回归函数。然而一般来说，所需要样本的数量是随状态空间的维度指数级增加的，对于高维状态空间，事实上不可能获取进行精确估计所需要的密集采样。因此，无法得到密集采样而难以保证估计的精度与连续性，是基于学习的姿态估计方法无法克服的根本困难。

与姿态识别等典型的模式分类问题不同的是，姿态估计输出的是一个高维的姿态向量，而不是某个类别的类标。因此这一类方法需要学习的是一个从高维观测向量到高维姿态向量的映射，目前这在机器学习领域中还是一个非常困难的问题。

3. 特征提取

特征是描述模式的最佳方式，且我们通常认为特征的各个维度能够从不同的角度描述模式，在理想情况下，维度之间是互补完备的。

特征提取的主要目的是降维。特征抽取的主要思想是将原始样本投影到一个低维特征空间，得到最能反映样本本质或进行样本区分的低维样本特征。一般图像特征可以分为四类：直观性特征、灰度统计特征、变换系数特征与代数特征。

直观性特征主要指几何特征。几何特征比较稳定，受人脸的姿态变化与光照条件等因素的影响小，但不易抽取，而且测量精度不高，与图像处理技术密切相关。

代数特征是基于统计学习方法抽取的特征。代数特征具有较高的识别精度，其抽取方法又可以分为两种：一种是线性投影特征抽取方法；另外一种是非线性特征抽取方法。习惯上，将基于主分量分析和Fisher线性鉴别分析所获得的特征抽取方法，统称为线性投影分析。

线性投影分析的特征抽取方法，其基本思想是根据一定的性能目标来寻找线性变换，把原始信号数据压缩到一个低维子空间，使数据在子空间中的分布更加紧凑，为数据的更好描述提供手段，同时计算的复杂度得到大幅降低。在线性投影分析中，以主分量分析（PCA，或称K-L变换）和Fisher线性鉴别分析（LDA）最具代表性，围绕这两种方法所形成的特征抽取算法，已成为模式识别领域中最为经典和广泛使用的方法。

线性投影分析法的主要缺点为：需要对大量的已有样本进行学习，且对定位、光照与物体非线性形变敏感，因而采集条件对识别性能影响较大。

非线性特征抽取方法也是研究的热点之一。"核技巧"最早应用在支持向量机（SVM）中，核主成分分析（KPCA）和核费希尔分析（KFA）是"核技巧"的推广应用。核投影方法的基本思想是将原样本空间中的样本通过某种形式的非线性映射，变换到一个高维甚至无穷维的空间，并借助于核技巧在新的空间中应用线性的分析方法求解。由于新空间中的线性方向也对应原样本空间的非线性方向，所以基于核的投影分析得出的投影方向也对应原样本空间的非线性方向。

核投影方法也有一些弱点：几何意义不明确，无法知道样本在非显式映射后变成了什么分布模式；核函数中参数的选取没有相应选择标准，大多数只能采取经验参数选取；不适合训练样本很多的情况，原因是经过核映射后，样本的维数等于训练样本的个数，如果训练样本数目很大，核映射后的向量维数将会很高，并将遇到计算量上的难题。

就应用领域来说，KPCA远没有PCA应用广泛。如果作为一般性的降维KPCA，则其确实比PCA效果好，特别是特征空间不是一般的欧式空间的时候更为明显。但PCA可以通过大量的自然图片学习一个子空间，而KPCA做不到。

变换系数特征指先对图像进行傅里叶变换、小波变换等，将得到的系数作为特征进行识别。

4. 道路识别方法

为了能在智能网联汽车的先进驾驶辅助系统中应用视觉识别技术，视觉识别必须具备实时性、鲁棒性、实用性这三个特点。实时性是指系统的数据处理必须与车辆的行驶速度同步进行；鲁棒性是指智能网联汽车上的机器视觉系统对不同的道路环境和变化的气候条件具有良好的适应性；实用性是指智能网联汽车先进驾驶辅助系统能够为普通用户所接受。

道路识别算法大体可以分为基于区域分割的识别方法、基于道路特征的识别方法和基于道路模型的识别方法。

（1）基于区域分割的识别方法

基于区域分割的识别方法是把道路图像的像素分为道路和非道路两类。分割的依据一般是颜色特征或纹理特征。基于颜色特征的区域分割方法的依据是道路图像中道路部分的像素与非道路部分的像素的颜色存在显著差别。根据采集到的图像性质，颜色特征可以分为灰度特征和彩色特征两类。灰度特征来自灰度图像，可用的信息为亮度的大小。彩色特征除了亮度信息外，还包含色调和饱和度。基于颜色特征的车道检测的本质是彩色图像分割问题，主要涉及颜色空间的选择和采用的分割策略两个方面。当然，由于不同道路的颜色和纹理会有变化，道路的颜色也随时间变化而变化，基于区域的分割是一个很困难的问题，同时路面区域分割方法大多计算量大，难以精确定位车道的边界。

（2）基于道路特征的识别方法

基于道路特征的识别方法主要是结合道路图像的一些特征，如颜色、梯度、纹理等特征，从所获取的图像中识别出道路边界或车道线，适合于有明显边界特征的道路。基于特征的车道检测过程一般分为两个阶段：第一个阶段为特征提取，主要是利用图像预处理技术、边缘检测技术提取属于车道线的像素集合，并利用相位技术确定车道线像素的方向；第二个阶段是特征聚合，即把车道线像素聚合为车道线，包括利用车道线宽度恒定的约束进行车道线局部聚合，再利用车道线平滑性约束以及平行车道线交于消隐点的约束进行车道线的长聚合。

基于道路特征的车道线识别算法中的特征主要可以分为灰度特征和彩色特征。基于灰度特征的识别方法是从车辆前方的序列灰度图像中，利用道路边界和车道线的灰度特征而完成的对道路边界及车道线的识别。基于彩色特征的识别方法是从获取的序列彩色图像中，根据道路边界及车道线的特殊彩色特征来完成对道路边界和车道线的识别。目前应用较多的是基于灰度特征的识别方法。

基于道路特征的识别方法与道路形状没有关系，鲁棒性较好，但对阴影和水迹较为敏感，且计算量较大。

（3）基于道路模型的识别方法

基于道路模型的识别方法主要是基于不同的（2D 或 3D）道路图像模型，采用不同的检测技术（Hough 变换、模板匹配技术、神经网络技术等）对道路边界或车道线进行识别。

在道路平坦的假设前提下，可以认为道路图像中的车道线在同一平面上，这时道路模型有直线模型、多项式曲线模型、双曲线模型以及样条曲线模型等。目前最常用的道路几何模型是直线道路模型。

为了更准确地描述道路形状，提出了曲线道路模型。常用的曲线道路模型有同心圆曲线模型、二次曲线模型、抛物线模型、双曲线模型、直线 - 抛物线模型、线性双曲线模型、广义曲线模型、回旋曲线模型、样条曲线模型、圆锥曲线模型和分段曲率模型等。

在道路不平坦的情况下，可以利用双目视觉系统获得立体道路图像，通过建立 3D 道路图像模型进行车道检测。

基于 2D 道路图像模型的识别方法便于采用，且不需要精确标定或已知车辆自身参数，其不利之处是很难对车辆位置进行估计。基于 3D 道路图像模型的识别方法主要用于对距离分析要求不是很高的没有标识的道路识别，缺点是模型比较简单或噪声强度比较大时识别精度较低，模型比较复杂时模型的更新较困难。

由于道路模型在结构上有规律可循，因此可以利用少量信息求解出整个道路模型，进而对阴影、水迹等因素具有较高的抗干扰性。基于视觉的道路模型需要满足以下几个特点：

1）准确度高。道路模型要求准确地描述道路的实际特征。现实道路形状多样，为模型的建立增加了难度，所以如何根据实际的应用需求选择和求解模型是关键。

2）鲁棒性高。模型的鲁棒性主要体现在对外界干扰因素的适应性。当由于外界干扰造成局部特征信息的获取失败或失效时，不会影响整体模型的求解。

3）实时性好。基于视觉的导航系统中，实时性是一个重要因素。通常为了提高模型拟合的准确度，必须尽可能多地利用道路特征信息，并利用复杂的算法排除干扰，这将会大大增加计算量。因此如何在保证模型有效性的情况下减少算法计算量，是影响模型是否高效的重要因素。

4）灵活性好。为了适应显示道路形状多样性的特点，模型还需要具备构造和求解的灵活性。极少或不会因为道路相撞的变化，而造成模型求解方式的改变或失效。

基于模型的识别方法检测出的道路较为完整，只需较少的参数就可以表示整个道路，以基于模型的方法对阴影、水迹等外界影响有较强的抗干扰性，不过在道路类型比较复杂的情况下，很难建立准确的模型，降低了对任意类型道路检测的灵活性。

（4）基于道路特征与模型相结合的识别方法

基于道路特征与模型相结合的识别方法能否取得好的识别效果，关键之处在于分割与拟合这两个过程。基于特征的分割过程能否准确地分割待处理图像的道路区域与非道路区域，将直接影响拟合的准确性；道路模型的拟合过程能否排除分割过程残留的噪声影响，能否适应复杂环境中道路形状的变化，将直接影响道路检测的最终结果。因此，能否找到一种鲁棒性强的分割方法以及一种能适应多种道路形状变化的道路模型，是算法成功的关键之处。

2.1.5 车辆识别技术

车辆检测是判断安全车距的前提，车辆检测的准确与否不仅决定了测距的准确性，还决定了是否能够及时发现一些潜在的交通事故。

识别算法用于确定图像序列中是否存在车辆，并获得其基本信息，如大小、位置等。摄像头跟随车辆在道路上运动时，所获取道路图像中车辆的大小、位置和亮度等是不断变化的。根据车辆识别的初始结果，对车辆大小、位置和亮度的变化进行跟踪。由于车辆识别时需要对所有图像进行搜索，所以算法的耗时较大。而跟踪算法可以在一定的时间和空间条件约束下进行目标搜索，还可以借助一些先验知识，所以计算量较小，一般可以满足预警系统的实时性要求。

目前用于识别前方运动车辆的方法主要有基于特征的识别方法、基于机器学习的识别方法、基于光流场的识别方法和基于模型的识别方法等。

1. 基于特征的识别方法

基于特征的识别方法是在车辆识别中最常用的方法之一，又称为基于先验知识的识别方法。

对于行驶在前方的车辆，其颜色、轮廓和对称性等特征都可以用来将车辆与周围背景区别开来。因此，基于特征的车辆识别方法就是以这些车辆的外形特征为基础，从图像中识别前方行驶的车辆。当前常用的基于特征的方法有使用阴影特征的方法、使用边缘特征的方法、使用对称特征的方法、使用位置特征的方法和使用车辆尾灯特征的方法等。

1）使用阴影特征的方法。前方运动车辆底部的阴影是一个非常明显的特征，通常的做法是先使用阴影找到车辆的候选区域，再利用其他特征或者方法对候选区域进行下一步验证。

2）使用边缘特征的方法。前方运动车辆无论是水平方向上还是垂直方向上都有着显著的边缘特征，通常将边缘特征与车辆所符合的几何规则结合起来运用。

3）使用对称特征的方法。前方运动车辆在灰度化的图像中表现出较为明显的对称特征。一般来说，对称特征分为灰度对称和轮廓对称这两类特征。灰度对称特征一般指统计意义上的对称特征，而轮廓对称特征指的是几何规则上的对称特征。

4）使用位置特征的方法。一般情况下，前方运动车辆存在于车道区域之内，所以在定位出车道区域的前提下，将检测范围限制在车道区域之内，不但可以减少计算量，还能够提高识别的准确率。在车道区域内如果检测到不属于车道的物体，一般是车辆或者障碍物，对于驾驶人来说都是需要注意的目标物体。

5）使用车辆尾灯特征的方法。在夜间驾驶场景中，前方运动车辆的尾灯是将车辆与背景区别出来的显著且稳定的特征。夜间车辆尾灯在图像中呈现的是高亮度、高对称性的红白色车灯。利用空间及几何规则能够判断前方是否存在车辆及其所在的位置。

因为周围环境的干扰和光照条件的多样性，如果仅使用一个特征对车辆进行识别，则难以达到良好的稳定性和准确性。为了获得较好的识别效果，目前都是使用多个特征相结合的方法完成对前方运动车辆的识别。

2. 基于机器学习的识别方法

前方运动车辆的识别其实是对图像中车辆区域与非车辆区域的定位与判断的问题。基于机器学习的识别方法一般需要从正样本集和负样本集中提取目标特征，再训练出识别车辆区域与非车辆区域的决策边界，最后使用分类器判断目标。通常的识别过程是对原始图像进行不同比例的缩放，得到一系列的缩放图像，然后在这些缩放图像中全局搜索所有与训练样本尺度相同的区域，再由分类器判断这些区域是否为目标区域，最后确定目标区域并获取目标区域的信息。

机器学习的方法无法预先定位车辆可能存在的区域，因此只能对图像进行全局搜索，这样就造成识别过程的计算复杂度高，无法保证识别的实时性。

3. 基于光流场的识别方法

光流场是指图像中所有像素点构成的一种二维瞬时速度场，其中的二维速度矢量是景物中可见点的三维速度矢量在成像表面的投影。通常，光流场是由于摄像头、运动目标或二者在同时运动的过程中产生的。在存在独立运动目标的场景中，通过分析光流可以检测目标数量、目标运动速度、目标相对距离以及目标表面结构等。

光流分析的常用方法有特征光流法和连续光流法。特征光流法是在求解特征点处光流时，利用图像角点和边缘等进行特征匹配。特征光流法的主要优点是能够处理帧间位移较大的目标，对于帧间运动限制很小，降低了对于噪声的敏感性，所用特征点较少且计算量较小；主要缺点是难以从稀疏光流场中提取运动目标的精确形状，也不能很好地解决特征匹配问题。连续光流法大多采用基于帧间图像强度守恒的梯度算法，其中最为经典的算法是 L-K 法和 H-S 法。

光流场在进行运动背景下的目标识别时效果较好，但是也存在计算量较大、对噪声敏感等缺点。在对前方车辆进行识别，尤其是车辆距离较远时，目标车辆在两帧之间的位移非常小，有时候仅移动一个像素，这种情况下不能使用连续光流法。另外，车辆在道路上运动时，车与车之间的相对运动较小，而车与背景之间的相对运动较大，这就导致了图像中的光流包含了较多的背景光流而目标车辆光流相对较少，因此特征光流法也不适用于前方车辆识别。但是在对从旁边超过的车辆进行识别时，超越车辆和摄像头之间的相对运动速度较大，因此在识别从旁边超过的车辆时采用基于光流的方法效果较好。

4. 基于模型的识别方法

基于模型的识别方法是根据前方运动车辆的参数来建立二维或三维模型，然后利用指定的搜索算法来匹配查找前方车辆。这种方法对建立的模型依赖度较高，并且车辆外部形状各异，仅建立一种或者少数几种模型的方法难以对车辆实施有效的识别。如果为每种车辆外形都建立精确的模型，又将大幅增加识别过程中的计算量。

多传感器融合技术是未来车辆识别技术的发展方向。目前，在车辆识别中主要有两种融合技术，即视觉和激光雷达传感器的融合技术以及视觉和毫米波雷达传感器的融合技术。

2.1.6 行人识别技术

行人识别技术是智能网联汽车先进驾驶辅助系统的重要组成部分。行人是道路交通的主体和主要参与者，由于其行为具有非常大的随意性，再加上驾驶人在车内视野变窄以及长时间驾驶导致的视觉疲劳，使得行人在交通事故中很容易受到伤害。行人识别技术能够及时准确地检测出车辆前方的行人，并根据不同危险级别提供不同的预警提示（如距离车辆越近的行人危险级别越高，提示音也应越急促），以保证驾驶人具有足够的反应时间，能够极大地降低甚至避免撞人事故的发生。

1. 行人检测类型

行人检测技术是利用安装在车辆前方的视觉传感器（摄像头）采集前方场景的图像信息，通过一系列复杂的算法分析处理这些图像信息实现对行人的检测。根据所采用摄像头的不同，又可以将基于视觉的行人检测方法分为可见光行人检测和红外行人检测。

1）可见光行人检测。可见光行人检测采用的视觉传感器为普通光学摄像头，其基于可见光进行成像，非常符合人的正常视觉习惯，并且硬件成本非常低廉。但是受到光照条件的限制，该方法只能在白天应用，在光照条件很差的阴雨天或夜间则无法使用。

2）红外行人检测。红外行人检测采用红外热成像摄像头，利用物体发出的热红外线进行成像，不依赖于光照，具有很好的夜视功能，在白天和晚上都适用。尤其在夜间以及光线较差的阴雨天具有无可替代的优势。相比可见光行人检测，红外行人检测的主要优势包括：红外摄像头靠感知物体发出的红外线（与温度成正比）进行成像，与可见光光照条件无关，对于夜间场景中的发热物体检测有明显的优势；行人属于恒温动物，温度一般会高于周围背景很多，在红外图像中表现为行人相对于背景明亮突出；红外成像不依赖于光照条件，对光照明暗、物体颜色变化以及纹理和阴影干扰不敏感。随着红外成像技术的不断发展，红外摄像头的硬件成本也在慢慢降低，由原来的军事应用慢慢开始转向民事应用。

2. 行人识别特征

行人识别特征就是利用数学方法和图像技术从原始的灰度图像或者彩色图像提取表征人体信息的特征，它伴随着分类器训练和识别的全过程，直接关系到行人识别系统的性能，因此行人识别特征提取是行人识别的关键技术。在实际环境中，由于行人自身的姿态不同、服饰各异和背景复杂等因素的影响，使得行人特征提取比较困难，因此选取的行人特征要鲁棒性比较好。目前，行人识别主要有 HOG 特征、Haar 小波特征、Edgelet 特征和颜色特征等。

（1）HOG 特征

方向梯度直方图（Histogram of Oriented Gradient，HOG）特征是一种在计算机视觉和图像处理中用来进行物体检测的特征描述。它通过计算和统计图像局部区域的梯度方向直方图来构成特征。Hog 特征结合 SVM 分类器已经被广泛应用于图像识别中，尤其在行人检测中获得了极大的成功。需要提醒的是，HOG+SVM 进行行人检测的方法是法国研究人员 Dalal 在 2005 年的 IEEE 国际计算机视觉与模式识别会议（CVPR）上提出的，如今虽然有很多行人检测算法被不断提出，但基本都是以 HOG+SVM 的思路为主。其主要思想是在一副图像中，局部目标的表象和形状能够被梯度或边缘的方向密度分布很好地描述。

具体的实现方法是：首先将图像分成小的连通区域，即细胞单元。然后采集细胞单元中各像素点的梯度的或边缘的方向直方图。最后把这些直方图组合起来就可以构成特征描述器。之所以统计每一个小单元的方向直方图，是因为一般来说，只有图像区域比较小的情况，基于统计原理的直方图对于该区域才有表达能力。如果图像区域比较大，那么两个完全不同的图像的 HOG 特征也可能很相似；但是如果区域较小，这种可能性就会很小。

把这些局部直方图在图像的更大的范围内（我们把它叫作区间或 block）进行对比度归一化，所采用的方法是：先计算各直方图在这个区间中的密度，然后根据这个密度对区间中的各个细胞单元做归一化。通过归一化后，能对光照变化和阴影获得更好的效果。HOG 特征的主要思想是用局部梯度大小和梯度方向的分布来描述对象的局部外观和外形，而梯度和边缘的确切位置不需要知道。

梯度方向直方图描述符一般有三种不同形式，如图 2-13 所示，都是基于密集型的网格单元，用图像梯度方向的信息代表局部的形状信息。

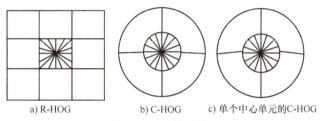

a) R-HOG　　　　b) C-HOG　　　c) 单个中心单元的C-HOG

图 2-13　HOG 描述符变量

（2）Haar 小波特征

"小波"就是小的波形。所谓"小"，是指它具有衰减性；而称之为"波"，则是指它的波动性，其振幅正负相间的振荡形式。与傅里叶变换相比，小波变换是时间（空间）频率的局部化分析，它通过伸缩平移运算对信号（函数）逐步进行多尺度细化，最终达到高频处时间细分，低频处频率细分，能自动适应时频信号分析的要求，从而可聚焦到信号的任意细节。有人把小波变换称为"数学显微镜"。

Haar 小波是小波的一种，是最简单的正交归一化小波。Haar 小波特征反应图像局部的灰度值变化，是黑色矩形为白色矩形在图像子窗口中对应区域灰度级总和的差值。目前最常用的还是 Haar-like 特征，多用于人脸检测、行人检测，等目标检测；Haar-like 特征可以理解为卷积模板，如同 prewitt、sobel 算子，当然不完全一样。

Haar-like 特征模板内只有白色和黑色两种矩形，并定义该模板的特征值为白色矩形像素和减去黑色矩形像素和。Haar 特征值反映了图像的灰度变化情况。例如，脸部的一些特征能由矩形特征简单描述，如眼睛要比脸颊颜色深、鼻梁两侧要比鼻梁颜色深、嘴巴要比周围颜色深等。但矩形特征只对一些简单的图形结构，如边缘、线段较敏感，所以只能描述特定走向（水平、垂直、对角）的结构。

常用的 Haar 小波特征主要分为八种线性特征、四种边缘特征、两种中心环绕特征和一种对角线特征，如图 2-14 所示。

可以看出，Haar 小波特征都是由 2~4 个白色和黑色的矩形框组成。由该特征定义知，每一种特征都是计算黑色填充区域的像素值之和与白色填充区域的像素值之和的差值，这种差值就是 Haar 小波特征的特征值。实验表明，一副很小的图像就可以提取成千上万的 Haar 小波特征，这就给算法带来了巨大的计算量，严重降低了检测 Haar 和分类器的训练速度。为了解决这些问题，可以在特征提取中引入积分图的概念，并应用到实际的对象检测框架中。

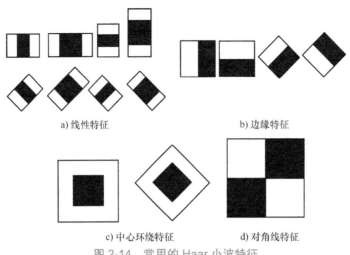

a) 线性特征　　　　　　　　　b) 边缘特征

c) 中心环绕特征　　　　d) 对角线特征

图 2-14　常用的 Haar 小波特征

（3）Edgelet 特征

Edgelet 特征描述的是人体的局部轮廓特征，该特征不需要人工标注，从而避免了重复计算相似的模板，降低了计算的复杂度。由于是对局部特征的检测，该算法能较好地处理行人之间的遮挡问题，对复杂环境多个行人相互遮挡的检测效果明显优于其他特征。

每一个 Edgelet 特征就是一条由边缘线组成且包含一定形状与位置信息的小边，主要有直线形、弧形和对称形三种形式的 Edgelet 特征。该方法是通过 Adaboost 算法筛选出一组能力强的 Edgelet 特征进行学习训练，便能识别行人的各个部位，如全身、头、肩、躯干和腿，最后分析各个局部特征相互之间的关系来进行整体的行人检测。由于该算法采用的是人体的局部特征，所以在出现遮挡的情况下仍然有很好的表现，缺点是特征的计算比较复杂。人体部位的定义如图 2-15 所示。

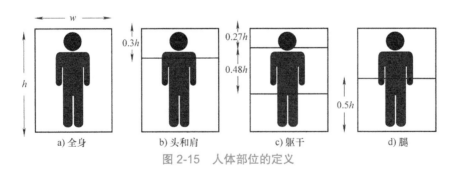

a) 全身　　　　b) 头和肩　　　　c) 躯干　　　　d) 腿

图 2-15　人体部位的定义

（4）颜色特征

就几何特征而言，颜色特征具有较强的鲁棒性，图像种子对象的方向和大小的改变对它影响不大。颜色给人以直观的视觉冲击，是最稳定、最可靠的视觉特征，颜色特征经常描述跟踪对象来实现目标的跟踪。

颜色特征提取与颜色空间和颜色直方图有关，颜色空间包括 RGB、HSV 和 HIS 等。颜色直方图表示的是整幅图像中不同颜色所占的比例，并不关心每种颜色所处的空间位置，即无法描述图像的对象。在运动目标的检测与跟踪中，颜色直方图有其独特的优点，即物体形变对其影响较小。由于颜色直方图不表示物体的空间位置，仅表示颜色，跟踪目标的颜色不变，形体发生变化不会影响颜色直方图的分布，所以应用颜色直方图作为特征进行行人跟踪，很好地改善了行人动作随意和形变较大的缺点。

（5）特征总结

上述4种特征各有优缺点，概括如下：

1）HOG特征是比较经典的行人特征，具有良好的光照不变性和尺度不变性，能较强地描述行人的特征，对环境适应性较强，但它也有其自身的不足，如特征维数较高和计算量大，难保证实时性。

2）Haar小波特征容易理解、计算简单，特别是引入积分图概念后，计算速度提高，实时性高，在稀疏行人且遮挡不严重的环境下检测效果较好，但是它对光照和环境遮挡等因素敏感，适应性差，不适合复杂易变的行人场景。

3）Edgelet特征表征的是人体局部轮廓特征，可以处理一定遮挡情况下的行人检测，但是该算法要去匹配图像中所有相似形状的边缘，这样就需要耗费大量时间进行搜索，不能达到实时要求。

4）颜色特征具有较强的鲁棒性，图像种子对象的方向和大小的改变对它影响不大，能够给人以直观的视觉冲击，是最稳定、最可靠的视觉特征，常应用于行人跟踪领域，但是该特征容易受到背景环境的影响。

3. 行人识别方法

从国内外当前的研究进展来看，行人识别的理论研究和实际应用已经取得了令人瞩目的成果，但仍然没有研究出一种广泛使用在各种场景下的通用识别方法，这主要是由行人的特性所决定的。

（1）难点

行人属于非刚体，其姿态、穿着和尺度大小以及周围环境的复杂性，是否遮挡都会对行人的识别带来不同程度的难度，其难点主要表现在以下五个方面。

1）复杂场景。复杂场景主要包括光照不均所造成的阴影目标以及雨雪大风天气等恶劣环境的影响；动态背景的影响包括波动的水流、摆动的树叶、涌动的喷泉以及转动的风扇等；识别行人时，当行人运动过慢、过快以及行人着装和周围环境相似时，都会容易造成将背景目标识别为背景，从而影响后续行人识别的准确度。另外，场景中多目标的相互遮挡以及行人尺度过小等都会给识别带来不同方面的困难。

2）行人着装和姿态的多样化。人属于非刚体，具有丰富的姿态特征，如坐下、站立、蹲下、骑车、躺下和拥抱等，针对不同姿态下的行人，识别算法都要具体分析，往往一个针对站立行人识别很有效的算法，可能就无法有效地识别出骑车的行人。有时候身材和着装的不同，行人的外观差异性也很大，如冬天和夏天，行人是否戴围巾、眼镜、头盔和口罩，晴天和雨天；行人是否撑雨伞、穿雨衣等。一个人在不同年龄段的高矮胖瘦、衣服的颜色、穿裙子还是穿裤子都会影响到头部、躯干、手部及腿部的外观。

3）行人的特征选取。常见的行人特征包括颜色特征、轮廓特征、HOG特征、Haar小波特征、Edgelet特征等，行人识别往往利用其中的一种特征或者融合其中的多个特征来联合识别行人，增加识别的准确度。但是具体需要选择哪种特征获得比较好的效果，不仅与选择的特征有关，还与采用的算法、场景的复杂性、行人运动的特性，甚至和摄像头获取视频序列的属性都有关，所以很难用某一种特征或通用的算法来解决行人识别问题。

4）行人目标遮挡。行人目标遮挡是行人识别中比较难解决的问题，行人遮挡不仅表现在行人被场景内的静态物体部分遮挡或全遮挡，还表现在行人目标间的互相遮挡以及全遮挡等。遮挡极易造成行人目标的丢失，造成误检或漏检，从而影响识别的准确性，给后续的行人跟踪、识别带来巨大挑战。为了减少行人目标遮挡带来的歧义性，必须正确处理遮挡时所获取的特征与行人目标件的对应关系。

5）行人识别窗口自适应调整问题。在摄像头所获取的视频帧中，当行人目标与摄像头的距离发生变化时，往往导致视场内行人的尺寸也会发生相应的变化。在识别过程中，如何有效地调整行人识别窗口的大小，使之更符合行人尺寸大小，是保证行人识别算法鲁棒性的重要指标，同时也是保证后续跟踪、识别算法提取更加准确信息的有力保障。

（2）方法分类

目前，行人识别方法主要有基于特征分类的行人识别方法、基于模型的行人识别方法、基于运动特性的方法、基于形状模型的方法、基于模板匹配的方法以及基于统计分类的方法等。

1）基于特征分类的行人识别方法。基于特征分类的识别方法着重于提取行人特征，然后通过特征匹配来识别行人目标，是目前较为主流的行人识别方法，主要有基于HOG特征的行人识别方法、基于Haar小波特征的行人识别方法、基于Edgelet特征的行人识别方法、基于形状轮廓模板特征的行人识别方法、基于部件特征的行人识别方法等。

2）基于模型的行人识别方法。基于模型的识别方法是通过建立背景模型识别行人。常用的基于背景建模的行人识别方法有混合高斯法、核密度估计法和Codebook法。

3）基于运动特性的方法。基于运动特性的行人识别就是利用人体运动的周期性特性来确定图像中的行人，比较典型的算法有背景差分法、帧回差分法和光流法。

4）基于形状模型的方法。基于形状模型的行人识别主要依靠行人形状特征来识别行人，避免了由于背景变化和摄像机运动带来的影响，适合于识别运动和静止的行人。

5）基于模板匹配的方法。基于模板匹配的行人识别是通过定义行人形状模型，在图像的各个部位匹配该模型以找到目标，建立行人形状模型主要有线性模型、轮廓模型以及立体模型等。

6）基于统计分类的方法。基于统计分类的行人识别是从样本中训练得到行人分类器，利用该分类器遍历图像各窗口进行判别。训练是离线进行的，不占用识别时间，且分类器具有鲁棒性。

2.1.7 传感器信息融合技术

1. 传感器信息融合定义

传感器信息的融合就是利用计算机技术将来自多传感器或多源的信息和数据，在一定的准则下加以自动分析和综合，以完成所需要的决策和估计而进行的信息处理过程。传感器融合要硬件同步、时间同步、空间同步和软件同步。

硬件同步是指使用同一种硬件同时发布触发采集命令，实现各传感器采集、测量的时间同步，做到同一时刻采集相同的信息。

时间同步是指通过统一的主机给各个传感器提供基准时间，各传感器根据已经校准后的各自时间为各自独立采集的数据加上时间戳信息，可以做到所有传感器时间戳同步，但由于各个传感器各自采集周期相互独立，无法保证同一时刻采集相同的信息。

空间同步是指将不同传感器坐标系的测量值转换到同一个坐标系中，其中激光传感器在高速移动的情况下需要考虑当前速度下的帧内位移校准。

软件同步是指时间同步和空间同步。

多传感器信息融合的优势在于，能够综合利用多种信息源的不同特点，多方位获得相关信息，从而提高整个系统的可靠性和精准度。未来传感器融合技术将显得更加重要，并且会成为一种趋势。多传感器信息的融合是无人驾驶安全出行的前提。

2. 传感器融合原理

多传感器信息融合技术的基本原理就像人的大脑综合处理信息的过程一样，将各种传感器进行多层次、多空间的信息互补和优化组合处理，最终产生对观测环境的一致性解释。在这个过程中要充分利用多源数据进行合理支配与使用，而信息融合的最终目标则是基于各传感器获得的分离观测信息，通过对信息多级别、多方面组合导出更多有用信息。这不仅是利用了多个传感器相互协同操作的优势，而且也综合处理了其他信息源的数据，从而提高整个传感器系统的智能化。

3. 体系架构

根据数据处理方法的不同，信息融合系统的体系结构有三种：分布式、集中式和混合式。

1）分布式：先对各个独立传感器所获得的原始数据进行局部处理，然后再将结果送入信息融合中心进行智能优化组合来获得最终的结果，如图2-16所示。分布式对通信带宽的需求低、计算速度快、可靠性和延续性好，但跟踪的精度却远没有集中式高；分布式的融合结构又可以分为带反馈的分布式融合结构和不带反馈的分布式融合结构。

2）集中式：将各传感器获得的原始数据直接送至中央处理器进行融合处理，如图2-17所示。集中式可以实现实时融合，其数据处理的精度高，算法灵活，缺点是对处理器的要求高，可靠性较低，数据量大，故难于实现。

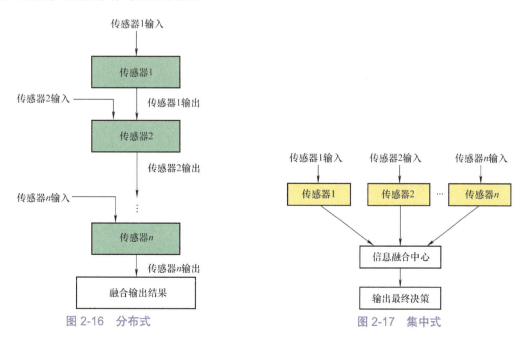

图2-16　分布式　　　　　　　　图2-17　集中式

3）混合式：混合式多传感器信息融合框架中，部分传感器采用集中式融合方式，剩余的传感器采用分布式融合方式，如图2-18所示。混合式融合框架具有较强的适应能力，兼顾了集中式融合和分布式的优点，稳定性强。混合式融合方式的结构比前两种融合方式的结构复杂，这样就加大了通信和计算上的代价。

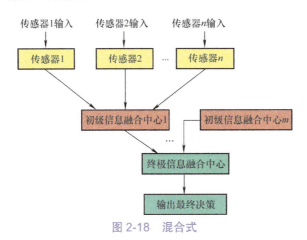

图2-18　混合式

4．传感器融合方案
（1）激光雷达与视觉传感器融合

激光雷达和视觉传感器融合是一个经典方案。在无人驾驶应用中，视觉传感器价格便宜，但是受环境光影像较大，可靠性相对较低；激光雷达探测距离远，对物体运动判断精准，可靠性高，但价格高。视觉传感器可进行车道线检测、障碍物检测和交通标志的识别；激光雷达可进行路沿检测、动态和静态物体识别、定位和地图创建。对于动态的物体，视觉传感器能判断出前后两帧中物体或行人是否为同一物体或行人，而激光雷达则是在得到信息后测算前后两帧间隔内的运动速度和运动位移。

视觉传感器和激光雷达分别对物体识别后，再进行标定。对于100%安全性要求的无人驾驶汽车，激光雷达和视觉传感器融合将是未来互补的方案。

（2）激光雷达和毫米波雷达融合

激光雷达和毫米波雷达融合是新的流行方案。毫米波雷达已经成为ADAS的核心传感器，它具有体积小、质量轻和空间分辨率高的特点，而且穿透雾、烟、灰尘的能力强，弥补了激光雷达的不足。

但毫米波雷达受制于波长，探测距离有限，也无法感知行人，并且对周边所有障碍物无法进行精准的建模，这恰恰是激光雷达的强项。激光雷达和毫米波雷达不仅可以在性能上实现互补，还可以大大降低使用成本，可以为无人驾驶的开发提供一个新的选择。

（3）视觉传感器和毫米波雷达融合

将视觉传感器和毫米波雷达进行融合，相互配合共同构成智能网联汽车的感知系统，取长补短，实现更稳定可靠的ADAS功能。视觉传感器与毫米波雷达融合具有以下优势：

1）可靠性：目标真实，可信度提高。
2）互补性：全天候应用与远距离提前预警。
3）高精度：大视场角、全距离条件下的高性能定位。
4）识别能力强：对各种复杂对象都能够识别。

2.2 智能网联汽车自动驾驶仿真软件

2.2.1 CarSim 软件

CarSim 以及相关的 TruckSim 和 BikeSim 是 Mechanical Simulation 公司开发的强大的动力学仿真软件，被世界各国的主机厂和供应商所广泛使用。CarSim 针对四轮汽车、轻型货车，TruckSim 针对多轴和双轮胎的货车，BikeSim 针对两轮摩托车。CarSim 是一款整车动力学仿真软件，主要从整车角度进行仿真，它内建了相当数量的车辆数学模型，并且这些模型都有丰富的经验参数，用户可以快速使用，免去了繁杂的建模和调参过程。CarSim 模型在计算机上运行的速度可以比实时快 10 倍，可以仿真车辆对驾驶人控制、3D 路面及空气动力学输入的响应，模拟结果高度逼近真实车辆，主要用来预测和仿真汽车整车的操纵稳定性、制动性、平顺性、动力性和经济性。CarSim 带有标准的 MATLAB/Simulink 接口，可以方便地与 MATLAB/Simulink 进行联合仿真，用于控制算法的开发，同时在仿真时可以产生大量数据结果用于后续使用 MATLAB 或者 Excel 进行分析或可视化。CarSim 同时提供了 RT 版本，可以支持主流的 HIL 测试系统，如 dSpace 和 NI 的系统。

CarSim 主界面可以分为三部分：①最左边部分可设置车辆的基本参数；②中间部分设置仿真参数，以及与控制模型（如 Simulink、LabVIEW）的接口；③最右边部分查看运行的结果、动画以及曲线，如图 2-19 所示。

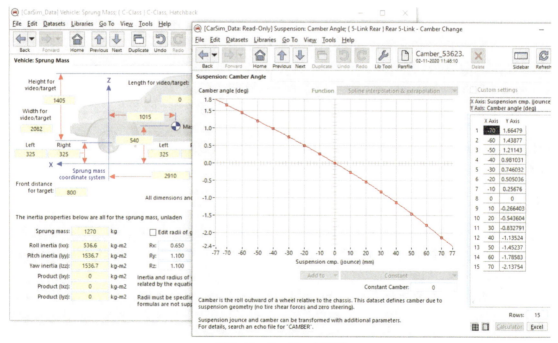

图 2-19 CarSim 主界面

CarSim 也有 ADAS 相关功能的支持，可以构建参数化的道路模型，包含 200 个以上的运动的交通物体，通过使用脚本或者 Simulink 能够实现外部控制其运动的目的，同时能够添加多达 99 个传感器，实现对运动和静止的物体进行检测。最近的 CarSim 版本在 ADAS 和自动驾驶开发方面进行了加强,添加了更多的 3D 资源,如交通标识牌、行人等,以及高精度地图的导入流程。同时,CarSim 也提供了一个 Unreal 引擎插件,可以和 Unreal 引擎进行联合仿真。

综合起来,CarSim 软件的主要功能如下:

1)适用于以下车型的建模仿真:轿车、轻型货车、轻型多用途运输车及 SUV。
2)可分析车辆的动力性、燃油经济性、操纵稳定性、制动性及平顺性。
3)可以通过软件如 MATLAB、Excel 等进行绘图和分析。
4)可以通过图形曲线及三维动画形式观察仿真的结果,包括图形化数据管理界面、车辆模型求解器、绘图工具、三维动画回放工具和功率谱分析模块,程序稳定可靠。
5)CarSim 软件可以扩展为 CarSim RT,CarSim RT 是实时车辆模型,能够提供与一些硬件实时系统的接口,可联合进行 HIL 仿真。
6)先进的事件处理技术,实现复杂工况的仿真。
7)友好的图形用户界面,可快速方便实现建模仿真。
8)提供多种车型的建模数据库。
9)可实现用户自定义变量的仿真结果输出。
10)可实现与 Simulink 的相互调用。
11)多种仿真工况的批运行功能。

2.2.2 PreScan 软件

PreScan 是由 Tass International 研发的一款 ADAS 测试仿真软件,2017 年 8 月被西门子收购。PreScan 是一个模拟平台,由基于 GUI 的、用于定义场景的预处理器和用于执行场景的运行环境构成。工程师用于创建和测试算法的主要界面包括 MATLAB 和 Simulink。PreScan 可用于从基于模型的控制器设计(MIL)到利用软件在环(SIL)和硬件在环(HIL)系统进行的实时测试等应用。PreScan 可在开环、闭环以及离线和在线模式下运行。

该平台除了用于汽车行业开发基于雷达、激光雷达、摄像头和 GPS 等传感器技术的 ADAS 外,还可以用于设计和评估车与车(V2V)和车与道路基础设施(V2I)通信应用以及自动驾驶应用。灵活的界面可连接至第三方的汽车动力学模型(如 CarSIM 和 dSPACE ASM)和第三方的 HIL 模拟器/硬件(如 ETAS、dSPACE 和 Vector)。

软件可与 Simulink 完美配合,通过对传感器模型、道路模型和控制模型的搭建,可实现自适应巡航控制(ACC)、车道偏离预警(LDW)、V2X 等的仿真和算法验证。

开发流程分别是构建相关场景、为传感器系统建模、添加适当的控制系统和运行测试。因此,PreScan 由多个模块组成,使用起来主要分为四个步骤:场景搭建、添加传感器、添加控制系统、运行实验,如图 2-20 所示。

1)场景搭建:PreScan 提供一个强大的图形编辑器,用户可以使用道路分段,包括交通标牌、树木和建筑物的基础组件库,包括机动车、自行车和行人的交通参与者库,也可以修改天气条件(如雨、雪和雾)以及光源(如太阳光、前照灯和路灯)来构建丰富的仿真场景。新版的 PreScan 也支持导入 OpenDrive 格式的高精度地图,用来建立更加真实的场景。

2)添加传感器:PreScan 支持种类丰富的传感器,包括理想传感器、V2X 传感器、激光雷达、毫米波雷达、超声波传感器、单目和双目相机、鱼眼相机等。用户可以根据自己的需要进行添加。

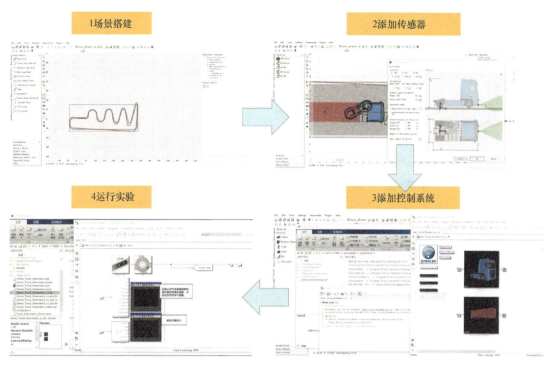

图 2-20　PreScan 使用步骤

3）添加控制系统：可以通过 MATLAB/ Simulink 建立控制模型，也可以和第三方动力学仿真模型（如 CarSim、VI-Grade、dSpace ASM 的车辆动力学模型）进行闭环控制。

4）运行实验：3D 可视化查看器允许用户分析实验的结果，同时可以提供图片和动画生成功能。此外，使用 ControlDesk 和 LabVIEW 的界面可以用来自动运行实验批次的场景以及运行硬件在环模拟。

2.2.3　CarMaker 软件

CarMaker 以及相关的 TruckMaker 和 MotorcycleMaker 是德国 IPG 公司推出的动力学、ADAS 和自动驾驶仿真软件。CarMaker 作为乘用车的动力学仿真软件，包括了精准的车辆本体模型（发动机、底盘、悬架、传动、转向等）；同时可通过 GUI 生成道路（IPG Road）、交通环境（IPG Traffic）、驾驶人（IPG Driver）以及车辆操作（IPG Maneuver）序列。其内建的 IPG Driver 是世界顶尖的驾驶人模型，可以驾驶车辆进行真实有效的复杂工况仿真，如图 2-21 所示。

1）IPG Road：可以模拟多车道、十字路口等多种形式的道路，并可通过配置 GUI 生成锥形、圆柱形等形式的路障；可对道路的几何形状以及路面状况（不平度、粗糙度）进行任意定义。

2）IPG Traffic：交通环境模拟工具，提供丰富的交通对象（车辆、行人、路标、交通灯、道路施工建筑等）模型，可实现对真实交通环境的仿真；测试车辆可识别交通对象并由此进行动作触发（如限速标志可触发车辆进行相应的减速动作）。

3）IPG Driver：先进的、可自学习的驾驶人模型，可控制在各种行驶工况下的车辆，实现诸如上坡起步、入库泊车以及甩尾反打转向盘等操作；并能根据车辆的动力特性（驱动形式、变速器类型等）、道路摩擦系数、风速、交通环境状况，调整驾驶策略。

图 2-21　CarMaker 车辆识别仿真

1. 主要特点

（1）半物理模型

基于 MATLAB/Simulink 以及 C-interface 的车辆模型，既可在业界通用的 Simulink 环境下进行用户自定义模型集成，又可独立于 Simulink 使用 *.exe 文件对模型进行操作，可以有效降低仿真软件对上位机的资源消耗。

（2）全参数化模型

模块和参数完全独立，可以通过 GUI 或者导入文件的方式对车辆进行配置，具有可视化强、配置方便等特色，给初学者带来很大的方便。

（3）丰富的外部接口

作为平台软件，非常方便集成第三方软件，如 ADAMS、SIMPACK、Cruise、DYMOLA，可利用各软件的优势进行联合仿真。

（4）实时性好

支持实时代码自动生成，实时代码运行步长 <100μs。

（5）人车路闭环仿真

通过功能强大的驾驶人 - 交通 - 道路的设定接口，使车辆道路测试变得更加容易和逼真。CarMaker 还提供丰富的国际、国家标准的测试，让标准化的测试变得更加方便。CarMaker 作为平台软件，可以与很多第三方软件进行集成，如 ADAMS、AVLCruise、rFpro 等，可利用各软件的优势进行联合仿真。同时，CarMaker 配套的硬件提供了大量的板卡接口，可以方便地与 ECU 或者传感器进行 HIL 测试。

2. 适用范围

（1）驾驶辅助系统

CarMaker 作为关注主动安全与 ADAS 的车辆动力学软件，可用于车道偏离警告系统

(LDW)、夜视系统、自适应巡航控制系统（ACC）、倒车辅助系统的开发和测试，IPG Traffic 可提供复杂的交通环境标志以及不同类型传感器的支持，并可设置复杂的测试脚本来进行难以通过路试实现的测试工况。

（2）车辆动力学仿真

CarMaker 应用于整车动力学性能测试仿真，提供稳态回转、角阶跃输入、角脉冲输入、转向回正、蛇行测试、双移线测试、弯道制动等闭环测试 DEMO；也可以用于研究垂向动力学（舒适性）、纵向动力学（动力性、制动性）以及横向动力学（操纵稳定性）。

（3）底盘电子的开发以及 HIL 测试

CarMaker 可以用于防抱死制动系统（ABS）/车身电子稳定系统（ESP）、电动助力转向系统（EPS）、驱动防滑系统（ASR）、车身主动控制系统（ABC）、自动变速器（AT）等电控单元的开发和 HIL 测试，并通过设置驾驶人适应加装了主动安全控制系统的驾驶人操作行为。

德国大众在 Passat CC 平台上使用 IPG 平台进行驾驶辅助系统 HIL 测试。所测试控制系统包括主动泊车控制器、车道保持算法、ACC。CarMaker 可以模拟整车运动、行车环境以及超声波传感器信号。

德国大陆集团采用 CarMaker 对城市版紧急制动辅助系统进行 HIL 测试。IPG 的传感器可仿真接近速度（CV）传感器，用以检测 8m 距离的路面情况。目前，沃尔沃 XC60 配备了该控制系统。

2.2.4 VIRES VTD 软件

VTD（Virtual Test Drive）是德国 VIRES 公司开发的一套用于 ADAS 的主动安全和自动驾驶的完整模块化仿真工具链。VIRES 已经于 2017 年被 MSC 软件集团收购。VTD 目前运行于 Linux 平台，它的功能覆盖了道路环境建模、交通场景建模、天气和环境模拟、简单和物理真实的传感器仿真、场景仿真管理以及高精度的实时画面渲染等；可以支持从 SIL 到 HIL 和 VIL 的全周期开发流程，开放式的模块式框架可以方便地与第三方的工具和插件联合仿真。VIRES 也是广泛应用的自动驾驶仿真开放格式 OpenDrive、OpenCRG 和 OpenScenario 的主要贡献者，VTD 的功能和存储也依托于这些开放格式。VTD 的仿真流程主要由路网搭建、动态场景配置和仿真运行三个步骤组成。

VTD 提供了图形化的交互式路网编辑器（Road Network Editor，ROD），在使用各种交通元素构建包含多类型车道复杂道路仿真环境的同时，可以同步生成 OpenDrive 高精度地图。

在动态场景的建立上，VTD 提供了图形化的交互式场景编辑器（Scenario Editor），提供了在 OpenDrive 基础上添加用户自定义行为控制的交通体，或者是某区域连续运行的交通流。

无论是 SIL 还是 HIL，无论是实时还是非实时的仿真，无论是单机还是高性能计算的环境，VTD 都提供了相应的解决方案。VTD 运行时可模拟实时高质量的光影效果及路面反光、车身渲染、雨雪雾天气渲染、传感器成像渲染、前照灯视觉效果等（图 2-22）。

VTD 的场景搭建主要包括道路环境搭建和动态场景配置这两个步骤。道路环境等静态场景的搭建使用路网编辑器（Road Network Editor，ROD）完成；动态场景的配置使用场景编辑器（Scenario Editor）来实现。

静态场景的搭建（环路）主要包括：打开 VTD 与 ROD、设置需要显示的元素、建立一个环路 line、将 line 转变为 track、延长 track、分解、复制道路、完成道路设置、导出道路文件。

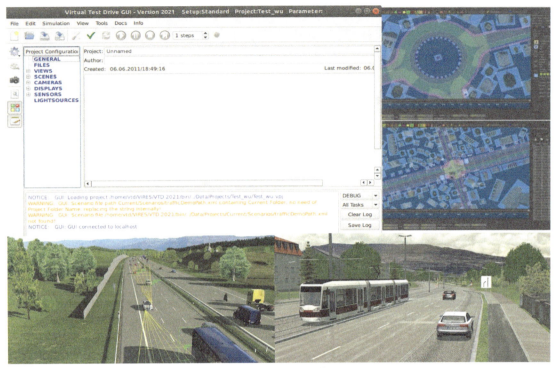

图 2-22 VTD 仿真

动态场景搭建主要包括：

1）在 Scenario Editor 中导入静态场景文件。添加交通参与者信息（车辆），设置车辆信息，设置车辆动作与行驶路线，添加路面障碍。

2）添加交通参与者信息（其他）。添加行人、随机交通流生成。

3）设置道路基础设施信息，设置红绿灯时钟。

2.2.5 51Sim-One 软件

51Sim-One 是 51WORLD 自主研发的国内首款拥有自主知识产权的智能汽车虚拟仿真工具。51Sim-One 虚拟仿真工具应用于各类自动驾驶系统共性技术的研发，为智能决策控制、复杂环境感知、人机交互与共驾、车路协同与网络通信等提供了安全可控的全要素多层级的测试与评价技术支撑。

同时，51Sim-One 的仿真引擎已拓展服务于智慧城市交通系统、交通环境仿真、智慧道路设施部署与监控、无线网络建设评估等领域。该仿真平台基于物理特性的机理建模，具有高精度和实时仿真的特点，用于自动驾驶产品的研发、测试和验证，可为用户快速积累自动驾驶经验，保证产品性能安全性与可靠性，提高产品研发速度并降低开发成本。

在场景构建方面，51Sim-One 可以通过 WorldEditor 快速地从无到有创建基于 OpenDrive 的路网，或者通过点云数据和地图影像等真实数据还原路网信息。51Sim-One 支持导入已有的 OpenDrive 格式的文件进行二次编辑，最终由 51Sim-One 自动生成所需要的静态场景。51Sim-One 支持在场景中自由地配置全局交通流、独立的交通智能体、对手车辆、行人等元素来构建动态场景，结合光照、天气等环境的模拟来呈现丰富多变的虚拟世界，如图 2-23 所示。

图 2-23　51Sim-One 自动驾驶仿真

51Sim-One 的具体功能优势如下：

1）支持数据驱动型案例。用户可通过 51Sim-One 平台导入车辆采集原始数据，在保证数据精准性的同时，可将原始数据通过转化重建为数据驱动型案例，不断验证自动驾驶算法。

2）全面升级 TOD 天气系统。51Sim-One 提供了更完善的天气模型，构建了更加真实的物理场景。

3）增强摄像头、激光雷达、毫米波雷达仿真模型。51Sim-One 全面升级了传感器仿真算法，能够输出更加逼近物理真实的仿真结果。

4）优化动态交通流模型。51Sim-One 优化了自动交通流分布算法，有效地提高了交通流的密度，可以更好地仿真复杂拥堵的交通路况。

5）添加路侧设备。51Sim-One 在案例编辑器中提供了添加摄像头和激光雷达的能力。该功能可支持用户从多个观察角度更好地设定路侧传感器的摆放位置，实现路侧设备的感知结果输出，用于路侧设备识别算法训练与部署评估。此功能的添加也为下一个版本的 V2X 仿真功能提供了基础。

6）优化代码。51Sim-One 增强了数据驱动案例的稳定性，降低了出错概率；修复原子场景红绿灯显示错误的问题；修复语义分割图可能全黑的问题；修复主车停车后可能出现溜车的问题；修复 ubuntu 版本下测试报告失败的问题。

7）自动生成复杂场景。对于用户导入系统的 OpenDrive 地图，51Sim-One 可以在案例编辑器中通过调整参数灵活地配置场景中的道路周边元素。用户可以非常轻松地通过 OpenDrive 来自动生成复杂的仿真场景。

8）优化自研动力学模块。51Sim-One 全面提升了自研动力学模块，实现更加精准的动力学解算。

9）升级案例编辑操作。庞大的车辆、对手车、行人、触发器等资源可轻松定制，用户可轻松定义主车及各类元素的自定义路径。

10）重构观察者窗口。51Sim-One 重构了观察窗口的布局，优化了显示控件，能够展示更多和开发相关的元素,方便开发者监控测试过程。

11)开放 API。51Sim-One 开放了大量的 C++ 和 Python 的 API 接口,能够同时覆盖 Windows 和 Linux 平台。

2.2.6 PTV-VISSIM 软件

PTV-VISSIM 是一种微观的、基于时间间隔和驾驶行为的仿真建模工具,用以城市交通和公共交通运行的交通建模。VISSIM 可以方便地构建各种复杂的交通环境,包括高速公路、大型环岛、停车场等,也可以在一个仿真场景中模拟包括机动车、货车、有轨交通和行人的交互行为。它可以分析各种交通条件下(如车道设置、交通构成、交通信号、公交站点等)城市交通和公共交通的运行状况,是评价交通工程设计和城市规划方案的有效工具,如图 2-24 所示。它是专业规划和评价城市和郊区交通设施的有效工具,也可以用来仿真局部紧急情况交通的影响以及大量行人的疏散等。

VISSIM 的仿真可以达到很高的精度,包括微观的个体跟驰行为和变道行为,以及群体的合作和冲突。VISSIM 内置了多种分析手段,既能获得不同情况下的多种具体数据结果,也可以从高质量的三维可视化引擎获得直观的理解。无人驾驶算法也可以通过接入 VISSIM 的方式使用模拟的高动态交通环境进行仿真测试。

图 2-24 VISSIM 交通流仿真

VISSIM 仿真软件内部由交通仿真器和信号状态产生器两部分组成,它们之间通过接口交换检测器数据和信号状态信息。VISSIM 既可以在线生成可视化的交通运行状况,也可以离线输出各种统计数据,如行程时间、排队长度等。

1. 交通仿真器

交通仿真器是一个微观交通仿真模型,它包括跟车模型和车道变换模型。信号状态产生器是一个信号控制软件,可以通过程序实现交通流的控制逻辑。逻辑在每一个离散的时间间隔(可以是 0.1~1s)内从交通仿真器中提取检测器数据,用以确定下一仿真秒的信号状态,同时将信号状态信息回传给交通仿真器。

2. 跟车模型

交通仿真模型的精确性主要取决于车流量模型的质量,如路网中的车辆行驶行为。与其他不太复杂的模型采用连续速度和确定的跟车模型不同,VISSIM 采用的跟车模型(Car Following,CF)是 Wiedemann 于 1974 年建立的心理 - 生理类驾驶行为模型。该模型的基本思路是:一旦后车驾驶人认为他与前车之间的距离小于其心理(安全)距离时,后车驾驶人开始减速。由于后车驾驶人无法准确判断前车车速,后车车速会在一段时间内低于前车车速,直到前后车间的距离达到另一个心理(安全)距离时,后车驾驶人开始缓慢地加速,由此周而复始,形成一个加速、减速的迭代过程。

车速和空间阈值的随机分布能够体现出驾驶人的个体驾驶行为特性。德国 Karlsruhe 工业大学进行了多次实地测试以校准该模型的参数。定期进行的现场测试和模型参数更新能够保证驾驶行为的变化和车辆性能的改善在该模型中得到充分反映。

在多车道路段上,VISSIM 允许驾驶人不仅考虑本车道上前面的车辆(默认为 2 辆),也可以考虑两边邻近车道的车辆。此外,在距离交叉口停车线 100m 处,驾驶人警惕性会提高。

在 VISSIM 中,通过在路网中移动"驾驶人 - 车辆 - 单元"来模拟交通流。具有特定驾驶行为的驾驶人被分配到特定的车辆,驾驶人的驾驶行为与车辆的技术性能一一对应。

VISSIM 能够模拟许多城市内和非城市内的交通状况,特别适合模拟各种城市交通控制系统,主要应用有:由车辆激发的信号控制的设计、检验、评价;公交优先方案的通行能力分析和检验;收费设施的分析;匝道控制运营分析;路径诱导和可变信息标志的影响分析等。

2.2.7 Pro-SiVIC 软件

ESI 集团传感器仿真分析解决方案 Pro-SiVIC 可以帮助交通运输行业的制造商们对车载或机载的多种感知系统的运行性能进行虚拟测试,并且能够准确地再现出诸如照明条件、天气以及其他道路使用者等影响因素。

Pro-SiVIC 可以用来建立高逼真、与实际场景相当的 3D 场景,并实现场景中的实时交互仿真分析,削减物理样机的需求,如图 2-25 所示。客户可以快速并且精确地对各个嵌入系统在典型及极端操作环境下的性能进行仿真分析,它可以提供基于多种技术的传感器模型,如摄像机、雷达、激光雷达(激光扫描仪)、超声波传感器、GPS、里程表及通信设备等。以汽车行业为例,Pro-SiVIC 提供了多个环境目录,提供具有代表性的不同道路(城市道路、高速以及乡村公路)、交通标识及车道线标记。

图 2-25 Pro-SiVIC 仿真

该平台包括：
1）逼真的模拟传感器原始数据生成。
2）传感器鲁棒性和可靠性评估。
3）新增或优化的感知传感器虚拟样机。
4）感知算法和传感器设置测试。
5）综合车辆、障碍物、基础设施和传感器的情景创建。

Pro-SiVIC 提供了虚拟集成包括摄像机、激光传感器、GPS 等多种感知传感器的手段，并可在以下各方面提供解决方案：
1）作为传感器布置和探测算法的参考依据，提供对环境因素、交通状况和驾驶场景的控制。
2）在最终布置前安全地进行控制逻辑和控制功能的集成研究。
3）分析系统性能和传感器鲁棒性。
4）可视化地展示包含车辆、行人、物体和环境的特定情景。
5）多次重复任一情景以彻底比较传感器性能。
6）协助故障诊断和系统布置测试以实现"Limp-home"（异常规避）功能。

具体应用有：
1）地面交通和汽车行业。Pro-SiVIC 具有提供完整虚拟样机的能力，为先进驾驶辅助系统（ADAS）的开发、测试、集成和验证各阶段提供辅助，实现成本和时间的节约。
2）自适应巡航控制（ACC）。Pro-SiVIC 提供典型的涉及不同车速和车道变更的 ACC 场景，可用于测试和改进 ACC 算法的鲁棒性。通过闭环仿真，ADAS 可以在独立运行的场景中向模拟器发送加速/减速的指令。
3）自动紧急制动（AEB）。Pro-SiVIC 可以搭建包含多车和不同障碍物的自定义场景。可以使用 Pro-SiVIC 闭环仿真来评价 ADAS 定义的制动指令对车辆动力学模型的影响。该动力学模型可以再现俯仰和倾斜变量的变化，真实再现不同传感器的感知。
4）车道线偏离预警（LDW）。Pro-SiVIC 利用包含范围广泛的道路曲率以及可变车道线的情景，研究标识物品质对此类场景的影响。
5）盲点探测（BSD）。Pro-SiVIC 可定义涉及超车或泊车策略的场景，研究涉及运动物体初始位置和初始速度的影响。
6）照明系统的虚拟测试。Pro-SiVIC 提供了功能强大的照明模型，可以模拟多个独立光源及其阴影。
7）车灯切换（ADB）。Pro-SiVIC 的照明引擎可以支持夜间应用和自动车灯切换的研究，可以非常准确地再现前照灯工况。
8）道路标示识别。Pro-SiVIC 提供超过 200 种道路标识。每个标识的尺寸和位置都可以进行精确设置，可用于评价极端条件下道路标识的探测和识别。

2.2.8 PanoSim 软件

PanoSim 是一款集复杂车辆动力学模型、汽车三维行驶环境模型、汽车行驶交通模型、车载环境传感模型（像机和雷达）、无线通信模型、GPS 和数字地图模型、MATLAB/Simulink 仿真环境自动生成、图形与动画后处理工具等于一体的模拟仿真软件平台。它基于物理建模和精确与高效兼顾的数值仿真原则，逼真地模拟汽车驾驶的各种环境和工况，基于几何模型与物理建模相结合理念建立了高精度的像机、雷达和无线通信模型，以支持数字仿真环境下汽车动力学与性能、汽车电子控制系统、智能辅助驾驶与主动安全系统、环境传感与感知、自动驾驶等技术和产品的研发、测试和验证。

PanoSim 不仅包括复杂的车辆动力学模型、底盘（制动、转向和悬架）、轮胎、驾驶人、动力总成（发动机和变速器）等模型，还支持各种典型驱动型式和悬架形式的大、中、小型轿车的建模以及仿真分析。它提供了三维数字虚拟试验场景建模与编辑功能，支持对道路及道路纹理、车道线、交通标识与设施、天气、夜景等汽车行驶环境的建模与编辑，如图 2-26 所示。

图 2-26　PanoSim 车辆识别仿真

1. 高精度建模技术

（1）车辆动力学建模

真实反映车辆运动及颠簸等对车载传感器信号检测的影响；支持各类车辆在不同道路工况下的动力性、平顺性与操纵特性，以及各类极限工况下的紧急避撞和超低速下的自动泊车等高精度动力学与运动学建模。

（2）复杂交通建模

复杂、无序、危险等边缘、极端、异常交通流建模，包括人车混杂交通、反映驾驶人驾驶行为与特征的交通建模等。

（3）复杂场景建模

支持高精度地图导入、路采数据导入和事故数据导入等基于数据驱动的场景建模，支持场景自动生成与场景数据自动标注等。

（4）高逼真度像机建模

高逼真度像机建模与图像模拟，提供基于深度学习感知算法模型训练的模拟图像集等。

（5）高逼真度雷达建模

高物理逼真度毫米波雷达、激光雷达和超声波传感器建模，反映各类环境工况和气象干扰。

（6）其他传感器建模

高精度 GNSS 定位、V2X 无线通信、惯性测量单元（IMU）等系统建模技术。

2. 自动驾驶仿真技术

（1）复杂系统仿真架构技术

PanoSim 融合车辆动力学、行驶环境和环境传感器等多物理模型的人机环境一体化仿真架构技术；XIL 多物理体在环和人在回路的实时仿真架构技术；支持汽车自动驾驶，包括传感感知、决策规划、控制执行等在内的算法开发与测试验证的一体化仿真架构技术。

（2）云端一体、虚实协同仿真技术

PanoSim 拥有基于云平台的实时云端一体仿真技术，以及基于数字孪生或平行驾驶的虚实协同仿真技术等，主要应用场景有：

1）国内外知名主机厂，如美国通用、德国戴姆勒、上汽集团等。

2）国内外知名 Tier 1 企业，如地平线、商泰汽车、上海保隆等。

3）国内仿真测试权威机构，如电子五所、中国汽车等。

4）教育行业的应用，PanoSim 提供面向智能驾驶教育教学一体化解决方案，已应用在北航、南航、吉大、大连理工等高校。

2.3 智能网联汽车自动驾驶仿真模块

2.3.1 PreScan 的用户模块

如图 2-27 所示，一个完整的 PreScan 用户仿真模块包含图形用户界面（GUI）、MATLAB/Simulink 和 3D 可视化观察器。

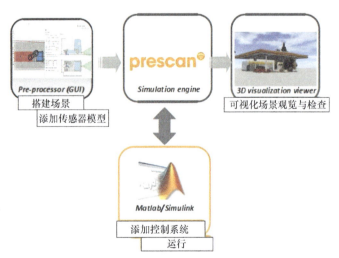

图 2-27 PreScan 用户仿真模块

在 PreScan GUI 图形用户界面，用户可以使用道路分段，包括交通标牌、树木和建筑物的基础组件库；机动车，自行车和行人的交通参与者库；能够通过修改天气条件（如雨、雪和雾）以及光源（如太阳光，前照灯和路灯）来构建丰富的仿真场景，如图 2-28 所示。最新的 PreScan 也支持导入 OpenDrive 格式的高精度地图，用来建立更加真实的场景。此外还包含种类丰富的传感器，包括理想传感器、V2X 传感器、激光雷达、毫米波雷达、超声波传感器、单目和双目相机、鱼眼相机等。用户可以根据自己的需要进行添加。

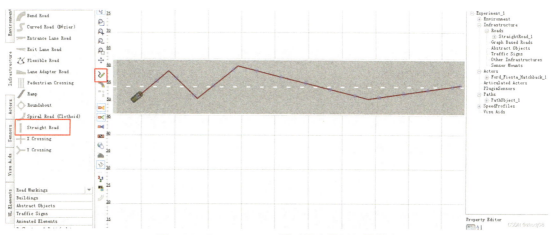

图 2-28　PreScan GUI 图形用户界面场景搭建

PreScan 仿真可以通过 MATLAB/Simulink 建立控制模型，这个模型被称作编译表或者 CS，是由 PreScan 自动生成的。编译表包括实验车辆、轨迹、动力学模型和控制器，需要在 MATLAB/Simulimk 编辑器中得到并编辑。为了生成编译表，MATLAB/Simulimk 需要从 PreScan 中开启，如图 2-29 所示。

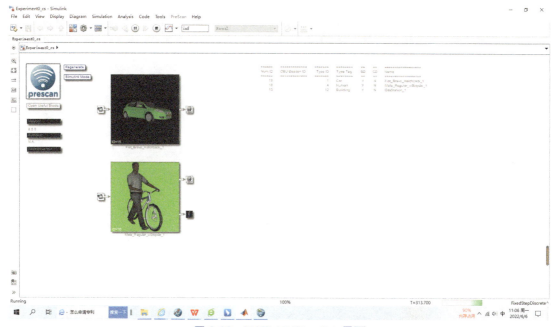

图 2-29　MATLAB/Simulink 界面

3D 可视化观察器用于可视化已建立的实验，可以使用预定义的视点（如顶视图和默认场景

63

视图），也可以在需要时定义自己的视点。可视化观察器带有使用鼠标的直观导航，同时也可以使用全屏模式，提高驾驶人对仿真场景的体验效果，如图 2-30 所示。可视化观察器还用于生成影片和所选视点的单个图片，支持的单个图片格式包括 png 和 jpg。

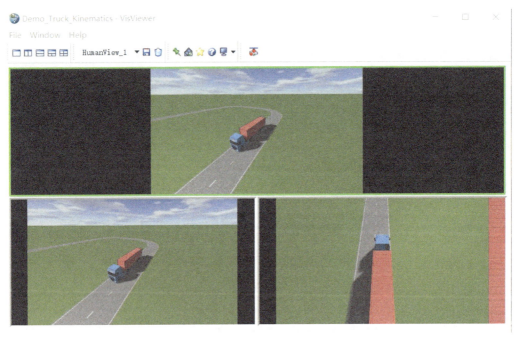

图 2-30　3D 可视化视角

2.3.2　PreScan 基本操作流程

1）创建 PreScan 实验，如图 2-31 所示。

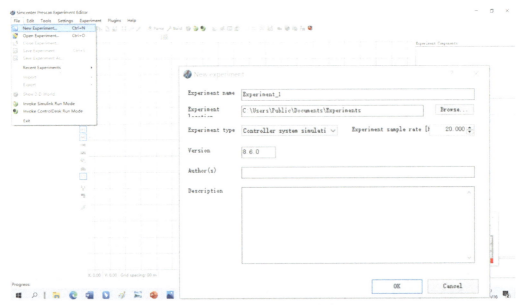

图 2-31　创建 PreScan 实验

2)创建路网,如图 2-32 所示。

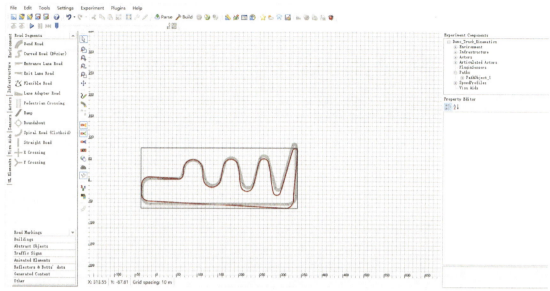

图 2-32 创建路网

3)创建一个连续的轨迹,如图 2-33 所示。

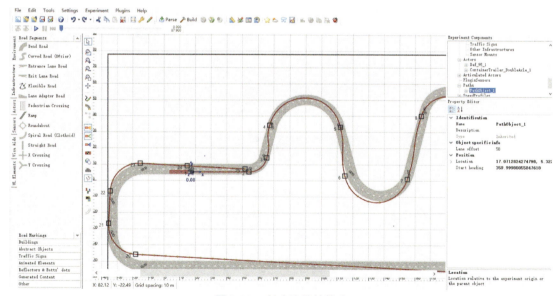

图 2-33 创建连续的轨迹

4)在实验中在添加一辆实验车辆,如图 2-34 所示。
5)回顾整个实验,如图 2-35 所示。
6)执行实验,如图 2-36 和图 2-37 所示。
当某个实验创建完成后,就可以对它进行动漫演示实验、仿真以及以 3D 模式观看。
7)动漫演示实验,如图 2-38 所示。

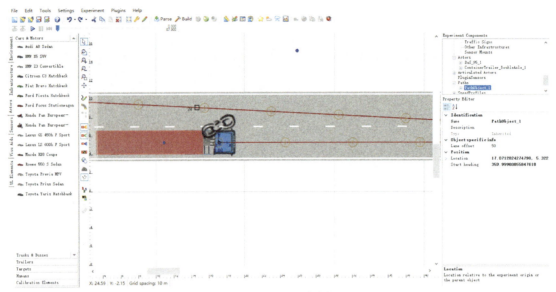

图 2-34　添加实验车辆

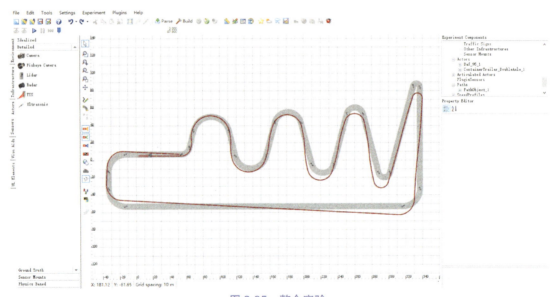

图 2-35　整个实验

图 2-36　解析实验

图 2-37　建立实验

第 2 章 智能网联汽车驾驶自动化系统仿真

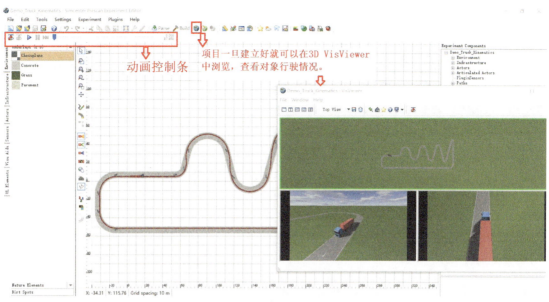

图 2-38 动漫演示实验

8）执行仿真实验。首先在 PreScan 模块中打开 MATLAB/Simulink，其次在 MATLAB/Simulink 中打开实验目录，最后打开编译表（Experiment***-cs.mdl），如图 2-39 所示。

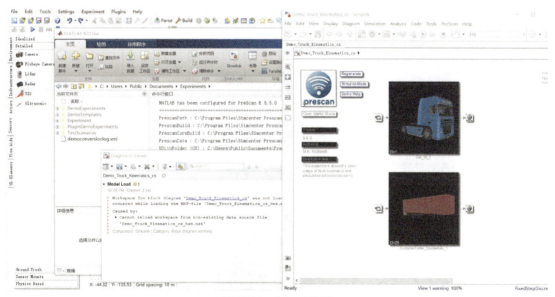

图 2-39 打开编译表

9）修改实验，如图 2-40 所示。

10）更新实验。首先打开 GUI 进行实验的重新解析和建立，其次生成编译表，如图 2-41 所示。在实验车辆水平上的编译表如图 2-42 所示。

11）监测空气传感器输出，如图 2-43 所示。

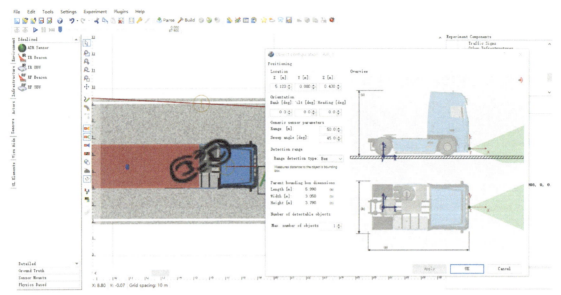

图 2-40 修改实验中的场景元素

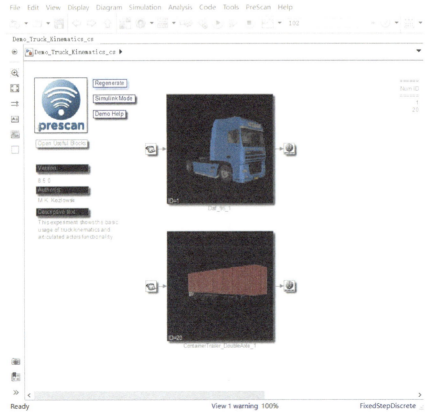

图 2-41 实验更新

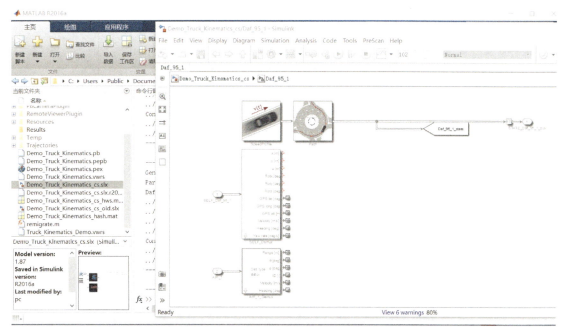

图 2-42 在实验车辆水平上的编译表

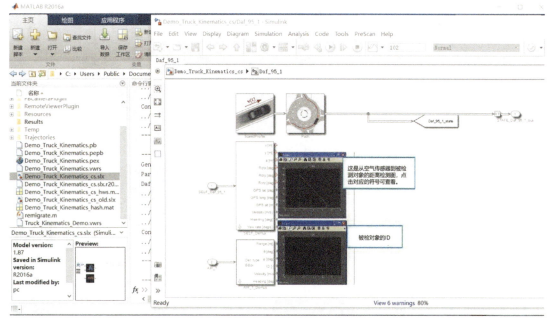

图 2-43 空气传感器监测结果输出

2.3.3 PreScan 常见场景元素库

搭建场景时常用的元素有路基环境、基础设施、动态物体、传感器等。

1. 路基环境

PreScan 提供了草地、水泥地、砖地等路基环境，如图 2-44 所示。用户可以根据需要进行选择。此外，PreScan 专门提供了 dirt spot 来应对路面凹凸不平、路面脏污等情况，具体包括泥泞路面、积水积雪路面、沙尘路面、鹅卵石路面等，可以通过设置让传感器识别到这些"脏污"。

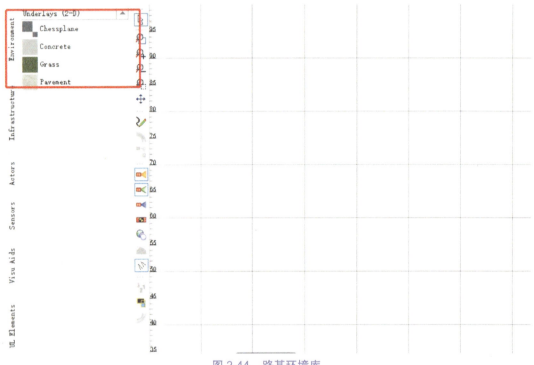

图 2-44　路基环境库

2. 基础设施

基础设施包括路段、建筑物、可扩展的所谓抽象对象、自然物体和交通标志等元素。

（1）路段

路段包含各种形状和类型的道路（图 2-45），主要有直路、弯路、弯道、柔性道路、螺旋形道路、出入口车道、车道转换道路、匝道段、环岛路、X 形和 Y 形交叉口、人行横道等。通过路段属性设置可以更改车道的基本参数，如图 2-46 所示。

（2）路标

路标是指粉刷在道路上的如转向箭头、掉头箭头、斑马线等。从软件

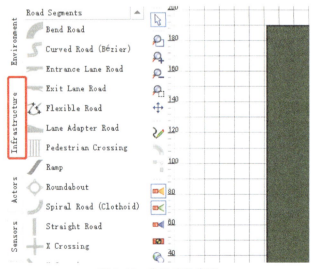

图 2-45　常见路段类型

界面右侧直接拖入，单击就可以进行属性编辑，如图 2-47 所示。PreScan 提供了荷兰、德国、日本、美国四个国家的交通信号集合，具体情况可以具体选择。

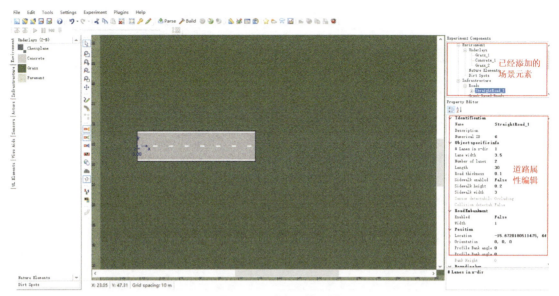

图 2-46 路段属性设置

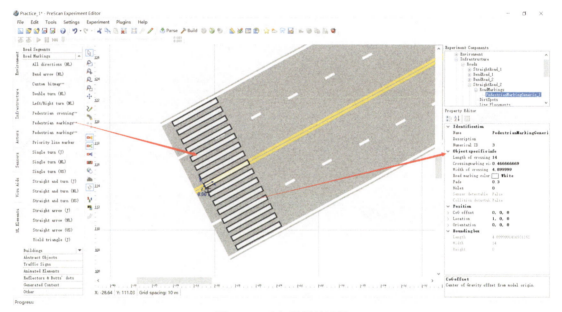

图 2-47 路标及属性设置

（3）建筑物

建筑物囊括了住房、博物馆、农场、汽车加油站、消防站、学校等，如图 2-48 所示，同样可以实现属性编辑。

（4）自然物体

自然物体包括教堂、房子、工厂等，如图 2-49 所示，同样可以实现属性编辑。

（5）交通标志

PreScan 同样包括荷兰、德国、日本、美国四个国家的交通标志，需要导入添加我国的交通标志，如图 2-50 所示。

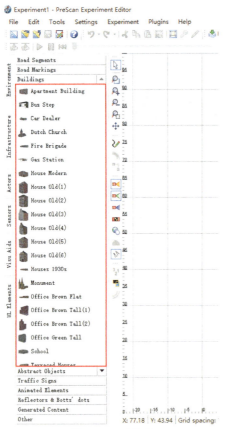

图 2-48 建筑物

图 2-49 自然物体

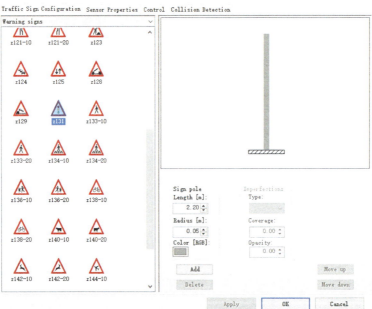

图 2-50 交通标志添加

（6）动画元素

动画元素包含信号盒、信号牌、灯柱、单/双组交通信号灯等，如图 2-51 所示。

（7）反射物

反射物包含泥斑、猫眼、护栏、反射标志等，如图 2-52 所示。

（8）生成物

生成物包含护栏、墙体、标记线等，如图 2-53 所示。

图 2-51　动画元素　　　　图 2-52　反射物　　　　图 2-53　生成物

3. 动态物体

动态物体包括车辆、人类和标定元素。

车辆包含轿车、摩托车、货车和大巴等。人类包含动态行人模型（男性、女性和小孩；不同的长度和尺寸；携带手提箱、伞和背包；推童车和自行车）和静态行人模型（躺着、扶着和坐着的姿势）。标定元素有棋牌格等，如图 2-54 所示。

4. 传感器

PreScan 中提供了非常多的传感器。例如，理想条件下的传感器 AIR，它能够获取车辆的速度、坐标等信息，能够透过车前方的障碍检测到另外的车辆，这也是为什么它属于理想传感器的原因。它能够输出车辆的坐标值、速度和水平偏向角，通过在 Simulink 界面中添加示波器等 sink 模块可以看到这些输出的曲线。

图 2-54 动态物体元素

除了 AIR 传感器之外，理想传感器还有红外、射频传感器。其他传感器还有用于自动驾驶中环境感知的摄像头、激光雷达（LiDAR）、传统雷达（RADAR）、超声波传感器等；还有用于标定真值（Ground Truth）的图像分割传感器、点云传感器（Point Cloud Sensor）等，如图 2-55 所示。

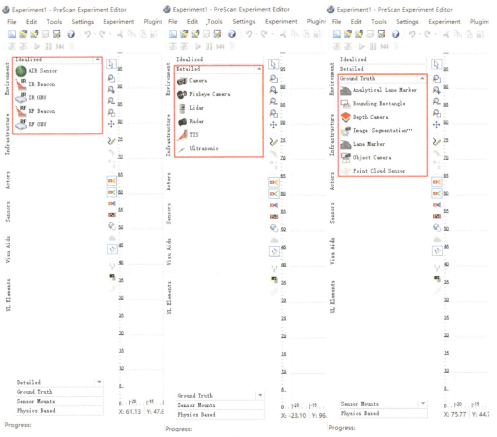

图 2-55 常用传感器类型

5. 人眼视角

PreScan 中提供了人眼视角，可以将其拖到右边的动态目标上，在 3DView 中获取一个视角，如图 2-56 所示。

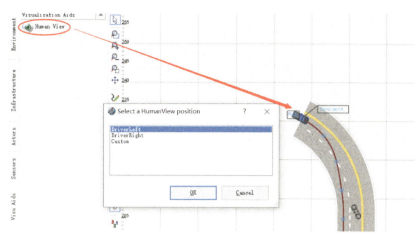

a) 人眼视角添加

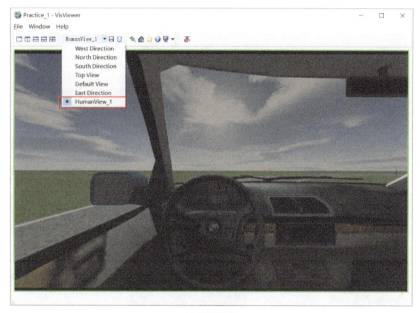

b) 获取视角

图 2-56 人眼视角的使用

2.3.4 PreScan 与 MATLAB 联合

打开 MATLAB 需要通过 PreScan 自带的管理打开，如图 2-57 所示。

如果编译通过的话，则会显示 MATLAB 的命令行，如图 2-58 所示。

单击图 2-59 中第四个按钮，在 Simulink 中运行模型。打开以 .mdl 结尾的文件（Simulink 模型），打开界面如图 2-60 所示。

图 2-57 MATLAB 启动

```
命令行窗口
  UDLibFolder : C:\Users\Public\Documents\PreScan\UDLibElements
  GenVehFolder : C:\Users\Public\Documents\PreScan\GenericVehicles
  GenActFolder : C:\Users\Public\Documents\PreScan\GenericModels
  ExperimentRepository : C:\Users\Public\Documents\Experiments
  Plugins enabled :
     * GIDAS Importer
     * IDC Importer Plugin
     * Intelligent Traffic Module Plugin
     * PBCameraPlugin
     * RemoteViewerPlugin
     * Scene Support
     * V2X Plugin
     * Vissim
  C++ compiler : MinGW64 Compiler (C++)
  S-Function location :
     * C:\Users\ASUS\AppData\Roaming\TNO\PreScan\8.3.0\sfunction_R2016b
     * E:\Program Files\PreScan\PreScan_8.3.0\bin
fx >>
```

图 2-58　MATLAB 的命令行窗口

图 2-59　PreScan 菜单

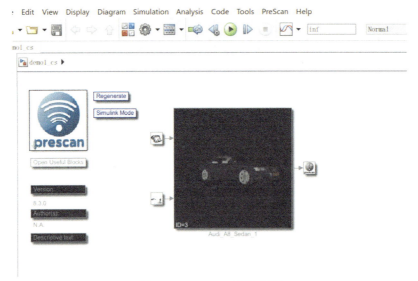

图 2-60　Simulink 运行界面

实验　项目一——GUI 预处理认知
　　　详见"GUI 预处理认知"实验指导和项目工单

| 实验 | 项目二——道路场景搭建
详见"道路场景搭建"实验指导和项目工单 |

 小贴士

中国科技服务第 31 届
世界大学生夏季运动会

思考题

1. 为什么要进行坐标系搭建？
2. 常见的虚拟仿真软件有哪些？
3. PreScan 基本操作流程是什么？
4. PreScan 常见场景元素库有哪些？

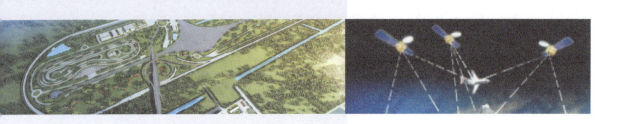

第 3 章　智能网联汽车环境感知及仿真

本章先后介绍了视觉传感器、毫米波雷达、激光雷达和导航定位技术，包含视觉传感器认知、视觉传感器函数和模块；毫米波雷达认知、雷达检测器函数和模块；激光雷达认知、激光雷达函数和仿真；导航定位技术认知、导航定位函数和仿真。

 学习目标

1. 掌握视觉传感器、毫米波雷达、激光雷达、导航定位技术的定义、组成、类型、工作原理等内容。
2. 了解视觉传感器、毫米波雷达、激光雷达、导航定位技术的技术参数、产品及应用等内容。
3. 了解视觉传感器、毫米波雷达、激光雷达、导航定位技术函数、模块等内容。
4. 理解视觉传感器、毫米波雷达、激光雷达、导航定位技术仿真实例并会使用。

3.1　视觉传感器

智能网联汽车或无人驾驶汽车在高速公路行驶时，有时会偏离行驶车道，如图 3-1 所示。

图 3-1　车道偏离

车辆偏离车道时如果不及时纠正，就会产生危险。依靠什么传感器测试车辆是否偏离行驶车道？智能网联汽车上的视觉传感器有哪些类型？视觉传感器的作用是什么？学习本节，读者便可以得到答案。

3.1.1 视觉传感器认知

1. 视觉传感器的定义

视觉传感器是指通过对摄像头拍摄到的图像进行图像处理,对目标进行检测,并输出数据和判断结果的传感器。

视觉传感器主要由光源、镜头、图像传感器、数模转换器、图像处理器、图像存储器等组成,其主要功能是获取足够的机器视觉系统要处理的最原始图像。

视觉传感器具有广泛的用途,如多媒体手机、网络摄像、数码相机、机器人视觉导航、汽车安全系统、生物医学像素分析、人机界面、虚拟现实、监控、工业检测、无线远距离传感、显微镜技术、天文观察、海洋自主导航、科学仪器等。这些不同的应用均是基于视觉图像传感器技术。

视觉传感器在智能网联汽车或无人驾驶汽车上的应用是以摄像头(机)形式出现的,搭载先进的人工智能算法,便于目标检测和图像处理。

2. 视觉传感器的特点

视觉传感器具有以下特点:

1)视觉图像的信息源极为丰富,尤其是彩色图像,不仅包含视野内目标的距离信息,而且还有该目标的颜色、纹理、深度和形状等信息。

2)在视野范围内可同时实现车道线检测、车辆检测、行人检测、交通标志检测、交通信号灯检测等,信息获取量大。当多辆智能网联汽车同时工作时,不会出现相互干扰的现象。

3)视觉即时定位与地图构建(SLAM),通过摄像头可以实现同时定位和建图。

4)视觉信息获取的是实时的场景图像,提供的信息不依赖于先验知识,有较强的适应环境的能力。

5)视觉传感器与机器学习、深度学习等人工智能相融合,可以获得更佳的检测效果,必将扩大视觉传感器在智能网联汽车和无人驾驶汽车上的应用范围。

3. 与工业级视觉传感器的区别

智能网联汽车使用的视觉传感器比工业级别的视觉传感器要求更高,主要表现在以下三个方面。

(1)工艺要求级别不同

车载摄像头是比工业级别要求更高的车载安全级别,尤其是对于前置 ADAS 的摄像头,安全等级要求更高。

1)温度要求。车载摄像头温度范围在 $-40 \sim 80°C$。

2)防磁抗振。汽车起动时会产生极高的电磁脉冲,车载摄像头必须具备极高的防磁抗振的可靠性。

3)较长的寿命。车载摄像头的寿命要在 $8 \sim 10$ 年才能满足要求。

(2)功能要求差异

车载摄像头要保证在复杂的运动路况环境下也能采集到稳定的数据。

1)高动态。在较暗环境以及明暗差异较大情况下仍能实现识别,要求摄像头电荷耦合元件(CCD)或互补金属氧化物半导体(CMOS)具有高动态的特性。

2)像素要求。摄像头的像素越高,芯片的处理负担越大,二者之间应合理匹配。

3）角度要求。对于环视和后视，一般采用135°以上的广角镜头。前置摄像头对视距要求更大，一般采用55°的范围。

（3）认证要求高

汽车行业把安全放在第一位，倾向于使用有口碑的零部件厂商，进入车厂体系需要较长的认证周期。

1）尽管摄像头模组作为2级、3级供应商供应，品质上要求仍然严苛，前置摄像头车厂仍普遍采用知名品牌摄像头。

2）进入供应体系将自然形成壁垒，车厂选择供应商后不会轻易更换，一旦得到认可将形成较强的壁垒。

车载摄像头的发展趋势是探测距离越来越远，摄像头必须与深度学习相结合，使识别能力越来越强。在未来几年，单目摄像头最大测距可达到200～300m，像素在200万～800万，性能与远程毫米波雷达差距大幅缩小，同时具备成本和图像识别等方面的优势。

4. 视觉传感器的类型

根据镜头和布置方式的不同，视觉传感器主要有以下四种：单目摄像头、双目摄像头、三目摄像头和环视摄像头，目前应用较多的是单目摄像头。

（1）单目摄像头

单目摄像头如图3-2所示，一般安装在前风窗玻璃上部，用于探测车辆前方环境，识别道路、车辆、行人等。

单目摄像头的算法思路是先识别后测距，先通过图像匹配进行目标识别（各种车型、行人、物体等），再通过目标在图像中的大小去估算目标距离。在识别和估算阶段，都需要与建立的样本库进行比较。想要识别各种车型，就要建立车型数据库。

单目摄像头的优点是成本低廉，能够识别具体障碍物的种类，算法成熟度高，识别准确。

图3-2 单目摄像头

单目摄像头的缺点是它的视野完全取决于镜头，焦距短的镜头视野广，但缺失远处的信息，单目测距的精度较低，无法识别没有明显轮廓的障碍物，工作准确率与外部光线条件有关，并且受限于数据库，缺乏自学习功能。

视觉传感器的成像图是透视图，即越远的物体成像越小。近处的物体，需要用几百甚至上千个像素点描述；而处于远处的同一物体，可能只需要几个像素点即可描述出来。这种特性会导致越远的地方，一个像素点代表的距离越大。因此，对单目摄像头来说，物体越远，测距的精度越低。

（2）双目摄像头

双目摄像头的算法思路是先测距后识别，首先利用视差直接测量目标与本车的距离，然后在识别阶段，双目仍然要利用单目一样的特征提取和深度学习等算法，进一步识别目标是什么。

双目摄像头是通过对两幅图像视差的计算，直接对前方目标（图像所能拍摄到的范围）进行距离测量，而无须判断前方出现的是什么类型的目标。依靠两个平行布置的摄像头产生的视差，找到同一个目标所有的点，依赖精确的三角测距就能够算出摄像头与前方目标的距离，实现更高的识别精度和更远的探测范围。

根据双目测距原理应用在图像上每一个像素点时,即可得到图像的深度信息。深度信息的加入不仅便于障碍物的分类,更能提高高精度地图定位匹配的精度。

双目摄像头(图 3-3)需要两个摄像头有较高的同步率和采样率,技术难点在于双目标定及双目定位。相比单目摄像头,双目摄像头没有识别率的限制,无须先识别,可直接进行测量,直接利用视差计算距离精度更高,无须维护样本数据库。

(3)三目摄像头

三目摄像头如图 3-4 所示,它实质上是 3 个不同焦距单目摄像头的组合。三目摄像头感知范围更大,但需要同时标定 3 个摄像头,工作量大。

图 3-3 双目摄像头

图 3-4 三目摄像头

特斯拉电动汽车配备了 8 个摄像头,车辆后面一个倒车摄像头,车辆前面一个三目摄像头,车辆两侧每侧有 2 个摄像头,分别是侧前视和侧后视。特斯拉电动汽车三目摄像头安装在风窗玻璃下方,增加深度学习功能,可识别障碍物位置、可行空间、车辆形状、行人、交通标志、交通信号灯等,车辆周围的感知能力提升了 6 倍。

由于三目摄像头每个相机的视野不同,因此近处的测距交给宽视野摄像头,中距离的测距交给主视野摄像头,更远的测距交给窄视野摄像头。这样,每个摄像头都能发挥其最大优势。

三目摄像头的缺点是需要同时标定 3 个摄像头,因此工作量更大一些。其次,软件部分需要关联 3 个摄像头的数据,对算法要求也很高。

(4)环视摄像头

环视摄像头一般至少包括 4 个鱼眼摄像头,而且安装位置是朝向地面的,能够实现 360° 环境感知。

环视摄像头的感知范围并不大,主要用于车身 5~10m 内障碍物检测、自主泊车时的库位线识别等。鱼眼摄像头为了获取足够大的视野,代价是图像的畸变严重。

摄像头有红外摄像头和普通摄像头。红外摄像头既适合白天工作,也适合黑夜工作;普通摄像头只适合白天工作,不适合黑夜工作。目前车辆使用的主要是红外摄像头。

5. 视觉传感器的主要指标

视觉传感器的主要指标有像素、帧率、靶面尺寸、感光度和信噪比等。

1)像素。感光单元可以将光线转换成电荷,从而形成对应于景物的电子图像。而在传感器中,每一个感光单元都对应着一个像素。因此,像素越多,代表着它能够感测到更多的物体细节,从而图像就越清晰。

2)帧率。帧率代表单位时间所记录或播放的图片的数量,连续播放一系列图片就会产生动画效果,根据人的视觉系统,当图片的播放速度大于 15 帧/s 时,人眼就基本看不出来图片的跳跃,在达到 24~30 帧/s 时就已经完全觉察不到闪烁现象了。每秒的帧数或者说帧率表示视觉传感器在处理场时每秒能够更新的次数。高的帧率可以得到更流畅、更逼真的视觉体验。

3）靶面尺寸。靶面尺寸也就是图像传感器感光部分的大小，一般用 in（1in = 25.4mm）来表示，通常这个数据指的是这个图像传感器的对角线长度，如常见的有 1/3in。靶面越大，意味着通光量越好；而靶面越小，则比较容易获得更大的景深。例如，1/2in 可以有较大的通光量，而 1/4in 可以比较容易获得较大的景深。

4）感光度。感光度代表通过 CCD 或 CMOS 以及相关的电子线路感应入射光线的强弱。感光度越高，感光面对光的敏感度就越强，快门速度就越高，这在拍摄运动车辆、夜间监控的时候显得尤其重要。

5）信噪比。信噪比是指信号电压对于噪声电压的比值，单位为 dB。一般摄像机给出的信噪比值均是自动增益控制（AGC）关闭时的值。当 AGC 接通时，会对小信号进行提升，使得噪声电平也相应提高。信噪比的典型值为 45～55dB。若为 50 dB，则图像有少量噪声，但图像质量良好；若为 60dB，则图像质量优良，不出现噪声。信噪比越大，说明对噪声的控制越好。

另外，焦距也是摄像头的规格参数之一，是可调参数。焦距与拍摄距离、视野角密切相关，焦距越大，拍摄距离越大，但视野角越小。

6. 视觉传感器的应用

视觉传感器具有车道线识别、障碍物检测、交通标志和地面标志识别、交通信号灯识别、可行空间检测等功能，是智能网联汽车实现众多预警、识别类 ADAS 功能的基础，见表3-1。

表 3-1 视觉传感器在智能网联汽车上的应用

ADAS	摄像头位置	具体功能介绍
车道偏离预警系统	前视	当前视摄像头检测到车辆即将偏离车道线时发出警报
盲区监测系统	侧视	利用侧视摄像头将后视镜盲区的影像显示在后视镜或驾驶舱内
自动泊车辅助系统	后视	利用后视摄像头将车尾影像显示在驾驶舱内
全景泊车系统	前视、侧视、后视	利用图像拼接技术将摄像头采集的影像组成周边全景图
驾驶人疲劳预警系统	内置	利用内置摄像头检测驾驶人是否疲劳、闭眼等
行人碰撞预警系统	前视	当前视摄像头检测到车辆前方行人可能发生碰撞时发出警报
车道保持辅助系统	前视	当前视摄像头检测到车辆即将偏离车道线时通知控制中心发出指示，纠正行驶方向
交通标志识别系统	前视、侧视	利用前视、侧视摄像头识别前方和两侧的交通标志
前向碰撞预警系统	前视	当前视摄像头检测到与前车距离小于安全车距时发出警报

3.1.2 视觉传感器函数和模块

1. 视觉检测器函数

MATLAB 用于汽车自动驾驶仿真的函数及应用，涵盖驾驶场景、鸟瞰图、环境感知、路径规划和目标跟踪等多个函数，视觉传感器函数此部分内容也是利用 MATLAB 环境进行的。

visionDetetionGenerator 是在驾驶场景中创建视觉检测器的函数，其调用格式为：

车载视觉传感器的作用与分类

```
sensor = visionDetectionGenerator
sensor = visionDetectionGenerator(cameraConfig)
sensor = visionDetectionGenerator(Name,Value)
```

其中，cameraConfig 为单目摄像头；Name 和 Value 为设置视觉检测器属性；sensor 为视觉检测结果。

例如，visionDetectionGenerator（'DetectionCoordinates', 'SensorCartesian', 'MaxRange', 100）表示利用笛卡儿坐标创建视觉检测器，最大检测距离为 100m。

视觉检测器应用的调用格式为：

```
dets = sensor(actors,time)
lanedets = sensor(laneboundaries,time)
lanedets = sensor(actors,laneboundaries,time)
[_,numValidDets] = sensor(_)
[dets,numValidDets,isValidTime,lanedets,numValidLaneDets,isValidLaneTime] = sensor(actors,laneboundaries,time)
```

其中，actors 为交通参与者的姿态；time 为当前仿真时间；laneboundaries 为车道边界；dets 为视觉传感器对交通参与者的检测结果；lanedets 为视觉传感器对车道边界的检测结果；numValidDets 为交通参与者有效检测次数；isValidTime 为交通参与者检测时间；lanedets 为车道边界检测结果；numValidLaneDets 为车道边界检测次数；isValidLaneTime 为车道边界检测时间。

2. 配置单目摄像头的函数

monoCamera 为配置单目摄像头的函数，其调用格式为：

```
sensor = monoCamera(intrinsics,height)
sensor = monoCamera(intrinsics,height,Name,Value)
```

其中，intrinsics 为摄像头内部参数；height 为路面至摄像头的垂直距离；Name 和 Value 为设置摄像头属性；sensor 为配置的单目摄像头。

3. 单目摄像头外部参数

estimateMonoCameraParameters 利用棋盘格估计单目摄像头外部参数的函数，其调用格式为：

```
[pitch,yaw,roll,height] = estimateMonoCameraParameters(intrinsics,imagePoints,worldPoints.patternOriginHeight)
[pitch,yaw,roll,height] = estimateMonoCameraParameters(_,Name,Value)
```

其中，intrinsics 为单目摄像头的内部参数；imagePoints 为棋盘格原点的图像坐标；worldPoints 为棋盘格原点的世界坐标；Name 和 Value 为设置棋盘格的方向和图案位置；patternOriginHeight 为棋盘格原点距地面的高度；pitch 为摄像头的俯仰角；yaw 为摄像头的偏航角；roll 为摄像头的横滚角；height 为摄像头至地面高度。

4. 视觉检测器模块

视觉检测器模块如图 3-5 所示，它通过视觉传感器检测目标和车道线。

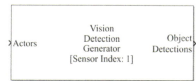

图 3-5 视觉检测器模块

视觉检测器模块的输入是交通参与者的姿态（Actors）；输出是视觉传感器对目标的检测（Object Detections）。

5. 视觉传感器仿真实例

例 1 使用棋盘格配置单目摄像头，并利用鸟瞰图验证配置单目摄像头的正确性。

解：在 MATLAB 命令行窗口输入以下程序

1	mappingCoeffs = [8.751e+2,−3.038e−4,−4.815e−8,1.709e−11];	% 映射系数
2	imageSize = [1500,2000];	% 图像大小
3	distortionCenter = [1000,750];	% 畸变中心
4	stretchMatrix = [1,0;0,1];	% 转换矩阵
5	intrinsics = fisheyeIntrinsics(mappingCoeffs,imageSize,distortioncenter,stretchMatrix);	% 内部参数
6	I = imread('checkerboard.png');	% 读取棋盘图像
7	imshow(I)	% 显示棋盘图像
8	[imagePoints,boardSize] = detectCheckerboardPoints(1);	% 检测棋盘图像
9	squareSize = 0.029;	% 棋盘方格边长
10	worldPoints = generateCheckerboardPoints (boardSize,squaresize);	% 棋盘角点世界坐标
11	patternOriginHeight = 0;	% 棋盘原点高度
12	[pitch,yaw,roll,height] = estimateMonoCameraParameters(intrinsicsmagePoints, worldPoints,patternOriginHeight);	% 估计外部参数
13	[undistortedI,camIntrinsics] = undistortFisheyeImage(,intrinsics,'Output,full);	% 修正鱼眼图像失真
14	Figure	% 设置图形窗口
15	imshow(undistortedl)	% 显示无失真图像
16	monoCam = monoCamera(camIntrinsics.height,'Pitch',pitch,'Yaw',yaw,'Roll',roll)	% 配置鱼眼相机
17	distAheadOfSensor = 6;	% 传感器前方距离
18	spaceToOneSide = 2.5;	% 左右各 2.5m
19	bottomOffset = 0.2;	% 传感器前 0.2m
20	outView = [bottomOffset,distAheadOfSensor,spaceToOneSide,spaceToOneSide];	% 观测区域
21	outImageSize = [NaN,1000];	% 输出图像尺寸
22	birdsEyeConfig = birdsEyeView(monoCam,outView,outImageSize)	% 创建鸟瞰图
23	B = transfomImage (birdsEyeConfig,undistortedl);	% 图像转换为鸟瞰图
24	imagePoint0 = vehicleToImage(birdsEyeConfig,[1.5,0]);	% 车辆转换成图像
25	annotatedB = insertMarker(B,imagePoint0);	% 添加标记
26	annotatedB = insertText(annotatedB,imagePoint0,'1.5m');	% 添加标志
27	Figure	% 设置图形窗口
28	imshow(annotatedB)	% 显示鸟瞰图像

单目摄像头配置如下：

```
monoCam = 
    monoCamera    属性：
        Intrinsics:[1 × 1 cameraIntrinsics]
```

```
WorldUnits:'meters1
     Height:0.4437
     Pitch:22.2689
     Yaw:-3.2898
     Roll:-3.0256
SensorLocation:[0 0]
```

单目摄像头的外部参数如下:离地高度为 0.4437m,俯仰角为 22.2689°,偏航角为 -3.2898°,横滚角为 -3.0256°。

输出结果如图 3-6 所示。

 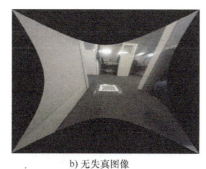 

　　a) 原始图像　　　　　　　　　　b) 无失真图像　　　　　　　　c) 鸟瞰图像

图 3-6　输出结果

例 2　利用视觉检测器模块对驾驶场景中的车辆进行检测。

解:在 MATLAB 编辑器窗口输入以下命令:

```
drivingScenarioDesigner('EgoVehicleGoesStraight-VehicleFromLeftGoesStraight.mat')
```

输出结果如图 3-7 所示。该驾驶场景表示主车辆自南向北行驶,直行穿过十字路口,包含一个视觉传感器;另一辆车辆在十字路口的左侧车道驶来,直行穿过十字路口。

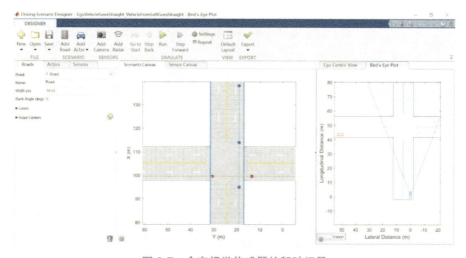

图 3-7　含有视觉传感器的驾驶场景

在应用程序工具栏上,选择 ExportExport Simulink Model,生成驾驶场景和视觉传感器的 Simulink 模型,如图 3-8 所示。

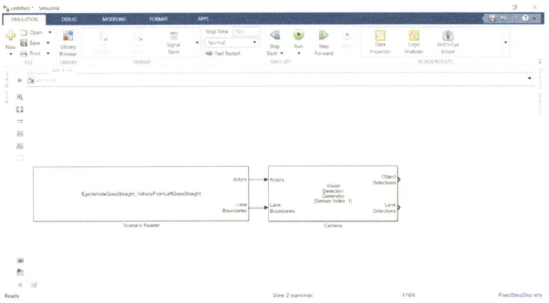

图 3-8　驾驶场景和视觉传感器的 Simulink 模型

单击"Bird's Eye Scope",打开鸟瞰图,单击"Find Signals",单击"Run",车辆开始运动并进行检测,如图 3-9 所示。检测结果储存在 MATLAB 的工作区。

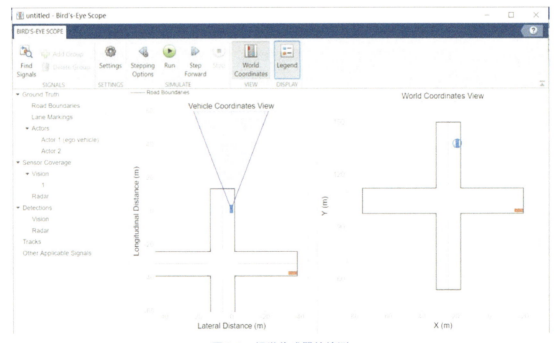

图 3-9　视觉传感器的检测

3.2 毫米波雷达

自动紧急制动（AEB）系统是指实时监测车辆前方行驶环境，并在可能发生碰撞时自动启动车辆制动系统使车辆减速，以避免碰撞或减轻碰撞的系统。它是基于环境感知传感器（如毫米波雷达或视觉传感器）感知前方可能与车辆、行人或其他交通参与者所发生的碰撞风险，并通过系统自动触发执行机构来实施制动，以避免碰撞或减轻碰撞程度的先进驾驶辅助系统，如图3-10所示。

毫米波雷达在智能网联汽车先进驾驶辅助系统中起什么作用，毫米波雷达有哪些技术参数，毫米波雷达有哪些产品及应用？学习本节，读者便可以得到答案。

图3-10 自动紧急制动系统

3.2.1 毫米波雷达认知

1. 毫米波雷达的定义

毫米波是指波长为1～10mm的电磁波，它位于微波与远红外波相交叠的波长范围内，毫米波雷达是工作在毫米波频段的雷达，它通过发射与接收高频电磁波来探测目标，后端信号处理模块利用回波信号计算出目标的距离、速度和角度等信息。毫米波雷达外形及其拆解图如图3-11所示。

毫米波雷达认知

图3-11 毫米波雷达外形及其拆解图

（1）毫米波雷达的优点

1）探测距离远，可达200m以上。

2）探测性能好、金属电磁反射强、其探测不受颜色与温度的影响。

3）响应速度快，传播速度与光速一样，可以快速地测量出目标的距离、速度和角度等信息。

4）适应能力强。毫米波具有很强的穿透能力，在雨、雪、大雾等恶劣天气依然可以正常工作。

5）抗干扰能力强。一般工作在高频段，而周围噪声和干扰处于中低频区，基本上不会影响毫米波雷达的正常运行。

（2）毫米波雷达的缺点

1）毫米波雷达是利用目标对电磁波的反射来发现并测定目标位置，而充满杂波的外部环境给毫米波雷达感知经常带来虚警问题。

2）覆盖区域呈扇形，有盲点区域。
3）无法识别交通标志和交通信号灯。
4）无法识别道路标线。

毫米波雷达是智能网联汽车核心传感器之一，主要用于自动制动辅助系统、前向碰撞预警系统、盲区监测系统、变道辅助系统等。

2. 毫米波雷达的组成

毫米波雷达主要由发射机、接收机、信号处理器及天线组成（图3-12），在工作状态时，发射模块通过天线将电信号（电能）转化为电磁波发出；接收模块接收到射频信号后，将射频电信号转换为低频信号；再由信号处理模块从信号中获取距离、速度和角度等信息。毫米波雷达工作的必要条件还在于软件算法的实现。

图3-12 毫米波雷达的组成

发射机通过内置天线向外发射毫米波，接收机接收目标反射信号，经信号处理器处理后快速准确地获取汽车周围的环境信息，如汽车与其他物体之间的相对距离、相对速度、角度、行驶方向等，然后根据所探知的物体信息进行目标追踪和识别，进而结合车身动态信息进行数据融合，最终通过算法芯片进行智能处理。经合理决策后，以声、光及触觉等多种方式告知或警告驾驶人，或及时对汽车做出主动干预，从而保证汽车行驶的安全性和舒适性，减少事故发生率。毫米波雷达的工作过程如图3-13所示。

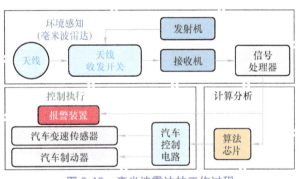

图3-13 毫米波雷达的工作过程

3. 毫米波雷达的类型

毫米波雷达可以按照工作原理、探测距离和频段进行分类。

（1）按工作原理分类

毫米波雷达按工作原理的不同可以分为脉冲式毫米波雷达与调频式连续毫米波雷达两类。脉冲式毫米波雷达通过发射脉冲信号与接收脉冲信号之间的时间差来计算目标距离，调频式连续毫米波雷达是利用多普勒效应测量得出不同距离的目标的速度。脉冲式毫米波雷达测量原理简单，但受技术、元器件等方面的影响，实际应用中很难实现。目前，大多数车载毫米波雷达都采用调频式连续毫米波雷达。

（2）按探测距离分类

毫米波雷达按探测距离可分为短程（SRR）、中程（MRR）和远程（LRR）毫米波雷达。

SRR 毫米波雷达一般探测距离小于 60m；MRR 毫米波雷达一般探测距离为 100m 左右；LRR 毫米波雷达探测距离一般大于 200m。

有的企业只将其划分为近距离雷达和远距离雷达，具体探测距离以产品说明书为准。

（3）按频段分类

毫米波雷达按采用的毫米波频段不同，划分有 24GHz、60GHz、77GHz 和 79GHz 毫米波雷达，主流可用频段为 24GHz 和 77GHz（图 3-14）；距离分辨率和精度将会提高约 20 倍。例如，24GHz 毫米波雷达的距离分辨率为 75cm，而 77GHz 毫米波雷达则提高到 4cm，可以更好地探测多个彼此靠近的目标。

图 3-14 毫米波雷达主流可用频段

4. 毫米波雷达的工作原理

多普勒效应是当目标相对于辐射源发生运动时，目标对回波信号产生调制作用从而使回波信号中心频率发生偏移的现象，如图 3-15 所示。

毫米波雷达具有 3 个主要的测量能力，即与目标车辆（物体）的距离、方位角和相对径向速度。

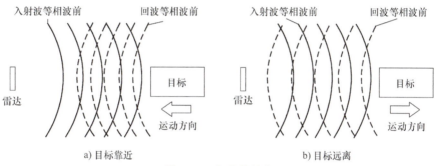

图 3-15 多普勒效应

毫米波雷达是利用多普勒效应测量得出目标的距离和速度，它通过发射源向给定目标发射毫米波信号，并分析发射信号频率和反射信号频率之间的差值，精确测量出目标相对于毫米波雷达的距离和速度等信息。毫米波雷达的测量原理如图 3-16 所示。

通过毫米波雷达的发射天线发射出毫米波信号后，遇到被监测目标反射回来，通过毫米波雷达并列的接收天线，通过收到同一监测目标反射信号的相位差就可以计算出被监测目标的方位角。方位角测量原理如图 3-17 所示。毫米波雷达发射天线 TX 向目标发射毫米波，两个接收天线 RX_1 和 RX_2 接收目标反射信号。方位角 α_{AZ} 是将毫米波雷达接收天线 RX_1 和接收

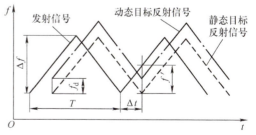

图 3-16 毫米波雷达测量原理

Δf—调频带宽　f_d—多普勒频率
f'—发射信号与反射信号的频率差　T—信号发射周期
Δt—发射信号与回波信号的时间间隔

天线 RX_2 之间的几何距离 d，以及两根毫米波雷达天线所收到反射回波的相位差 b，进行三角函数计算得到的值，可以据此知道被监测目标的方位角。

由于毫米波雷达具有监测目标的位置、速度和方位角的优势，再结合毫米波雷达较强的抗干扰能力，可以全天候全天时稳定工作，因此毫米波雷达成为智能网联汽车核心传感器之一。

5. 毫米波雷达的技术参数

毫米波雷达的技术参数主要有最大探测距离、距离分辨率、距离测量精度、最大探测速度、速度分辨率、速度测量精度、视场角、角度分辨率和角度测量精度等。

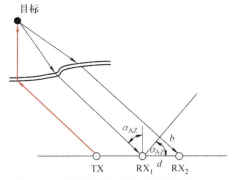

图 3-17　利用毫米波雷达测量目标方位角

1）最大探测距离——最大探测距离是指毫米波雷达所能检测目标的最大距离，不同的毫米波雷达，最大探测距离是不同的。

2）距离分辨率——表示距离方向分辨两个目标的能力，在规定条件下，能区分前后临近两个目标的最小距离间隔。

3）距离灵敏度——单目标的距离变化时，可探测的最小绝对变化距离值。

4）距离测量精度——测量单目标时，目标距离的测量值与其真值之差。

5）最大探测速度——能够探测目标的最大速度。

6）速度分辨率——区分两个同一位置的目标速度的能力。

7）速度灵敏度——单目标的速度变化时，可探测的最小绝对变化速度值。

8）速度测量精度——测量单目标时，目标速度的测量值与其真值之差。

9）视场角——有效识别目标的探测范围，分为水平视场角和垂直视场角。

10）角度分辨率——在规定条件下，能区分左右临近两个目标的最小角度间隔。

11）角度灵敏度——单目标的角度变化时，可探测的最小绝对变化角度值。

12）角度测量精度——测量单目标时，目标角度的测量值与其真值之差。

13）识别率——正确识别目标信息的程度。

14）误检率——将目标识别为一个错误目标的比例。

15）漏检率——未能识别目标报文的比例。

6. 毫米波雷达的产品及应用

在全球毫米波雷达市场上，占主导地位的是德国、美国、日本等国家，如大陆、博世、电装、奥托立夫、Denso、德尔福、富士通天等公司。近年来，国内一些初创公司也纷纷推出毫米波雷达产品。

（1）德国大陆公司毫米波雷达系列产品

德国大陆公司毫米波雷达系列产品如图 3-18 所示。

1）77GHz 毫米波雷达 ARS 408-21SC3 采用可靠的固态技术，灵敏度高，测量距离远，测距测角测速精确，分辨率高，易于集成，性价比高、性能稳定，适用于不同的应用场景目标的存在检测以及距离、速度、方位角的测量，主要用于汽车前向碰撞预警、自动紧急制动、自适应巡航等先进驾驶辅助系统和自动驾驶等场景。

a) 毫米波成像雷达 ARS 430　　b) 77GHz 长距雷达 ARS 408-21SC3　　c) 77GHz 长距雷达 ARS 404

d) 77GHz 长距雷达 ARS 308　　e) 24GHz 宽角雷达 SRR 308　　f) 24GHz 宽角雷达 SRR 208

图 3-18　德国大陆公司毫米波雷达系列产品

77GHz 毫米波雷达 ARS 408-21SC3 标准探测区域示意图如图 3-19 所示。

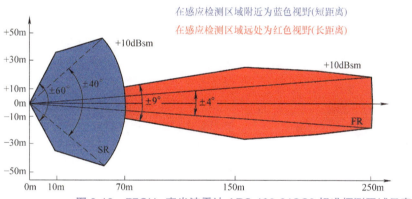

图 3-19　77GHz 毫米波雷达 ARS 408-21SC3 标准探测区域示意图

2）77GHz 毫米波雷达 ARS 404 是德国大陆公司 77GHz 的 40X 系列毫米波雷达传感器系列入门产品，性价比更优，可以适用于不同的应用场景目标的存在检测以及距离、速度、方位角的测量。CAN 数据通信协议和安装固定孔兼容 ARS 408-21，但比 ARS 408-21 更轻薄，适用于汽车前向碰撞预警、自动紧急制动、自适应巡航等先进驾驶辅助系统和自动驾驶等场景。

3）77GHz 毫米波雷达 ARS 308 主要用于各场景的目标探测和防撞预警。ARS 308 波束的垂直视场角窄至 4.3°，且天线板俯仰角度 ±16° 可调，很适合轨道车辆探测前方障碍物等需要狭窄垂直视场角和波束俯仰方向可调的特殊场景。

4）24GHz 毫米波雷达 SRR 208 是一款 20X 系列 24GHz 短程宽角毫米波雷达，主要用于汽车盲区探测、并线辅助等场景近距离、低速度、大角度范围内的相对运动目标的非接触探测和防撞预警，其水平视场角在超过中等距离时高达 ±75°。

5）24GHz 毫米波雷达 SRR 308 是一款 30X 系列 24GHz 短程宽角毫米波雷达，主要用于汽车盲区探测、并线辅助等场景近距离、低速度、大角度范围内的相对运动目标的非接触探测和防撞预警，其水平视场角在超过中等距离时高达 ±75°。

主要毫米波雷达供应商的产品技术参数见表 3-2。

表 3-2 主要毫米波雷达供应商的产品技术参数

公司	毫米波雷达产品	频率 /Hz	最大探测距离 /m	视场角 /(°)
博世	LRR4 远程毫米波雷达	76~77	250	±6(200m), ±10(100m), ±15(30m), ±20(5m)
	MMR 中程前向毫米波雷达	76~77	160	±6(160m), ±9(100m), ±10(60m)
	MMR 中程后向毫米波雷达	76~77	80	±5(70m), ±75(近距离)
大陆	ARS441 远程毫米波雷达	76~77	250	±9(250m), ±45(70m), ±75(20m)
	ARS510 远程毫米波雷达	76~77	200	±4(200m), ±9(120m), ±45(40~70m)
	SRR520 短程毫米波雷达	76~77	100	±90
	SRR320 短程毫米波雷达	24	95	±75
海拉	24GHz 毫米波雷达	24	70	±82.5
德尔福	ESR2.5 毫米波雷达	77	175	±10(175m), ±45(60m)
	MRR 中程毫米波雷达	77	160	±45
	SRR2 短程毫米波雷达	77	80	±75

(2) 森斯泰克公司的毫米波雷达系列产品

森斯泰克公司的毫米波雷达系列产品如图 3-20 所示，主要有 24GHz 毫米波雷达和 77GHz 毫米波雷达。

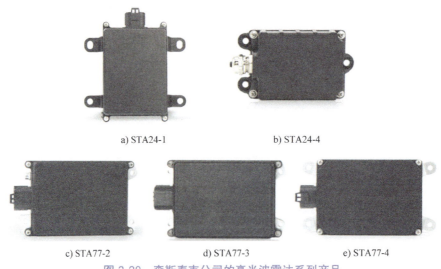

a) STA24-1　　　　　　　　b) STA24-4

c) STA77-2　　　　d) STA77-3　　　　e) STA77-4

图 3-20　森斯泰克公司的毫米波雷达系列产品

1) 24GHz 毫米波雷达属于中短程毫米波雷达。其中，STA24-1 毫米波雷达可用于车辆侧后方的盲区监测与变道辅助预警，提高驾驶安全性；STA24-4 毫米波雷达可用于车辆侧后方的盲区监测预警，提高驾驶安全性。

在车辆行驶过程中，STA24-1 毫米波雷达不仅可以对车辆左右侧的短程盲区进行探测，同时还可以对两侧后方 70m 内试图超越本车的车辆进行探测。当有危险车辆出现时，STA24-1 雷达会在后视镜对驾驶人进行声光提示，从而避免因并线而发生的事故。

STA24-4 毫米波雷达可以对车辆左右侧的短程盲区进行探测。当有危险车辆出现时，STA24-4 毫米波雷达会在后视镜对驾驶人进行声光提示，从而避免因并线而发生的事故。

2）77GHz 毫米波雷达可以准确测量范围内目标车辆的距离、速度及角度等信息，同时具有三维度的分辨能力。

STA77-2 和 STA77-4 前向毫米波雷达利用数字波束形成技术，在提高前方波束照射范围的同时，能够判别前方多个目标车辆，可提供准确、实时的路况信息，保障前方道路安全，适用于车辆的前向碰撞预警等功能。

STA77-3 前向毫米波雷可准确测量前方 180m 范围内目标车辆的距离、速度及角度等信息，可提供前方道路安全、准确、实时的路况信息，适用于车辆的前向紧急制动或前向碰撞预警等功能。

（3）应用

毫米波雷达在智能网联汽车上的应用主要有自适应巡航控制系统、前向碰撞预警系统、自动制动辅助系统、盲区监测系统、变道辅助系统等先进驾驶辅助系统。

毫米波雷达的应用

1）自适应巡航控制系统。自适应巡航控制系统是一种可以依据设定的车速或距离跟随前方车辆行驶，或根据前车速度主动控制本车行驶速度，最终将车辆与前车保持在安全距离的辅助驾驶功能，该功能的优点是可以有效地解放驾驶人的双脚，提高驾驶的舒适性。基于毫米波雷达的自适应巡航控制系统如图 3-21 所示。

2）前向碰撞预警系统。前向碰撞预警系统是通过毫米波雷达和前置摄像头不断监测前方的车辆，判断本车与前车之间的距离、方位及相对速度，探测前方潜在的碰撞危险。当驾驶人没有采取制动措施时，仪表会显示报警信息并伴随声音报警，警告驾驶人务必采取应对措施。基于毫米波雷达的前向碰撞预警系统如图 3-22 所示。当判断到事故即将发生时，系统会让制动装置自动介入工作，从而避免事故发生或降低事故可能造成的风险。

图 3-21 基于毫米波雷达的自适应巡航控制系统

图 3-22 基于毫米波雷达的前向碰撞预警系统

3）自动制动辅助系统。自动制动辅助系统是利用毫米波雷达测出与前车或障碍物的距离，然后利用数据分析模块将测出的距离与警报距离、安全距离进行比较，小于警报距离时就进行警报提示。而小于安全距离时，即使在驾驶人没有来得及踩制动踏板的情况下，该系统也会启动，使汽车自动制动，从而确保驾驶安全。基于毫米波雷达的自动制动辅助系统如图 3-23 所示。

研究表明，90% 的交通事故是由于驾驶人的注意力不集中而引起的，自动制动辅助技术能减少 38% 的追尾碰撞。而且，无论是在城市道路（限速 60km/h）还是郊区道路行驶的情况下，效果都非常显著。

4）盲区监测系统。盲区监测系统根据毫米波雷达判断移动物体所处的相对位置及与本车的相对速度，当其处于本车的盲区范围内时，系统及时提醒驾驶人注意变道出现的风险。基于毫米波雷达的盲区监测系统如图 3-24 所示。

图 3-23 基于毫米波雷达的自动制动辅助系统

5）变道辅助系统。变道辅助系统是通过毫米波雷达、摄像头等传感器，对车辆相邻两侧车道及后方进行探测，获取车辆侧方及后方物体的运动信息，并结合当前车辆的状态进行判断，最终以声、光等方式提醒驾驶人，让驾驶人掌握最佳变道时机，防止变道引发的交通事故，同时对后向碰撞也有比较好的预防作用。

变道辅助系统包括盲区监测、变道预警和后向碰撞预警三个功能，可以有效地防止变道、转弯、后方追尾等交通事故的发生，极大地提升了汽车变道操作的安全性能。基于毫米波雷达的变道辅助系统如图 3-25 所示。

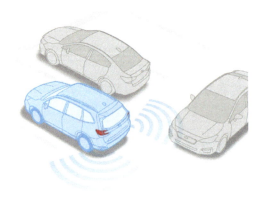

图 3-24 基于毫米波雷达的盲区监测系统

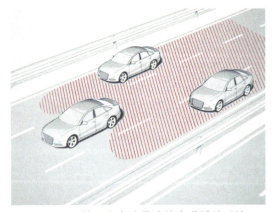

图 3-25 基于毫米波雷达的变道辅助系统

毫米波雷达技术在不断发展，技术参数也在不断变化，本章列出的毫米波雷达参数仅供参考，最终应以企业提供的产品技术参数为准。

3.2.2 雷达检测器函数和模块

1. 毫米波雷达函数

以下毫米波雷达函数是在 MATLAB 环境下运行的。

雷达检测器函数是 radarDetectionGenerator，其调用格式为：

```
sensor = radarDetectionGenerator
sensor = radarDetectionGenerator(Name,Value)
```

其中，Name 和 Value 为设置雷达属性；sensor 为雷达检测器。

例如，radarDetectionGenerator（'DetectionCoordinates', 'SensorCartesian', 'MaxRange', 200）表示利用笛卡儿坐标创建雷达检测器，最大检测距离为 200m。

雷达检测器应用的调用格式为：

dets = sensor(actors,time)
[dets,numValidDets] = sensor(actors,time)
[dets,numValidDets,isValidTime] = sensor(actors,time)

其中，actors 为交通参与者的姿态；time 为当前仿真时间；dets 为雷达检测结果；numValidDets 为有效检测次数；isValidTime 为有效检测时间。

2. 雷达检测器模块

MATLAB 自动驾驶工具箱提供了雷达检测器模块，如图 3-26 所示，它是根据安装在主车辆上的雷达测量来创建目标检测。

图 3-26 雷达检测器模块

3. 毫米波雷达的仿真实例

例 1 利用雷达检测器函数检测雷达前方 50m 的车辆。

解：在 MATLAB 命令行窗口输入以下程序。

1	car = struct('ActorID',1,'Position',[50,0,0]);	% 创建车辆
2	radarSensor = radarDetectionGenerator;	% 创建雷达检测器
3	time = 2;	% 设置仿真时间
4	dets = radarSensor(car,time)	% 对车辆进行检测

输出结果为：

dets =
  1×1 cell 数组
    {1×1 objectDetection}

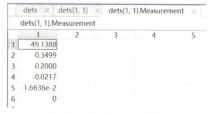

测量结果储存在 MATLAB 的工作区，可以查看。车辆测量值如图 3-27 所示，为 49.1388m，误差约为 1.7%，满足测量精度要求。

图 3-27 车辆测量值

例 2 利用雷达检测器模块对驾驶场景中的车辆进行检测。

解：在 MATLAB 编辑器窗口输入以下命令。

drivingScenarioDesigner('EgoVehicleGoesStraight-VehicleFromLeftTurnsLeft.mat')

输出结果如图 3-28 所示。该驾驶场景表示主车辆自南向北行驶，直行穿过十字路口，包含一个毫米波雷达；另一辆车辆在十字路口的左侧车道驶来，在十字路口进行左转弯，且行驶在主车前面。

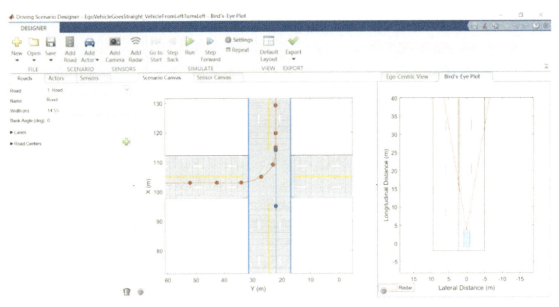

图 3-28　含有毫米波雷达的驾驶场景

在应用程序工具栏上，选择 Export>Export Simulink Model，生成驾驶场景和毫米波雷达的 Simulink 模型，如图 3-29 所示。

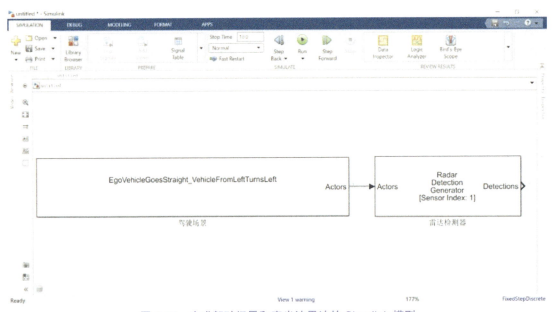

图 3-29　生成驾驶场景和毫米波雷达的 Simulink 模型

单击"Bird's Eye Scope"，打开鸟瞰图，单击"Find Signals"，单击"Run"，车辆开始运动并进行检测，如图 3-30 所示。检测结果储存在 MATLAB 的工作区。

驾驶场景中的车辆和毫米波雷达的检测，可以根据需要进行设置。

第 3 章 智能网联汽车环境感知及仿真

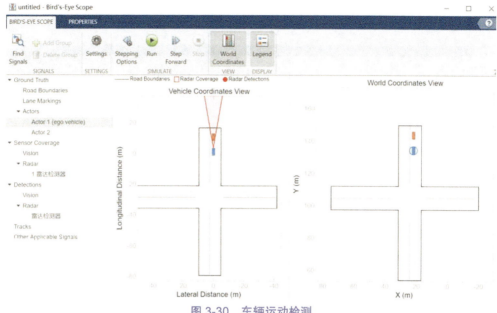

图 3-30 车辆运动检测

例 3 利用毫米波雷达和视觉传感器融合进行检测。

解：在 MATLAB 命令行窗口输入以下程序。

| 1 | addpath(genpath(fullfile(matlabroot,'examples','driving'))) | % 添加路径 |
| 2 | drivingScenarioDesigner('LeftTurnScenario.mat') | % 读取驾驶场景 |

输出驾驶场景如图 3-31 所示。主车从南向北行驶并直接通过一个十字路口，同时，另一辆车从十字路口的左侧驶入并左转，最后停在主车前面。其中主车上安装前向毫米波雷达和视觉传感器。

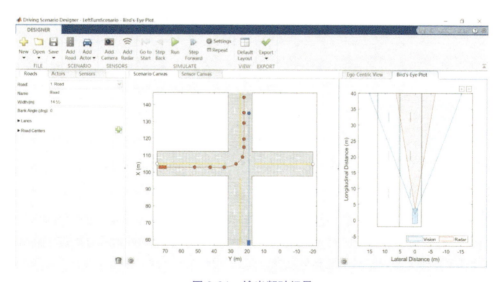

图 3-31 输出驾驶场景

单击"Run"运行以模拟场景，可以看到车辆运动并进行检测，如图 3-32 所示。

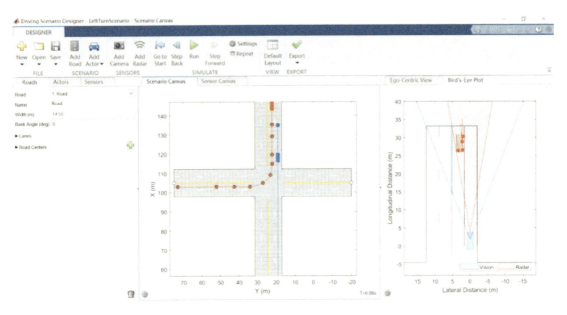

图 3-32　驾驶场景的检测

通过选择 Export> Export Simulink Model，从应用程序生成仿真模型，如图 3-33 所示。

图 3-33　仿真模型

要可视化场景以及对象和车道边界检测，可使用鸟瞰图。从 Simulink 工具栏中单击"Bird's-Eye-Scope"，打开鸟瞰图，单击"Find-Signals"，单击"Run"，车辆开始运动并进行检测，毫米波雷达和视觉传感器融合检测车辆和车道线，如图 3-34 所示。检测结果储存在 MATLAB 的工作区。

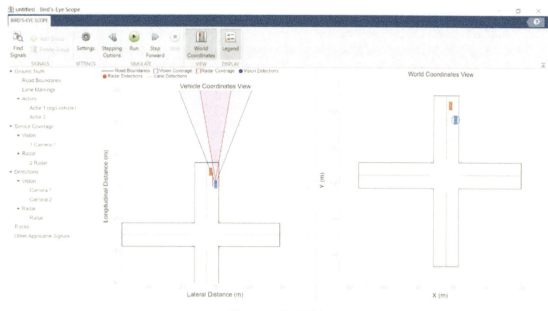

图 3-34　算法测试

3.3　激光雷达

激光雷达是无人驾驶汽车必备的传感器，也是目前制约无人驾驶汽车发展的关键部件。无人驾驶汽车行驶必备的条件之一是精准定位，高精度感知周围环境。激光雷达利用扫描出来的点云数据绘制高精度地图，达到实时路况及移动物体的高精度感知，并进行精准定位，确定可行驶空间，保障无人驾驶汽车安全行驶。无人驾驶汽车周围 3D 环境如图 3-35 所示。

激光雷达在无人驾驶汽车中起什么作用？激光雷达有哪些技术参数？激光雷达有哪些产品及应用？学习本节，便可以得到答案。

图 3-35　无人驾驶汽车周围 3D 环境

3.3.1　激光雷达认知

1. 激光雷达的定义

激光是利用物质受激辐射原理和光放大过程产生出来的一种具有高亮度、高方向性的单色性和相干性的光。激光具有方向性好、单色性好、相干性好、亮度最高等特性。

激光雷达是激光探测及测距系统的简称，是一种以激光器为发射光源、采用光电探测技术手段的主动遥感设备。激光雷达是工作在光波频段的雷达，它利用光波频段的电磁波先向目标发射探测信号，然后将其接收到的同波信

激光雷达的
定义

号与发射信号相比较,从而获得目标的位置(距离、方位和高度)、运动状态(速度、姿态)等信息,实现对目标的探测、跟踪和识别。

少线束激光雷达主要用于智能网联汽车的先进驾驶辅助系统,多线束激光雷达主要用于制作无人驾驶汽车的 3D 地图进行精准定位,并进行道路和车辆的识别等。

激光雷达有以下特点:

1)探测范围广:可达 300m 以上。

2)分辨率高:距离分辨率可达 0.1m;速度分辨率能达到 10m/s 以内;角度分辨率不低于 0.1mard,也就是说可以分辨 3km 距离上相距 0.3m 的两个目标。

3)信息量丰富:可以探测目标的距离、角度、反射强度、速度等信息,生成目标多维度图像。

4)可全天候工作:不依赖于外界条件或目标本身的辐射特性。

5)与毫米波雷达相比,产品体积大、成本高。

6)不能识别交通标志和交通信号灯。

2. 激光雷达的组成

激光雷达的组成如图 3-36 所示,主要由发射系统、接收系统以及信号处理与控制系统组成。激光雷达的硬件核心是激光器和探测器,软件核心是信号的处理算法。不同类型的激光雷达,其组成是有一定差异的。

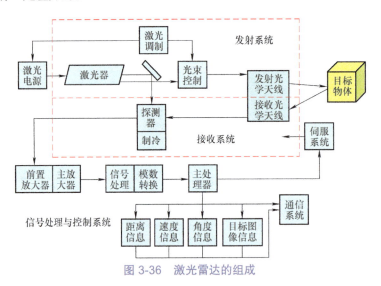

图 3-36 激光雷达的组成

威力登(Velodyne)公司的机械式激光雷达 HDL-64E 的结构如图 3-37 所示。

3. 激光雷达的原理

激光雷达的测距原理是通过测算激光发射信号与激光回波信号的往返时间,从而计算出目标的距离。首先,激光雷达发出激光束,激光束碰到障碍物后被反射回来,激光接收系统进行接收和处理,从而得知激光从发射至被反射回来并接收之间的时间,即激光的飞行时间;根据飞行时间,可以计算出障碍物的距离。

根据所发射激光信号的不同形式,激光测距方法有脉冲测距法、干涉测距法和相位测距法等。

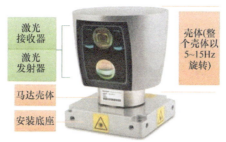

a) 外部结构

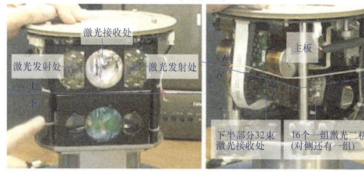

b) 内部结构

图 3-37 机械式激光雷达 HDL-64E 的结构

（1）脉冲测距法

用脉冲法测量距离时，首先激光器发出一个光脉冲，同时设定的计数器开始计数，当接收系统接收到经过障碍物反射回来的光脉冲时停止计数，计数器所记录的时间就是光脉冲从发射到接收所用的时间。光速是一个固定值，只要得到发射到接收所用的时间，就可以算出所要测量的距离。脉冲法激光的测距原理如图 3-38 所示。

设 c 为光在空气中传播的速度，$c = 3 \times 10^8 \text{m/s}$，光脉冲从发射到接收的时间为 t，则待测距离为 $L = ct/2$。

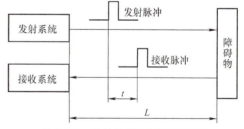

图 3-38 脉冲法激光的测距原理

脉冲式激光测距所测的距离比较远，发射功率较高，一般从几瓦到几十瓦不等，最大射程可达几十千米。脉冲激光测距的关键之一是对激光飞行时间的精确测量。激光脉冲测量的精度和分辨率与发射信号带宽或处理后的脉冲宽度有关，脉冲越窄，性能越好。

（2）干涉测距法

干涉测距法的基本原理是利用光波的干涉特性而实现距离测量的方法。根据干涉原理，产生干涉现象的条件是两列有相同频率、相同振动方向的光相互叠加，并且这两列光的相位差固定。

干涉法激光的测距原理如图 3-39 所示，通过激光器发射出一束激光，通过分光镜分为两束相干光波，两束光波各自经过反射镜 M_1 和 M_2 反射回来，在分光镜

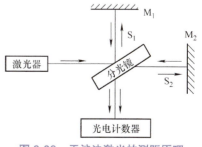

图 3-39 干涉法激光的测距原理

处又汇合到一起。由于两束光波的路程差不同,通过干涉后形成的明暗条纹也不同,因此传感器将干涉条纹转换为电信号之后就可以实现测距。

干涉法测距技术虽然已经很成熟,并且测量精度较高,但是它一般是用在测量距离的变化中,不能直接用它测量距离,所以干涉法测距一般应用于干涉仪、测振仪、陀螺仪中。

（3）相位测距法

相位法激光的测距原理是利用发射波和返回波之间形成的相位差来测量距离的。首先,经过调制的频率通过发射系统发出一个正弦波的光束,然后通过接收系统接收经过障碍物之后反射回来的激光。只要求出这两束光波之间的相位差,便可通过此相位差计算出待测距离。相位法激光的测距原理如图3-40所示。

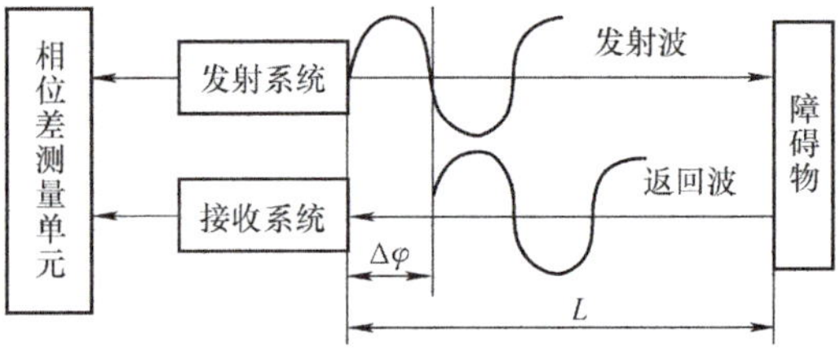

相位测距法因其精度高、体积小、结构简单、昼夜可用的优点,被公认为是最有发展潜力的距离测量技术。相比于其他类型的测距方法,相位测距法朝着小型化、高稳定性、方便与其他仪器集成的方向发展。

图 3-40 相位法激光的测距原理

4. 激光雷达的类型

激光雷达按有无机械旋转部件,可分为机械激光雷达、固态激光雷达和混合固态激光雷达。

（1）机械激光雷达

机械激光雷达带有控制激光发射角度的旋转部件,体积较大,价格昂贵,测量精度相对较高,一般置于汽车顶部。

激光雷达厂商威力登的 HDL-64E 机械激光雷达采用 64 线束激光规格,性能出众,能够描绘出周围空间的 3D 形态,精度极高,甚至能够探测出百米内人类的细微动作。

探测距离为 0.3～200m,水平视场角为 360°,垂直视场角为 −16°～7°,线束 1～6 相邻两条线之间的垂直角分辨率为 1°,线束 6～30 相邻两条线之间的垂直角分辨率为 0.33°,线束 30～40 相邻两条线之间的垂直角分辨率为 1°,如图 3-41 所示。

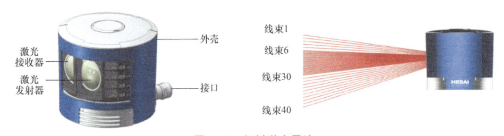

图 3-41 机械激光雷达

（2）固态激光雷达

固态激光雷达依靠电子部件来控制激光发射角度,不需要机械旋转部件,故尺寸较小,可安装于车体内,如图 3-42 所示。Quanergy 公司在 2016 年发布的固态激光雷达 S3,可以达到厘米级精度,30Hz 扫描频率,0.1° 的角分辨率。

为了降低激光雷达的成本,也为了提高可靠性、满足车辆规定的要求,激光雷达的发展方向从机械激光雷达转向固态激光雷达。

（3）混合固态激光雷达

混合固态激光雷达没有大体积旋转结构，采用固定激光光源，通过内部玻璃片旋转的方式改变激光光束方向，实现多角度检测的需要，并且采用嵌入式安装，如图3-43所示。

图 3-42 固态激光雷达

图 3-43 混合固态激光雷达

根据线束数量的多少，激光雷达又可分为单线束激光雷达与多线束激光雷达。

单线束激光雷达扫描一次只产生一条扫描线，其所获得的数据为2D数据，因此无法区别有关目标物体的3D信息。不过，由于单线束激光雷达具有测量速度快、数据处理量少等特点，因此多被应用于安全防护、地形测绘等领域。单线束激光雷达成本低，只能测量距离。

多线束激光雷达扫描一次可产生多条扫描线，目前市场上多线束激光雷达产品包括4线束、8线束、16线束、32线束、64线束等，其细分可分为2.5D激光雷达及3D激光雷达。2.5D激光雷达与3D激光雷达最大的区别在于激光雷达垂直视野的范围，前者垂直视野范围一般不超过10°，而后者可达到30°甚至40°以上，这也就导致两者对于在汽车上的安装位置要求有所不同。

5. 激光雷达的技术指标

激光雷达的技术指标主要有最大探测距离、距离分辨率、测距精度、测量帧频、数据采样率、视场角、角度分辨率、波长等。

1）最大探测距离。最大探测距离通常需要标注基于某一个反射率下的测得值，如白色反射体的反射率大概为70%，黑色物体的反射率为7%~20%。

2）距离分辨率。距离分辨率是指两个目标物体可区分的最小距离。

3）测距精度。测距精度指对同一目标进行重复测量得到的距离值之间的误差范围。

4）测量帧频。测量帧频与摄像头帧频的概念相同，激光雷达成像刷新帧频会影响激光雷达的响应速度，刷新率越高，响应速度越快。

5）数据采样率。数据采样率是指每秒输出的数据点数，等于帧率乘以单幅图像的点云数目。通常数据采样率会影响成像的分辨率，特别是在远距离，点云越密集，目标呈现就越精细。

6）视场角。视场角又分为垂直视场角和水平视场角，是激光雷达的成像范围。

7）角度分辨率。角度分辨率是指扫描的角度分辨率，等于视场角除以该方向所采集的点云数目，因此本参数与数据采样率直接相关。

8）波长。激光雷达所采用的波长会影响雷达的环境适应性和对人眼的安全性。

6. 激光雷达的产品及应用

美国威力登公司开发的 128 线束激光雷达的探测距离约是 HDL-64E 的 3 倍，达到 300m，分辨率则是 10 倍，尺寸缩小了 70%。该产品是为 L5 级别自动驾驶而开发的。美国威力登公司生产的激光雷达主要指标见表 3-3。

表 3-3　美国威力登公司生产的激光雷达主要指标

指标	HDL-64	HDL-32	VLP-16
激光束	64	32	16
扫描距离 /m	120	100	100
精度 /cm	±2	±2	±3
数据类型	距离 / 密度	距离 / 校准发射率	距离 / 校准发射率
垂直扫描角度 /(°)	26.8	40	30
水平扫描角度 /(°)	360	360	360
功率 /W	60	12	8
尺寸 /（mm×mm）	203×284	86×145	104×72
质量 /kg	15	1	0.83

速腾聚创激光雷达系列产品如图 3-44 所示。

a) RS-LiDAR-16 激光雷达

b) RS-LiDAR-32 激光雷达

c) RS-Rudy 激光雷达

d) RS-Bpearl 激光雷达

图 3-44　速腾聚创激光雷达系列产品

少线束激光雷达主要用于智能网联汽车 ADAS，奥迪 A8L 安装的 4 线束激光雷达如图 3-45 所示，可用于自适应巡航控制系统、车道偏离预警系统、自动紧急制动系统、交通拥堵辅助系统等。

多线束激光雷达具有高精度电子地图和定位、障碍物识别、可通行空间检测、障碍物轨迹预测等功能。

a) 激光雷达外形　　　　　　　b) 激光雷达内部

图 3-45　奥迪 A8L 安装的 4 线束激光雷达

L4 级和 L5 级使用多线束激光雷达，360° 发射激光，从而达到 360° 扫描，获取车辆周围行驶区域的三维点云，通过比较连续感知的点云、物体的差异检测其运动，由此创建一定范围内的 3D 地图，如图 3-46 所示。

图 3-46　激光雷达获取车辆周围 3D 地图

激光雷达在高精度电子地图中的应用如图 3-47 所示。

图 3-47　激光雷达在高精度电子地图的应用

另外，障碍物检测与识别、可行空间检测以及无人驾驶汽车的精准定位和路径跟踪必须依靠激光雷达和高精度地图等进行精准定位和路径跟踪，如图 3-48 所示。

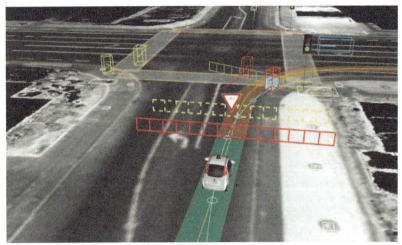

图 3-48　利用激光雷达进行精准定位和路径跟踪

3.3.2　激光雷达函数和仿真

1. 激光雷达函数

以下激光雷达函数是在 MATLAB 环境下运行的。

（1）创建三维点云函数

创建三维点云函数为 pointCloud，其调用格式为：

```
ptCloud = pointCloud(xyzPoints)
ptCloud = pointCloud(xyzPoints,Name,Value)
```

其中，xyzPoints 为三维坐标点；Name 和 Value 为设置点云属性；ptCloud 为三维点云。

读取点云数据还有以下函数。

1）从激光雷达 Velodyne PCAP 文件读取点云数据，其调用格式为：

```
veloReader = velodyneFileReader（fileName，deviceModel）
veloReader = velodyneFileReader(fileName,deviceModel,'CalibrationFile'calibFile)
```

其中，fileName 为文件名；deviceModel 为 Velodyne 设备型号名称；CalibrationFile 为 Velodyne 校准 XML 文件名；veloReader 为文件读取器。

2）从 PLY 或 PCD 文件读取三维点云，其调用格式为：

```
ptCloud = pcread(filename)
```

其中，filename 为文件名；ptCloud 为储存的三维点云。

（2）激光雷达三维点云变换函数

激光雷达三维点云变换函数为 pctransform，其调用格式为：

```
ptCloudOut = pctransform(ptCloudIn,tform)
ptCloudOut = pctransform(ptCloudIn,D)
```

其中，ptCloudIn 为指定三维点云；tform 为三维仿射几何变换；D 为位移场，即指定点云中每个点的平移量和方向；ptCloudOut 为转换后的三维点云。

（3）激光雷达数据分割函数

激光雷达数据分割函数为 segmentLidarData，其调用格式为：

```
labels = segmentLidarData(ptCloud,distThreshold)
labels = segmentLidarData(ptCloud,distThreshold,angleThreshold)[labels,numClusters] = segmentLidarData(___)
```

其中，ptCloud 为三维点云；distThreshold 为距离阈值；angleThreshold 为角度阈值；labels 为点云聚集标签；numClusters 为聚集数。

（4）查找点云半径内的邻居

查找点云半径内邻居的函数为 findNeighborsInRadius，其调用格式为：

```
[indices,dists] = findNeighborsInRadius(ptCloud,point,radius)
[indices,dists] = findNeighborsInRadius(ptCloud,point,radius,camMatrix)
```

其中，ptCloud 为三维点云；point 为查询点；radius 为搜索半径；camMatrix 为摄像机投影矩阵；indices 为储存点索引；dists 为查询点距离。

（5）激光雷达数据分割地面点

从激光雷达数据中分割地面点的函数为 segmentGroundFromLidarData，其调用格式为：

```
groundPtsIdx = segmentGroundFromLidarData(ptCloud)
groundPtsIdx = segmentGroundFromLidarData(ptCloud,Name,Value)
```

其中，ptCloud 为已知点云；Name 和 Value 为设置俯仰角差阈值和初始俯仰角阈值；groundPtsIdx 为地面点。

2. 激光雷达仿真实例

例 利用已有激光雷达数据寻找地平面和车辆周围的障碍物，目的是规划汽车的可行驶区域。

解：本实例分以下 6 个步骤。

1）显示激光三维点云。在 MATLAB 命令行窗口输入以下程序：

```
1  fileName = 'lidarData_ConstructionRoad.pcap';              % 数据文件名称
2  deviceModel = 'HDL32E';                                     % 设备型号名称
3  veloReader = velodyneFileReader(fileName,deviceModel);      % 文件读取器
4  ptCloud = readFrame(veloReader);                            % 读取点云数据
5  xlimits = [-25,45];ylimits = [-25,45];zlimits = [-20,20];   % 设置点云显示区域坐标
6  lidarViewer = pcplayer(xlimits,ylimits,zlimits);            % 显示点云显示区域坐标
```

7	xlabel(lidarViewer.Axes,'X(m)')	% 定义 X 坐标轴标签
8	ylabel(lidarViewer.Axes,'Y(m)')	% 定义 Y 坐标轴标签
9	zlabel(lidarViewer.Axes,'Z(m)')	% 定义 Z 坐标轴标签
10	view(lidarViewer.ptCloud)	% 显示激光雷达三维点云

输出结果如图 3-49 所示。

2）激光点云颜色映射。为了分割属于地平面、主车辆和附近障碍物的点，需要设置颜色标签，并进行颜色映射。在 MATLAB 命令行窗口再输入以下程序：

1	colorLabels = [0,0.4470,0.7410;0.4660 0.6740 0.1880;... 0.929,0.694,0.125;0.635,0.078,0.1840];	% 定义颜色标签
2	colots.Unlabeled = 1;	% 未标记点索引
3	colors.Ground = 2;	% 地平面点索引
4	colors .Eg0 = 3;	% 主车辆点索引
5	colors.Obstacle = 4;	% 障碍物点索引
6	Colormap(lidarViewer.Axes,colorLabels)	% 进行颜色映射

输出结果如图 3-50 所示。

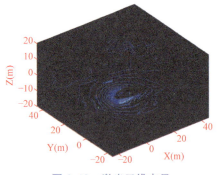

图 3-49 激光三维点云

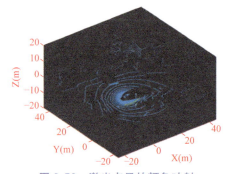

图 3-50 激光点云的颜色映射

3）分割主车辆。在 MATLAB 命令行窗口再输入以下程序：

1	vehicleDims = vehicleDimensions();	% 默认车辆尺寸
2	mountLocation = [vehicleDims.Length/2-vehicleDims.RearOverhang,... 0.vehicleDims.Height];	% 激光雷达安装位置
3	points = struct();	% 创建 points 数据结构
4	points.EgoPoints = helperSegmentEgoFromLidarData(... ptCloud,vehicleDims: mountLocation);	% 分割主车辆点函数
5	closePlayer = false;	% 创建 closePlayer 结构
6	helperUpdateView(lidarViewer,ptCloud,points,colors,closePlayer) ;	% 主车辆点云可视化函数

输出结果如图 3-51 所示。

4）分割地平面。为了从激光雷达数据中检测障碍物，首先对地平面进行分段，从有组织的激光雷达数据中分割出属于地平面的点。在 MATLAB 命令行窗口再输入以下程序（注意，该程序要放在 helperSegmentEgoFromLidarData 函数程序之前）：

1	elebationDelta = 10;	% 设地面高度
2	points.GroundPoints = segmentGroundFromLidarData(... ptCloud,'ElevationAngleDelta',elevationDelta);	% 分割地面
3	helperUpdateView(lidarViewer,ptCloud,points,colors,closePlayer);	% 分割地平面的可视化

输出结果如图 3-52 所示。

图 3-51 分割主车辆

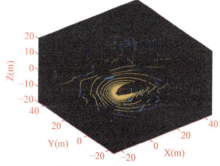
图 3-52 分割地平面

5）分割障碍物。在 MATLAB 命令行窗口再输入以下程序：

1	nonEgoGroundPoints = ~points.EgoPomts& ~ points.GroundPoints;	% 设车辆点和地面点
2	ptCloudSegmented = select(ptCloud,nonEgoGroundPoints. 'OutputSize','full') ;	% 删除车辆点和地面点
3	sensorLocation = [0,0,0];	% 传感器坐标原点
4	Radius = 40;	% 作用半径
5	Points.ObstaclePoints = findNeighborsInRadius(ptCloudSegmented, sensorLocation,radius);	% 查找半径内的点
6	helperUpdateViewer,ptClouds,points,colors,closePlayer);	% 障碍物的可视化

输出结果如图 3-53 所示。

6）显示激光雷达数据处理结果。在 MATLAB 命令行窗口再输入以下程序，从激光雷达记录的数据序列中处理 20s：

1	reset(veloReader);	% 文件读取器初始状态
2	stopTime = veloReader.StartTime+seconds(20);	% 设置停止时间
3	isPlayerOpen = true;	% 播放为真
4	while hasFrame(veloReader)&&veloReader.CurrentTime<... stopTime&&isPlayerOpen	% 判断数据处理条件
5	ptCloud = readFrame(veloReader);	% 读取视频
6	points.EgoPoints = helperSegmentEgoFromLidarData(… ptCloud,vehicleDims,mountLocation);	% 分割主车辆点
7	points.GroundPoints = segmentGroundFromLidarData(ptCloud,... 'ElevationAngleDelta'.elevationDelta);	% 分割地平面点

8	nonEgoGroundPoints = ~ points,EgoPoints& ~ 'points.GroundPoints;	%设主车辆和地平面点
9	ptCloudSegmented = select(ptCloud,nonEgoGroundPoints, 'OutputSizeVfuU');	%删除主车辆和地平面点
10	points.ObstaclePoints = findNeighborsInRadius(ptCloudSegmented,… sensorLocation,radius);	%查找半径内的点
11	closePlayer = ~ hasFrame(veloReader);	%关闭播放器
12	isPlayerOpen = elperUpdateView(lidarViewer,ptCloud,points,… Colors,closePlayer);	%更新显示
13	End	%结束

输出结果如图 3-54 所示。

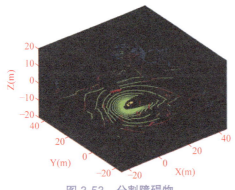

图 3-53 分割障碍物

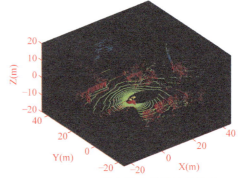

图 3-54 显示激光雷达数据处理结果

3.4 导航定位技术

北斗卫星导航定位系统（BDS）是由中国自行研制开发的区域性有源三维卫星定位与通信系统，是继美国的全球定位系统（GPS）、俄罗斯的格洛纳斯（GLONASS）之后第三个成熟的卫星导航定位系统。北斗卫星导航定位系统致力于向全球用户提供高质量的定位、导航和授时服务，该系统如图 3-55 所示。

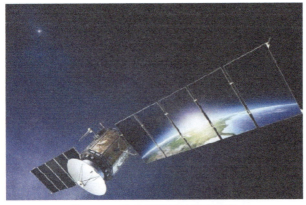

图 3-55 北斗卫星导航定位系统

导航定位技术在智能网联汽车先进驾驶辅助系统中起什么作用？导航定位技术是什么意思？卫星类型有哪些？通过学习本节，读者便可以得到答案。

3.4.1 导航定位技术认知

1. 导航定位技术定义

导航定位是负责实时提供智能网联汽车的运动信息，包括位置、速度、姿态、加速度、角速度等，一般采用的是多传感器融合定位的方式。

智能网联汽车的导航定位通过全球定位系统、北斗卫星导航定位系统、惯性导航系统、视觉 SLAM、激光雷达 SLAM 等，获取车辆的位置和航向信息。

1）绝对定位：是指通过 GPS 或 BDS 实现，采用双天线，通过卫星获得车辆在地球上的绝对位置和航向信息。

2）相对定位：是指根据车辆的初始位姿，通过惯性导航获得车辆的加速度和角加速度信息，将其对时间进行积分，得到相对初始位姿的当前位姿信息。

汽车 GPS 导航定位

3）组合定位：是将绝对定位和相对定位进行结合，以弥补单一定位方式的不足。

L1、L2 级，仅需要实现 ADAS，导航级精度即可满足要求；L3～L5 级，实现自动驾驶，需要厘米级精度导航。

2. 导航定位卫星的类型

导航定位卫星主要有美国的全球定位系统、中国的北斗卫星导航定位系统、俄罗斯的格洛纳斯卫星定位系统以及欧洲空间局的伽利略（GALILEO）卫星定位系统，如图 3-56 所示。

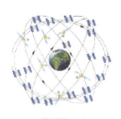
a) 美国的 GPS

b) 俄罗斯的 GLONASS

c) 中国的 BDS

d) 欧洲的 GALILEO

图 3-56 导航定位卫星的类型

（1）全球定位系统

全球定位系统是由美国国防部建设的基于卫星的无线电导航定位系统。它能连续为世界各地的陆海空用户提供精确的位置、速度和时间信息，最大优势是覆盖全球，全天候工作，可以为高动态、高精度平台服务，目前得到普遍应用，如图 3-57 所示。

GPS 地面监控设备分散在世界各地，用于监视和控制卫星，其主要目的是让系统保持运行，并验证 GPS 广播信号的精确度。GPS 用户由 GPS 接收机和 GPS 数据处理软件组成，如图 3-58 所示。

GPS 定位时要求接收机至少观测到 4 颗卫星的距离观测值才能同时确定用户所在空间位置及接收机时钟差，如图 3-59 所示。

图 3-57　全球定位系统

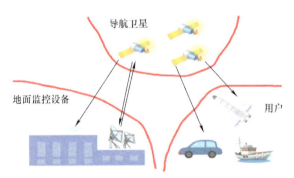

图 3-58　GPS 用户

全球定位系统的特点：

1）全球全天候定位：因为 GPS 卫星数目较多，且分布均匀，保证了地球上任何地方任何时间至少可以同时观测到 4 颗 GPS 卫星，确保实现全球全天候连续导航定位服务。

2）覆盖范围广：能够覆盖全球 98% 的范围，可满足位于全球各地或近地空间的军事用户连续精确地确定三维位置、三维运动状态和时间的需要。

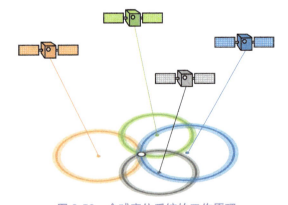

图 3-59　全球定位系统的工作原理

3）定位精度高：GPS 相对定位精度在 50km 以内可达 6～10m，100～500km 可达 7～10m，1000km 可达 9～10m。

4）观测时间短：20km 以内的相对静态定位仅需 15～20min；快速静态相对定位测量时，当每个流动站与基准站相距 15km 以内时，流动站观测时间只需 1～2min；采取实时动态定位模式时，每站观测仅需几秒钟。

5）全球统一的三维地心坐标：同时精确测定测站平面位置和大地高程。

6）测站之间无需通视：只要求测站上空开阔，可省去经典测量中的传算点、过渡点等的测量工作。

（2）差分全球定位系统

差分全球定位系统（DGPS）是在 GPS 的基础上利用差分技术使用户能够从 GPS 中获得更高的精度；由基准站、数据传输设备和移动站组成，如图 3-60 所示。

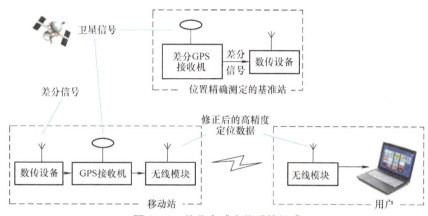

图 3-60　差分全球定位系统组成

1）位置差分。安装在基准站上的 GPS 接收机观测 4 颗卫星后便可进行三维定位，解算出基准站的观测坐标。由于存在着轨道误差、时钟误差、大气影响、多径效应以及其他误差等，解算出的观测坐标与基准站的已知坐标是不一样的，存在误差。将已知坐标与观测坐标之差作为位置改正数，通过基准站的数据传输设备发送出去，由移动站接收，并且对其解算的移动站坐标进行改正。位置差分法适用于用户与基准站间距离在 100km 以内的情况。

2）伪距差分。利用基准站已知坐标和卫星星历可计算出基准站与卫星之间的计算距离，将计算距离与观测距离之差作为改正数，发送给移动站，移动站利用此改正数来改正测量的伪距。最后，用户利用改正后的伪距来解出本身的位置，就可消去公共误差，提高定位精度。

伪距差分能将两站公共误差抵消，但随着用户到基准站距离的增加，又出现了系统误差，这种误差用任何差分法都是不能消除的；用户和基准站之间的距离对精度有决定性影响。

3）载波相位差分。载波相位差分（RTK）技术是建立在实时处理两个测站的载波相位基础上的，它能够实时提供测站点在指定坐标系中的三维定位结果，并达到厘米级精度。

在 RTK 作业模式下，基站采集卫星数据，并通过数据链将其观测值和站点坐标信息一起传送给移动站，而移动站通过对所采集到的卫星数据和接收到的数据链进行实时载波相位差分处理（历时不足 1s），得出厘米级的定位结果，如图 3-61 所示。

（3）GPS/DR 组合导航定位系统

车辆航位推算（DR）方法是一种

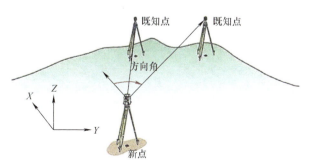

图 3-61　载波相位差分技术

常用的自主式车辆定位技术,它不用发射接收信号,不受电磁波影响,机动灵活,只要车辆能达到的地方都能定位。

DR 是利用载体上某一时刻的位置,根据航向和速度信息,推算得到当前时刻的位置,即根据实测的汽车行驶距离和航向计算其位置和行驶轨迹。它一般不受外界环境影响,但由于其本身误差是随时间积累的,单独工作时不能长时间保持高精度。

GPS/DR 组合导航定位系统由 GPS 以及电子罗盘、里程计和导航计算机等组成,如图 3-62 所示。其模块及坐标图分别如图 3-63 和图 3-64 所示。

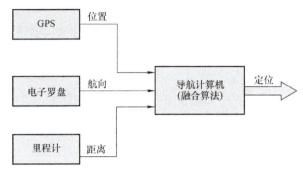

图 3-62 GPS/DR 组合导航定位系统的组成

图 3-63 GPS/DR 组合导航定位系统模块

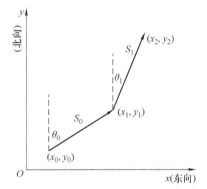

图 3-64 GPS/DR 组合导航定位系统坐标图

GPS/DR 组合导航定位系统的关键在于如何将两者的数据融合,以达到最优的定位效果。

将 GPS 和 DR 的定位信息综合用于定位求解,通过卡尔曼滤波来补偿修正 DR 系统的状态,同时滤波之后的输出又能够为 DR 系统提供较为准确的初始位置和航向角,从而能够获得比单独使用任意一种定位方法都更高的定位精度和稳定性,如图 3-65 所示。

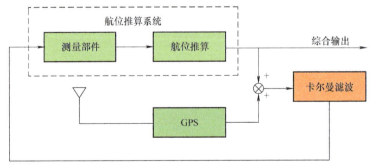

图 3-65 GPS/DR 组合导航定位系统的数据融合

(4)北斗卫星导航定位系统

北斗卫星导航定位系统(BDS)是由中国自行研制开发的区域性有源三维卫星定位与通信

系统，是继美国的 GPS、俄罗斯的 GLONASS 之后第三个成熟的卫星导航定位系统，如图 3-66 所示。北斗卫星导航定位系统致力于向全球用户提供高质量的定位、导航和授时服务，其建设与发展则遵循开放性、自主性、兼容性和渐进性这 4 项原则。

图 3-66　北斗卫星导航定位系统

北斗卫星导航定位系统的组成如图 3-67 所示。

图 3-67　北斗卫星导航定位系统的组成

北斗卫星导航定位系统的特点：

1）空间段采用三种轨道卫星组成的混合星座，与其他卫星导航系统相比，高轨卫星更多，抗遮挡能力强，尤其在低纬度地区性能优势更为明显。

2）提供多个频点的导航信号，能够通过多频信号组合使用等方式提高服务精度。

3）创新融合了导航与通信功能，具备定位导航授时、星基增强、地基增强、精密单点定位、短报文通信和国际搜救等多种服务能力。

（5）惯性导航系统

惯性导航系统（INS）是一种利用惯性传感器测量载体的角速度信息，并结合给定的初始条件实时推算速度、位置、姿态等参数的自主式导航系统。具体来说，惯性导航系统属于一种推算导航方式。即从一已知点的位置根据连续测得的运动载体航向角和速度推算出其下一点的位置，因而可连续测出运动体的当前位置。

惯性导航系统一般采用加速度传感器和陀螺仪传感器来测量载体参数，其工作原理如图 3-68 所示。

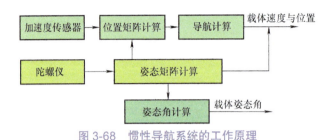

图 3-68 惯性导航系统的工作原理

加速度传感器和陀螺仪结合是就是惯性测量单元（IMU），一个解决速度，一个解决方向。IMU 的一个重要特征在于它以高频率更新，其频率可达到 1000Hz，所以 IMU 可以提供接近实时的位置信息。

惯性导航系统（图 3-69）可以看成是 IMU 与软件的结合。通过内置的微处理器，能够以最高 200Hz 的频率输出实时的高精度三维位置、速度、姿态信息。

1）惯性导航系统的作用（图 3-70）：

① 弥补 GPS：在 GPS 信号丢失或者很弱情况下，暂时填补 GPS 留下的空缺，用积分法取得最接近真实的三维高精度定位。

图 3-69 惯性导航系统

② 配合激光雷达：GPS+IMU 为激光雷达的空间位置和脉冲发射姿态提供高精度定位，建立激光雷达云点的三维坐标系。

a) 替代GPS定位　　　　　　　　b) 与激光雷达组合定位

图 3-70 惯性导航系统的作用

2）惯性导航系统的优点：
① 由于它是不依赖于任何外部信息，也不向外部辐射能量的自主式导航系统，故隐蔽性好，也不受外界电磁干扰影响。
② 可全天候在全球任何地点工作。
③ 能提供位置、速度、航向和姿态角数据，所产生的导航信息连续性好而且噪声低。
④ 数据更新率高，短期精度和稳定性好。
3）惯性导航系统的缺点：
① 由于导航信息经过积分而产生，定位误差随时间而增大，长期精度差。
② 每次使用之前需要较长的初始对准时间。
③ 不能给出时间信息。

3.4.2 导航定位函数和仿真

1. GPS 函数

MATLAB 中提供的 GPS 函数为 gpsSensor，其调用格式为：

```
GPS = gpsSensor
GPS = gpsSensor('ReferenceFrame',RF)
GPS = gpsSensor(__,Name,Value)
```

其中，ReferenceFrame 为参考帧；Name 和 Value 为设置 GPS 属性；GPS 为全球定位接收系统。
GPS 应用格式为：

```
[position,velocity,groundspeed,course] = GPS(truePosition,trueVelocity)
```

其中，truePosition 为 GPS 接收机在局部导航坐标系中的定位；trueVelocity 为 GPS 接收机在局部导航坐标系中的速度；position 为 GPS 接收机在 LLA 坐标系中的位置；velocity 为 GPS 接收机在局部导航坐标系中的速度；groundspeed 为 GPS 接收机在局部导航坐标系中水平速度的大小；course 为 GPS 接收机在局部导航坐标系中的水平速度方向。

2. IMU 函数

MATLAB 提供的 IMU 函数为 imuSensor，其调用格式为：

```
IMU = imuSensor
IMU = imuSensor('accel-gyro')
IMU = imuSensor('accel-mag')
IMU = imuSensor('accel-gyro-mag')
IMU = imuSensor(__,Name,Value)
```

其中，accel-gyro 为加速度计 - 陀螺仪；accel-mag 为加速度计 - 磁强计；accel-gyro-mag 为加速度计 - 陀螺仪 - 磁强计；Name 和 Value 为设置 IMU 属性；IMU 为惯性测量单元。
IMU 应用格式主要有：

```
[accelReadings,gyroReadings] = IMU(acc,angVel)
[accelReadings,gyroReadings] = IMU(acc,angVel,orientation)
```

```
[accelReadings,magReadings] = IMU(acc,angVel)
[accelReadings,magReadings] = IMU(acc,angVel,orientation)
[accelReadings,gyroReadings,magReadings] = IMU(acc,ang Vel)
[accelReadings,gyroReadings,magReadings] = IMU(accangVel,orientation)
```

其中，acc 为局部导航坐标系中 IMU 的加速度；angVel 为局部导航坐标系中 IMU 的角速度；orientation 为 IMU 在局部导航坐标系中的定位；accelReadings 为传感器体坐标系中 IMU 加速度计的测量值；gyroReadings 为传感器体坐标系中 IMU 的陀螺仪的测量值；magReadings 为传感器体坐标系中 IMU 的磁强计测量值。

3. 仿真实例

例 从固定输入产生 GPS 位置测量，假设所在位置为：纬度 37.52°，经度 122.12°，高程（海拔）为 55.13m。

解：在 MATLAB 命令行窗口输入以下程序：

1	fs = 1 ;	% 采样频率
2	duration = 1000;	% 设置模拟时间
3	munSamples = duration*fs;	% 样本数
4	refLoc = [37.52,122.12,55.13];	% 参考位置
5	truePosition = zeros(numSamples,3) ;	% 真实位置赋初值
6	tiueVelocity = zeros(numSamples,3) ;	% 真实速度赋初值
7	gps = gpsSensor('UpdateRate',fs,'ReferenceLocation',refLoc);	% 创建 GPS
8	position = gps(truePosition,trueVelocity);	% 调用 GPS
9	t = (0:(numSamples- 1))/fs;	% 时间
10	subplot(3,l,l)	% 设置图形位置
11	plot(t,position(:,l),t,ones(numSamples)*refLoc(l))	% 绘制纬度曲线
12	ylabel(' 纬度 (°)')	% y 轴标注
13	subplot(3,l,2)	% 设置图形位置
14	plot(t,position(:,2),t,ones(numSamples)*refLoc(2))	% 绘制经度曲线
15	ylabelC(' 经度 (°)')	% y 轴标注
16	subplot(3,l,3)	% 设置图形位置
17	plot(t,position(:,3),t,ones(numSamples)*refLoc(3))	% 绘制高程曲线
18	ylabel(' 高程 (m)')	% y 轴标注
19	xlabel(' 时间 (s)')	% x 轴标注

输出结果如图 3-71 所示。

位置读数的噪声由水平位置精度、垂直位置精度、速度精度和衰减因子控制。

重置 gps 对象；将衰减因子设置为 0.5；使用指定固定位置的变量调用 gps；绘制结果，如图 3-72 所示。可以看出，GPS 位置测量值围绕真实位置振荡。

```
reset(gps)
gps.DecayFactor = 0.5;
position = gps(truePosition,trueVelocity);
```

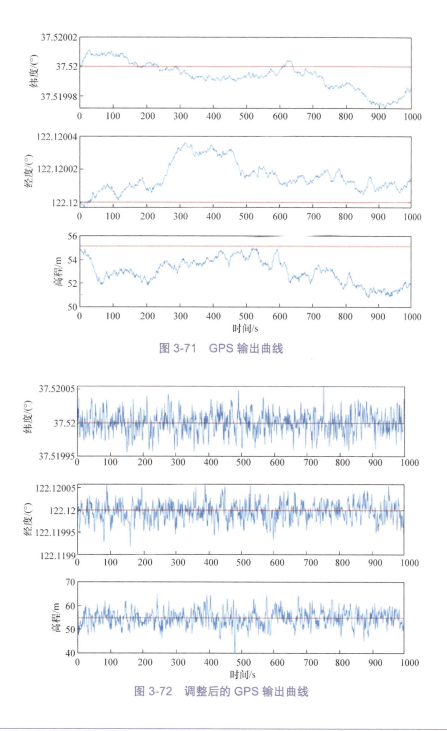

图 3-71 GPS 输出曲线

图 3-72 调整后的 GPS 输出曲线

实验

项目三——视觉传感器/毫米波雷达/激光雷达的仿真实操
详见"视觉传感器/毫米波雷达/激光雷达的仿真实操"实验指导和项目工单

 **小贴士**

中国北斗为何成为世界一流卫星导航系统

思考题

1. 什么是视觉传感器？有哪些部件？特点是什么？
2. 毫米波雷达的工作原理是什么？
3. 激光雷达有哪些产品，主要应用在哪些领域？
4. 什么是导航定位技术？导航定位卫星的类型有哪些？

第4章 智能网联汽车驾驶控制仿真

本章先后介绍了驾驶场景、汽车运动控制技术、前向碰撞预警系统、车道保持辅助系统、自动制动辅助系统、自适应巡航控制系统、路径跟踪系统，包含驾驶场景认知、驾驶场景模块；汽车运动模型认知、汽车运动控制模块；前向碰撞预警系统认知、前向碰撞预警系统仿真；车道保持辅助系统认知、车道保持辅助系统模块；自动制动辅助系统认知、自动制动辅助系统模块；自适应巡航控制系统认知、自适应巡航控制系统模块；路径跟踪系统认知、路径跟踪系统模块。

 学习目标

1. 了解驾驶场景及驾驶场景设置、汽车运动控制技术。
2. 了解前向碰撞预警系统、车道保持辅助系统、自动制动辅助系统、自适应巡航控制系统、路径跟踪系统等内容。
3. 认识前向碰撞预警系统模块、车道保持辅助系统模块、自动制动辅助系统模块、自适应巡航控制系统模块、路径跟踪系统模块等内容。

4.1 驾驶场景

中国的驾驶场景复杂多变，如何识别出车辆所在的驾驶场景，并根据相应的驾驶场景选择出合适的行车逻辑，将是智能驾驶汽车发展亟待解决的重要技术难题。驾驶场景大数据采集平台基于车制信息采集盒子、传感器等硬件平台，通过对实际交通环境数据及车辆的运行状态信息进行采集后处理，来分析潜在的驾驶行为，并可以用于进行ADAS及智能车辆自动驾驶的算法优化和评估。通过数据采集和分析，建立基于实际交通环境的场景库。基于该场景库，不仅可以在具体功能开发过程中提出统计意义上的指导，避免关键参数主观臆断；同时也可以建立仿真模型库，并提供用户自动驾驶算法接口，将算法结果同实际数据进行定量分析，继而提出对已有自动驾驶模型的改进意见。

4.1.1 驾驶场景认知

1. 传统交通驾驶场景

传统交通驾驶场景是由人-车-环境三个复杂因素共同构成，车辆是由人进行操控的，人

的操控意识又受到道路交通环境的限制及车辆对人的反馈作用。车辆及交通环境是客观的、无意识的，而人是主动的、有意识的。作为车辆的感知层与决策层，驾驶人在驾驶过程中将对空间内的一切信息进行感知、判断和处理，包括交通设施、交通标志、路况变化、天气变化、其他行人及车辆等。车辆在行驶过程中的一切信息也都是由驾驶人来反映和控制的。在该系统中，驾驶人属性、车辆的设计参数及运行状态、车辆行驶环境三者相互变化构成了错综复杂的驾驶场景，而准确识别出当前所在的交通场景，并对相应的场景做出合适的驾驶决策，这将是阻碍智能车发展最大的技术难题。

驾驶场景分类模型从坐标系的角度出发。以人、车、环境三个动态变化的因素构建坐标轴，其中驾驶人及车辆的本身属性，如驾驶人性别、年龄、学历、车辆的型号等在整个驾驶过程中不发生变化的量为常属性，用作对坐标系进行归类，不参与坐标轴的构建。将在驾驶过程中不断变化的参数，如驾驶人在驾驶过程中的疲劳状态、视觉特征、动机、情绪、车辆的运行状态（如左转、直行）、制动、交通环境中的拥堵状况、信号灯交通标志等，构建成坐标轴中互相独立的元素。在整个驾驶过程库中，分别选取坐标轴上的每一个组合随机配合，再加上常属性的归类条件，即可以枚举遍布所有可能遇到的驾驶场景。

人-车-环境作为一个闭环的交通驾驶场景，往往仅着眼于对车辆技术的研发而忽视对人的驾驶行为及交通环境的研究。智能车辆的发展需要车辆有能力对所在的交通场景进行明确的判断，进而选择出正确的行车逻辑，协助驾驶人进行车辆操控。但是中国的驾驶场景复杂多变，每种复杂的交通场景下往往又需要不同的应对措施。

汽车智能化已经是当今汽车产业技术革新的重要发展趋势，自动驾驶车辆从根本上改变了传统的"人-车-环境"闭环控制模式，将不可控的驾驶人从该闭环中请了出去，从而大大提高了交通系统的效率和安全性。自动驾驶汽车就是通过先进的车载传感器和控制器等装置感知周围环境，再通过车辆的控制系统自主完成对车辆的操控，使车辆按照人的意愿到达目的地。智能车辆可以大体分为以下两个结构：感知和规划系统，决策和控制系统。驾驶场景实验一方面可以优化感知层的构建，收集自动驾驶情况下所能采集到的环境信息并对其进行语义解析，为决策层做出车辆的控制判断提供有效的依据。另一方面，通过对各个驾驶场景下驾驶人对车辆操控的记录，建立起不同环境条件下车辆的行车逻辑，帮助智能车辆建立起一个更全面完善的决策层面，加速智能汽车进入人们生活的步伐。

2. 驾驶场景定义及作用

驾驶场景是指满足智能网联汽车或无人驾驶汽车某种测试需求而构建的虚拟交通场景，它可以包括道路（车道边界、车道线、中心线等）、交通元素（交通信号灯与交通标志）、交通参与者（机动车、非机动车与行人）、道路周边元素（包括路灯、车站、垃圾箱、绿化带、建筑物）等。

驾驶场景的作用：在自动驾驶汽车设计、研发、测试和评价中扮演重要角色，是开展自动驾驶汽车测试评价的重要前提；基于驾驶场景的自动驾驶汽车测试方法是实现加速测试、加速评价的有效途径，是测试、验证、评价自动驾驶功能与性能的关键，贯穿自动驾驶车辆研发测试全生命周期。

3. 驾驶场景的构建

基于驾驶场景的仿真是智能网联汽车自动驾驶仿真的主要特点，构建驾驶场景是自动驾驶仿真的前提。

应用于自动驾驶的仿真软件较多，前面已经介绍过了。这些自动驾驶仿真软件都能够构建驾驶场景。驾驶场景构建可以帮助人们从另一个角度来助力车辆的正向研发进程并加速我国智能车辆的发展。

在驾驶场景数据库中，通过记录不同场景下的交通道路条件信息及车辆的运行状态信息，提取不同驾驶场景下的特征点，便于智能车辆研发中对相应场景进行识别。同时，未来也可以将构建好的智能车辆控制模型放在驾驶场景数据库中虚拟运行，对控制模型的准确性进行验证。

4.1.2 驾驶场景模块

1. 驾驶场景设置

（1）创建 PreScan 实验

打开 PreScan 软件，找到左上角的 File，单击 New experiment 创建一个新的实验，如图 4-1 所示。

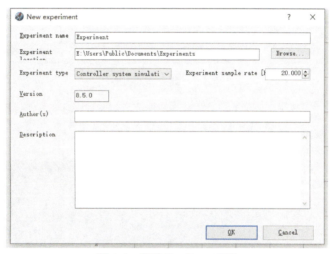

图 4-1 新建 PreScan 实验

（2）创建路网

将 Straight Road 和 X Crossing 拖到坐标系中搭建路网，如图 4-2 所示。

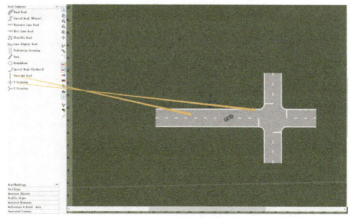

图 4-2 创建路网

(3) 创建连续轨迹

通过单击多个黄色圆圈（一个接着一个）来创建连续轨迹，如图 4-3 所示。

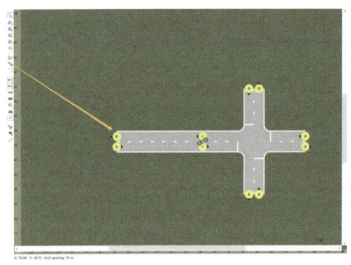

图 4-3　创建连续轨迹

(4) 在实验中添加一辆实验车辆

将 Actors 中的车辆拖到生成好的轨迹上，如图 4-4 所示。

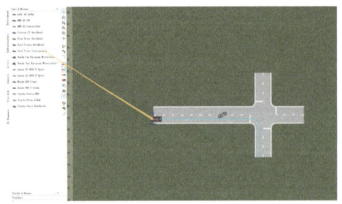

图 4-4　添加车辆

以上是一个简单的场景设置实验，在 PreScan 软件中有许多与场景设置相关的窗口，本书第 2.3 节对常见场景元素库路基环境、基础设施、动态物体、传感器、人眼视角等进行了介绍。除此之外，PreScan 还可以对天气以及光照进行设置。

2. 天气效应设置

PreScan 中可以包括三种类型的天气效应：雾的设置、雨的设置、雪的设置。可以将喜欢的设置保存下来，以用于未来的实验。

(1) 雾的设置

对于雾，可以设置可见性和颜色等属性，如图 4-5 所示。可见性被定义为一个完全黑色的物体从雾背景不再可见的距离。雾的衰减可以建立指数模型。

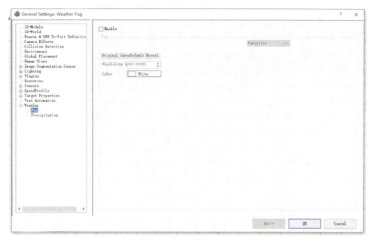

图 4-5　雾的设置

（2）雨的设置

雨被定义为每体积有一定数量的半透明粒子，具有一定的直径，并以一定的速度下降，具体设置如图 4-6 所示。

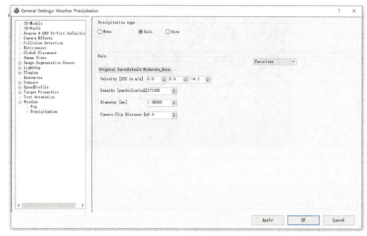

图 4-6　雨的设置

（3）雪的设置

雪被模拟为白色粒子以一定的速度下降，具体设置如图 4-7 所示。

3. 车道设置

（1）路段

PreScan 中的部分路段如图 4-8 所示，每个路段都可以进行单独编辑，通过调整达到预期的效果。

1）直路（Striaight Road）如图 4-9 所示，大多数属性都可以通过双击线段并用鼠标调整控制点来设置，如调整大小和重新定向线段部分。

2）弯路（Bend Road）如图 4-10 所示。

3）弯曲的道路/贝塞尔曲线 (Curved Road/Bézier) 如图 4-11 所示。

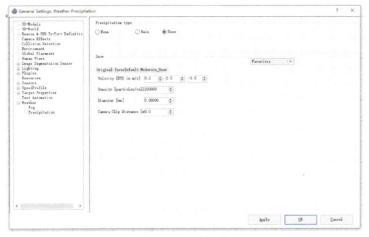

图 4-7　雪的设置

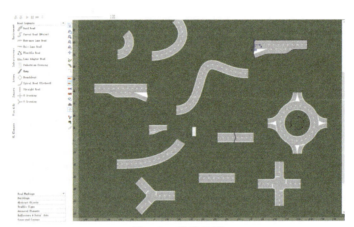

图 4-8　路段示例

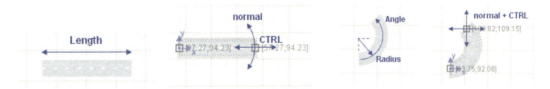

图 4-9　直路　　　　　　　　　　　　图 4-10　弯路

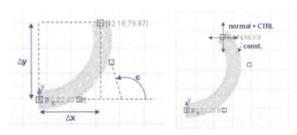

图 4-11　弯曲的道路

4)灵活的道路(Flexible Road)如图 4-12 所示。

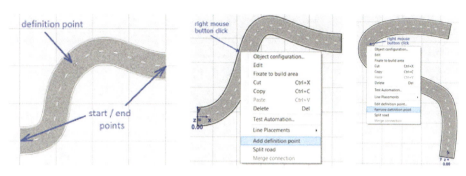

图 4-12　灵活的道路

5)螺旋路/回旋曲线(Spiral Road/Clothoid)如图 4-13 所示。

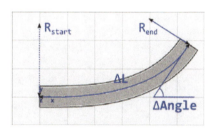

图 4-13　螺旋路

6)出入口车道(Entrance and Exit Lane)如图 4-14 所示。

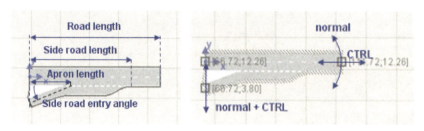

图 4-14　出入口车道

7)车道适配路(Lane Adapter Road)如图 4-15 所示。

图 4-15　车道适配路

8）土堤斜坡。坡道类似于直线道路，但有额外的参数高度，如图 4-16 所示。

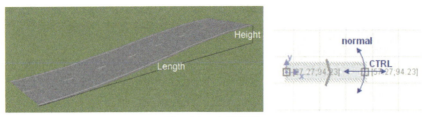

图 4-16　土堤斜坡

9）人行横道（Pedestrian Crossing）如图 4-17 所示。

图 4-17　人行横道

10）环形路（Roundabout）如图 4-18 所示。

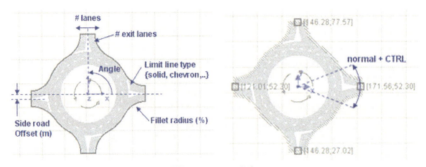

图 4-18　环形路

11）十字路口如图 4-19 所示。

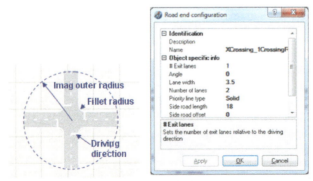

图 4-19　十字路口

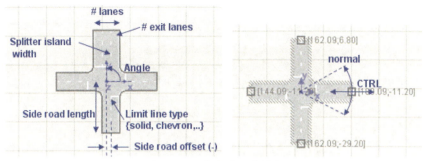

图 4-19　十字路口（续）

（2）路径

1）自由绘图模式。自由绘图模式允许用户快速定义自己的路径。这种模式与参考图相结合特别有用，用户可以在选定的背景上手动绘制轨迹，如图 4-20 所示。

路径的几何形状是通过为给定的路径段类型（直线、弧、贝塞尔曲线、海拔变化、车道变化）依次选择所谓的路径点来构造的。注意不同的方式点、段类型（在轨迹控制栏中）和要进入自由绘图模式的图标。

2）前后承接模式。该模式通常与预定义的路段一起使用。一旦创建了道路网，用户就可以决定从选定的路段（直路口、十字路口、环形路等）前后承接汽车的轨迹。前后承接路径是通过选择位于道路终点的选择点来完成的，因此在两个段之间的连接，可选择的方式是通过连接黄色的带有方向的圆圈完成的，如图 4-21 所示。

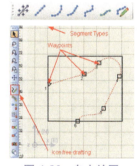

图 4-20　自由绘图

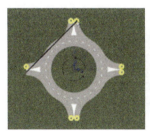 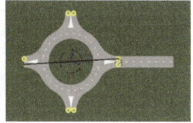

图 4-21　前后承接

3）GPS 模式。选择"文件导入 GPS 轨迹"以导入 GPS 轨迹。一旦 GPS 轨道被加载，它就被转换为一个轨迹。轨迹的起始位置和方向将在 xyz 域中计算出来，并与全局位置的 GPS 坐标相关联，如图 4-22 所示。

轨迹的时间步长可以在属性编辑器中给出。如果时间步长低于所提供的时间步长，则 PreScan 将自动插值参与者的位置。

4. 端口设置

PreScan 通过解析和构建实验，可以生成 3D 动画和编译表。编译表的命名反映了这样一个事实，即在 PreScan 中运行实验所必需的信息在这个模拟链接会话表中被有效地编译或收集。

用户将在此编译表中找到的元素包括：在 GUI 中选择的模拟器模型，类似于动态模型、使用 GUI 定义的汽车轨迹信息、PreScan 的标准传感器型号的端口，端口可视化。

图 4-22　GPS 轨迹

除此之外，编译表还包含了与 PreScan 的模拟引擎和各种 PreScan 中存在的"actors"的所有相关连接。

（1）生成编译表

GUI 创建一个空的编译表，此时是成功执行的第一个解析和构建操作，如图 4-23 所示。

为了能够处理编译表，可以调用 PreScan 模拟运行模式。

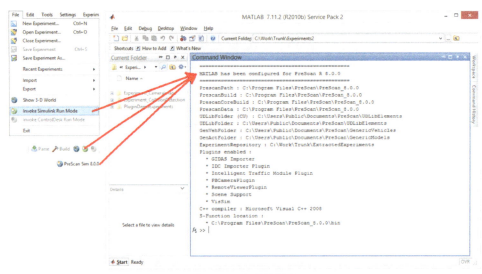

图 4-23　生成编译表

一旦 MATLAB 在 PreScan 模式下成功启动，MATLAB 命令窗口就可以通过文本识别打开实验目录。第一次打开文件如 _cs.slx（或 _cs.mdl），后缀会自动生成编译表，同时会创建旧编译表的备份（_cs_old.slx 或 _cs_old.mdl）。

如果使用 GUI 更改了参数，或者在使用 GUI 的实验中添加 / 更改了一些对象或传感器，那么编译表将不再与实验定义文件（.pex）同步。为了更新编译工作表，需要重新生成该工作表，如图 4-24 所示。可以通过按下编译表中的 Regenerate 按钮来实现。所有 PreScan 块及其参数将被更新，而用户自己（手动）插入的块将保持不变。

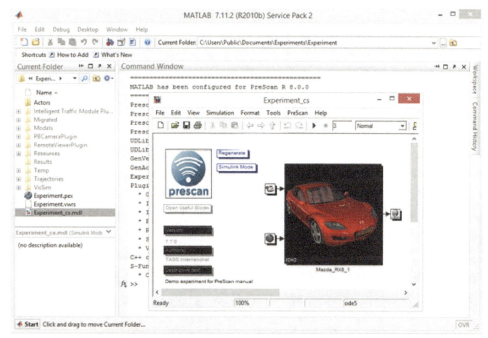

图 4-24　更新编译表

（2）编译工作表迁移

默认情况下，在将实验迁移到较新的 PreScan 版本期间，所有的 PreScan 块都会被新的块替换。有些被排除在外：顶级参与者、轨迹和空动态块。这样做是为了将所有用户的修改都保持在顶层。

PreScan8.5.0 中不支持对以下 PreScan 块的可选迁移：简单动态 2D/3D、带预览的路径追随者。如果用户想要恢复上述块中的一个块，则需要删除它，然后从备份模型中复制"旧的"块，并将其粘贴到迁移的实验中。

（3）用户指定的块

用户指定的块是由用户在 GUI 中添加到实验中的用户定义的 Simulink 模型，如那些与控制和动态（Control and Dynamics）相关的模型，它们在编译表生成过程中被特别处理。用户可以指定在编译表生成期间是否更新这些块，如图 4-25 所示。如果选中了掩码参数窗口中的更新复选框，则当前用户指定的模型块将被删除，并将被（新的）用户指定的模型块替换。因此，当前用户指定的模型元素将会丢失。但是，其他手动添加的块将被保留。

异常：如果在 GUI 中选择了新的用户指定的模型，则块在所有情况下都会更新（无论是否选中复选框）。

（4）编译表的组件

PreScan 编译表由两个级别组成：实验级别和参与者级别。

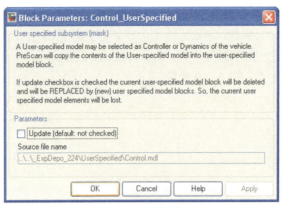

图 4-25　更新块

在实验层面上,可以找到以下成分:PreScan 标志(PreScan Logo)、实验描述(Experiment Description)、模拟中所有活动对象的概述(Overview of all Objects Active in Simulation)、参与者(Actors)、传感器(Sensors)、执行器(Actuators)。

PreScan 模拟选项允许切换打开或关闭模拟选项。通过单击编译表上的"PreScan 选项"按钮或双击编译表上的 PreScan 徽标,都可以访问这些选项。

图 4-26 显示了在实验水平上的一个实验。实验包含可检测传感器(SD)和/或碰撞(CD)的所有对象的列表。每个对象都被分类为一个特定的类型,参见对象类型 ID,此外,它被放大到一个参与者块,连接到最重要的传感器和执行器块。

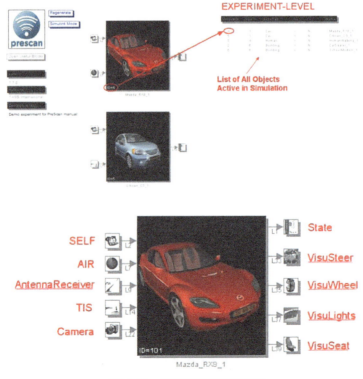

图 4-26　实验级别编译表组件

在参与者子系统（以前描述为参与者级别）中，创建编译表后会自动放置多个组件块。图 4-27 显示了一个可以在编译表（重新）生成时自动插入的组件的示例。

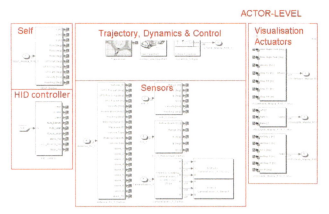

图 4-27　参与者级别编译表组件

（5）模拟顺序

在 PreScan 概念中，输入和输出之间不存在时间延迟。因此，汇编表的输入和输出可能不能直接相互连接。建议的解决方案是在输入和输出之间引入内存块来克服这个问题，并且有一个时间步长的延迟。

（6）访问总线数据

PreScan 使用非虚拟总线从而与模拟器通信数据。出于传统的原因，许多演示程序块将这些总线转换为矢量数组。但是，用户可以选择绕过演示程序块，直接使用总线。

一个总线输入可以是单个总线，也可以是一个总线阵列。这是传感器的常见做法，即数组中的每个条目都代表一个检测到的对象。为了处理该检测信息，用户首先必须在阵列中选择一个元素。这可以使用一个选择器块来完成。请确保将"输入"端口大小设置为 –1，并将"索引"字段设置为您要从数组中选择的索引。请注意，这个索引是基于 1 的设置。

5. 模拟使用

PreScan 中模拟使用主要分为 2D 和 3D 两大部分，在 PreScan GUI 中和 PreScan VisViewer 中实现。

（1）动画和执行器

1）通过改变颜色、个别车轮位移、车辆灯闪烁等方式向用户提供额外的控制和反馈，如图 4-28 所示。

在"执行器"选项卡中启用主机托管，要使参与者作为"ghost"，必须设置颜色（RGB）和透明度（A），如图 4-29 所示。

在 Simulink 中，"ghost"可以在模拟过程中进行调整，如图 4-30 所示。

图 4-31 显示了一个"正常"车辆和"ghost"车辆的例子，可以看出有轻微的偏移。

2）纹理颜色。车辆的颜色可以使用纹理颜色属性进行模拟，可以在 GUI 中设置初始颜色，如图 4-32 所示。

在"执行器"选项卡中启用重色区域，对于某些车型可以设置多个颜色区域，例如，货车驾驶室的颜色和拖车的颜色如图 4-33 所示。

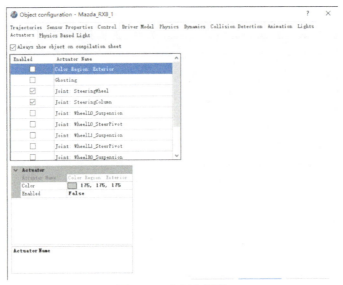

图 4-28 车辆执行器

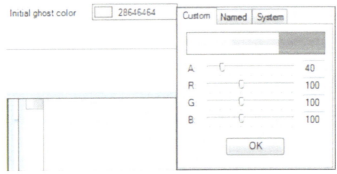

图 4-29 执行器设置

图 4-30 Simulink 中的 "ghost" 调整

图 4-31 "ghost" 动画

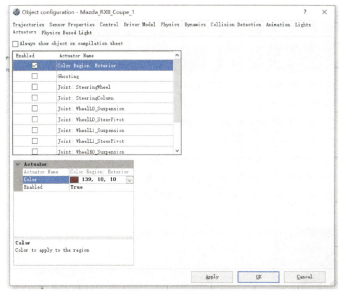

图 4-32 设置颜色

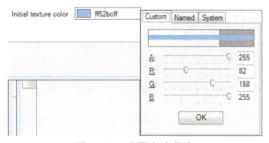

图 4-33 设置多个颜色

在模拟过程中,可以通过更改颜色区域块中的值,或通过用户输入替换块来调整颜色,如图 4-34 所示。

图 4-34 在模拟过程中更改颜色

在动画中,车辆演示如图 4-35 所示。

3)动画辅助。动画辅助程序旨在为模拟添加真实性。对于每个"actor",都有特定类型的动画辅助工具。例如,车辆的车轮和转向盘可以随着车辆的运动而旋转,用户可以控制转弯和制动灯,并且在模拟过程中可以通过单击适当的复选框来配置座椅位置。

图 4-35 车辆动画演示

编译表中有复选框选择，可以插入动画端口，使用户能够在模拟期间更改车轮位移，如图 4-36 所示。

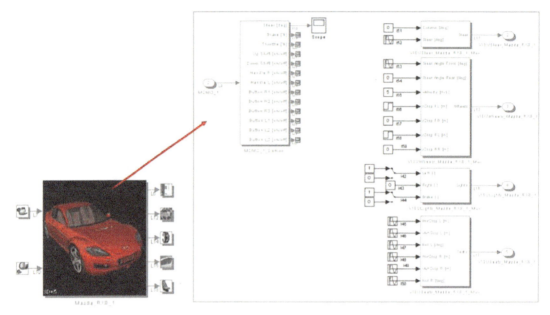

图 4-36　编译表模拟

（2）查看器和视图

"VisViewer"在模拟和动画期间显示了所创建的场景（3D 世界）的视觉表示，如图 4-37 所示。

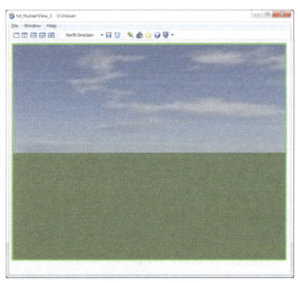

图 4-37　3D 世界

可以从多个视点处查看该场景。视点是由相机位置、方向、视图角度和缩放级别指定的相机视图。

1）VisViewer 可以处理 3 种类型的视点：

① 默认创建的视点（始终可用）：包括顶视图、北向视图、南向视图、西向视图、东向视图。

② 在 GUI 中创建的视点（可视化辅助工具 / 人工视图）：动态（附着在参与者身上）、静态（未附加到参与者）。

③ 在 VisViewer 创建的视点：通过使用保存当前视点选项来保存的所有查看器，可以使用菜单栏中视点菜单的"保存"选项来保存视点。

2）菜单条。VisViewer 具有以下工具栏：

① 面板选择器（图 4-38）。面板选择器上有 5 个预定义的可用布局，这些布局的大小可能会有所改变。若要更改，则将鼠标悬停在面板分隔符上，通过单击并按住鼠标左键以更改布局。通过单击鼠标右键，可以翻转该方向，此时将出现"翻转方向"弹出窗口，如图 4-39 所示。选择后，所涉及的面板将从垂直到水平重新出现，反之亦然。

图 4-38　面板选择器

图 4-39　翻转方向

通过这种方式，我们可以组织 VisViewer 来显示驾驶模拟器的完整视图，如图 4-40 所示。

图 4-40　驾驶模拟器完整视图

② 视点控制（图 4-41）。

③ 其他工具条（图 4-42）。

图 4-41　视点控制

图 4-42　其他工具条

3）鼠标操作。

① 相机操作。所有的相机操作都是使用鼠标左键和鼠标滚轮来完成的。

a）放大范围 - 缩小范围：缩放是通过首先双击鼠标左键来设置缩放 / 旋转点（以一个黑白点的形式可见）来完成的。现在，可以使用鼠标滚轮来进行缩放。向后滚动鼠标滚轮将使相机的位置移动得更远，从而缩小；向前滚动鼠标滚轮将使相机更靠近变焦点，从而放大。

b）平移相机：通过滚轮和移动鼠标来移动相机，整个场景将上下移动、左右移动。

c）旋转照相机：首先通过双击鼠标左键来设置旋转中心。旋转中心设置在双击位置下的地平面上。单击鼠标左键，并拖动鼠标以进行旋转。这样就可以围绕旋转点旋转相机的位置。请注意，它不可能在地平线以下旋转（即 $z=0$）。

② 上下文菜单。除了使用工具栏进行控制外，部分功能还可以通过上下文菜单提供。单击右键激活上下文菜单，如图 4-43 所示。

图 4-43　上下文菜单

③ 活动上下文菜单。上下文菜单显示了不同的相机位置和相机效果的选择。上下文菜单中有一个选项可以进行屏幕截图。

区域颜色选择器如图 4-44 所示。区域颜色选择器允许用户读取一个 10×10 像素区域的平均 RGB 值。这样，颜色选择器就较少受到小纹理细节的影响。区域颜色选择器工具可以在背景菜单的工具子菜单中。所选择的颜色和 RGB 值的示例将显示在查看器的左下角。

图 4-44　区域颜色选择器

④ 重放功能。VisViewer 能够在重播场景时作为一个独立的应用程序。打开重播文件后，相关的实验将自动加载。这意味着不需要首先将项目加载到场景构建器（GUI）或 MATLAB/模拟器中。为了在 VisViewer 中重播一个场景，首先需要生成一个重播文件。

重播文件包含在动画/模拟期间驱动 VisViewer 的命令。因此，重放文件仅对为其生成的场景有效。如果场景被更改，则必须重新创建重播文件，以反映场景中的更改。以下为生成重播文件的方法。

a）从动画中生成重播文件：创建重播文件的命令可以从 GUI 或模拟链接模型中发出。在 GUI 中，将使用工具栏中的"回放开始/停止录制"按钮创建动画回放文件（图 4-45）。

b）在 PreScan GUI 中的重播生成：只有当动画时间滑块位于起始位置时，"开始回放录制"按钮才处于激活状态。"停止重新播放录制"按钮仅在录制期间处于激活状态。

图 4-45 回放功能

c)从模拟中生成重播文件:在 VisViewer 中,通过切换记录回放按钮,可以创建一个模拟回放文件。一旦这个按钮被切换,所有的模拟将被记录。即使用户关闭了查看器,该按钮也将保持切换状态。

d)三维可视化查看器中的模拟记录回放按钮:重播已录制的动画/模拟,可以使用文件加载重播来加载录制的会话。加载录制的会话后,工具栏将添加播放功能(图 4-46)。

图 4-46 重播设置

⑤ 电影生成。电影生成将在 VisViewer 中完成。查看器中的结果图像可以每帧存储到磁盘中,也可以存储为视频文件。捕获小部件可以通过主菜单或从工具栏来访问(图 4-47)。

图 4-47 电影生成

捕获小部件将显示在视点旁边的屏幕上(图 4-48)。

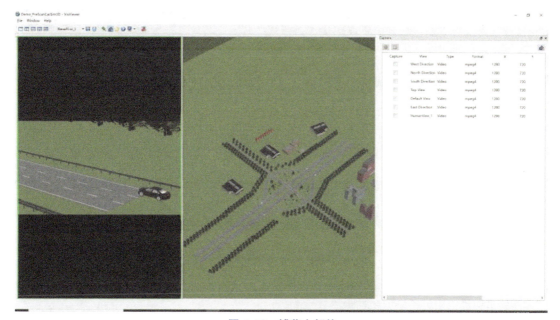

图 4-48 捕获小部件

该小部件包括以下几个部分：表与所有保存的相机位置和捕捉设置；开始和停止录制按钮；查看器设置按钮。

a）通过图像捕捉来拍摄电影：这种方法提供了及时创建被记录的照相机的多个图像的能力，需要在模拟调度程序窗口中指定帧率，并写入 CaptureInfo.xml 文件。预扫描电影生成器可用于从录制的图像中生成和合成一个电影（*.avi）。这种方法的优点是用户能够在一个电影中合并多个视图（在自己指定的组合中），缺点是输出文件是未压缩的格式。

b）使用视频捕获直接生成电影：这种方法提供了从选定的相机创建压缩电影文件的能力，而不需要后处理。该方法所支持的视频格式有 MPG、AVI 和 MKV。

创建的电影文件的数量等于所选摄像机的数量。

小贴示

奋斗：智能网联在路上

2019 年，上汽大众获取了上海市智能网联汽车道路测试牌照。历时 2 个多月、12 个测试项目、60 个测试场景、3500 多次测试、100% 的自评测试通过率、99.8% 的考试通过率，这些数字背后凝聚着的是上汽大众前瞻研究与智能驾驶研发测试牌照项目组成员的辛劳与汗水。

面对挑战，前瞻研发团队发挥了战斗堡垒作用。为完成繁重的测试任务，大家主动挑担子、带头干，加班加点推进测试项目。努力换来了成绩，上海市智能网联汽车道路测试牌照的授予是上汽大众自动驾驶项目推进的重要里程碑，提升了上汽大众在自动驾驶领域的影响力。

在获得牌照后，上汽大众前瞻研究与智能驾驶研发将"开放道路测试"引入自动驾驶的研发、测试与评价工作中。通过城市主干道、城市次干道等多种道路上的真实交通环境对现有的智能网联自动驾驶系统进行测试、评估和验证，自动驾驶算法得以不断迭代和优化，建立起从仿真测试到封闭场地测试再到开放道路测试的完善评测体系和流程。

4.2 汽车运动控制技术

4.2.1 汽车运动模型认知

1. 汽车运动模型

汽车运动模型揭示的是汽车在世界坐标系 OXY 中的位移与汽车车速、横摆角和前轮转角之间的关系，如图 4-49 所示。

汽车前后轮中心的坐标与汽车横摆角和前轮转角之间的关系为

$$\begin{cases} \dot{x}_f \sin(\theta+\delta) - \dot{y}_f \cos(\theta+\delta) = 0 \\ \dot{x} \sin\theta - \dot{y} \cos\theta = 0 \end{cases} \quad (4\text{-}1)$$

前轮坐标可以用后轮坐标和轴距 L 表示为

$$\begin{cases} x_f = x + L\cos\theta \\ y_f = y + L\sin\theta \end{cases} \quad (4\text{-}2)$$

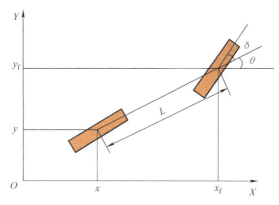

图 4-49 汽车运动模型

x, y—汽车后轮中心在世界坐标系中的坐标 x_f, y_f—汽车前轮中心在世界坐标系中的坐标
L—汽车轴距 θ—汽车横摆角 δ—汽车前轮转角

消去 x_f 和 y_f 可得

$$\dot{x}\sin(\theta+\delta) - \dot{y}\cos(\theta+\delta) - \dot{\theta}L\cos\delta = 0 \tag{4-3}$$

后轮约束条件为

$$\begin{cases} \dot{x} = v_x\cos\theta \\ \dot{y} = v_x\sin\theta \end{cases} \tag{4-4}$$

可以求 $\dot{\theta}$ 为

$$\dot{\theta} = \frac{v_x\tan\delta}{L} \tag{4-5}$$

汽车运动模型为

$$\begin{pmatrix} \dot{x} \\ \dot{y} \\ \dot{\theta} \end{pmatrix} = \begin{pmatrix} \cos\theta \\ \sin\theta \\ \tan\delta/L \end{pmatrix} v_x \tag{4-6}$$

智能网联汽车或无人驾驶汽车的路径跟踪控制过程中，一般 $[x, y, \theta]$ 为状态量，$[v_x, \dot{\theta}]$ 为控制量，则汽车运动学模型可以转换为

$$\begin{pmatrix} \dot{x} \\ \dot{y} \\ \dot{\theta} \end{pmatrix} = \begin{pmatrix} \cos\theta \\ \sin\theta \\ 0 \end{pmatrix} v_x + \begin{pmatrix} 0 \\ 0 \\ 1 \end{pmatrix} \dot{\theta} \tag{4-7}$$

2. 汽车动力学模型

将汽车简化为两个单轨二轮模型，引入以下假设：
1）忽略转向系统的作用，直接以前轮转角作为输入。
2）忽略悬架的作用，认为汽车只做平行于地面的平面运动，即汽车沿 z 轴的位移、绕 y 轴

的俯仰角和绕 x 轴的侧倾角均为零。

3）汽车沿 x 轴的纵向速度不变，只有沿 y 轴的侧向运动和绕 z 轴的横摆运动两个自由度。

4）轮胎侧偏特性处于线性范围。

5）前后轮轮距相同，左右轮的转向角相同。

6）忽略空气动力的作用。

7）忽略左、右轮胎由于载荷变化引起轮胎特性的变化以及轮胎回正力矩的作用。

简化后的二自由度汽车行驶模型如图 4-50 所示。

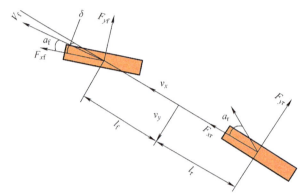

图 4-50　二自由度汽车行驶模型

v_x—汽车质心前进速度　v_y—汽车质心侧向速度　ω—汽车横摆角速度　l_f—汽车质心至前轴距离　l_r—汽车质心至后轴距离　α_f—前轮侧偏角　α_r—后轮侧偏角　δ—前轮转向角　F_{yf}—前轮侧向力　F_{yr}—后轮侧向力　F_{xf}—前轮纵向力　F_{xr}—后轮纵向力

汽车前轮和后轮的侧偏角分别为

$$\alpha_f = \frac{v_y}{v_x} + \frac{l_f \omega}{v_x} - \delta \tag{4-8}$$

$$\alpha_r = \frac{v_y}{v_x} - \frac{l_r \omega}{v_x} \tag{4-9}$$

假设轮胎侧向力处于线性范围内，汽车前轮和后轮侧向力分别为

$$F_{yf} = K_{\alpha f} \alpha_f \tag{4-10}$$

$$F_{yr} = K_{\alpha r} \alpha_r \tag{4-11}$$

式中，$K_{\alpha f}$、$K_{\alpha r}$ 分别为前轮和后轮综合侧偏刚度。

汽车质心处侧向加速度为

$$a_y = \dot{v}_y + v_x \omega = \ddot{y} + \dot{x} \omega \tag{4-12}$$

根据牛顿定律，可以列出二自由度汽车的微分方程为

$$\begin{cases} ma_y = F_{yf} + F_{yr} \\ I_z \dot{\omega} = l_f F_{yf} - l_r F_{yr} \end{cases} \tag{4-13}$$

式中，m 为汽车质量；I_z 为汽车转动惯量。

汽车动力学方程为

$$\begin{cases} m(\ddot{y} + \dot{x}\omega) = K_{\alpha f}\left(\dfrac{\dot{y}}{\dot{x}} + \dfrac{l_f \omega}{\dot{x}} - \delta\right) + K_{\alpha r}\left(\dfrac{\dot{y}}{\dot{x}} - \dfrac{l_r \omega}{\dot{x}}\right) \\ I_z \dot{\omega} = l_f K_{\alpha f}\left(\dfrac{\dot{y}}{\dot{x}} + \dfrac{l_f \omega}{\dot{x}} - \delta\right) - l_r K_{\alpha r}\left(\dfrac{\dot{y}}{\dot{x}} - \dfrac{l_r \omega}{\dot{x}}\right) \end{cases} \quad (4\text{-}14)$$

矩阵形式为

$$\begin{pmatrix} \ddot{y} \\ \dot{\omega} \end{pmatrix} = \begin{pmatrix} \dfrac{K_{\alpha f} + K_{\alpha r}}{m\dot{x}} & \dfrac{l_f K_{\alpha f} - l_r K_{\alpha r}}{m\dot{x}} - \dot{x} \\ \dfrac{l_f K_{\alpha f} - l_r K_{\alpha r}}{I_z \dot{x}} & \dfrac{l_f^2 K_{\alpha f} + l_r^2 K_{\alpha r}}{I_z \dot{x}} \end{pmatrix} \begin{pmatrix} \dot{y} \\ \omega \end{pmatrix} + \begin{pmatrix} -\dfrac{K_{\alpha f}}{m} \\ -\dfrac{l_f K_{\alpha f}}{I_z} \end{pmatrix} \delta \quad (4\text{-}15)$$

如图 4-51 所示，建立世界坐标系 XOY 和汽车坐标系 xoy，图中曲线为参考轨迹，设参考轨迹曲率为 ρ，汽车横摆角为 θ，参考轨迹对应参考横摆角为 θ_p。

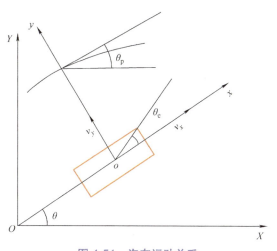

图 4-51　汽车运动关系

实际汽车在车道上平稳行驶时横摆角 θ 较小，考虑汽车坐标系与世界坐标系间的转换关系，得到世界坐标系下的汽车速度为

$$\begin{cases} \dot{Y} = \dot{x}\sin\theta + \dot{y}\cos\theta \approx \dot{x}\theta + \dot{y} \\ \dot{X} = \dot{x}\cos\theta - \dot{y}\sin\theta \approx \dot{x} - \dot{y}\theta \end{cases} \quad (4\text{-}16)$$

研究汽车横向控制时，参考轨迹纵向速度不变，选取状态变量为 $(\dot{y}, \theta, \omega, Y)$，控制量 u_n 为前轮转角 δ，输出量为 $y_n(\theta, Y)$。

得到的状态方程为

$$\begin{pmatrix} \ddot{y} \\ \dot{\theta} \\ \dot{\omega} \\ \dot{Y} \end{pmatrix} = \begin{pmatrix} \dfrac{K_{\alpha f}+K_{\alpha r}}{m\dot{x}} & \dfrac{l_f K_{\alpha f}-l_r K_{\alpha r}}{m\dot{x}} - \dot{x} & 0 & 0 \\ 0 & 0 & 1 & 0 \\ \dfrac{l_f K_{\alpha f}-l_r K_{\alpha r}}{I_z \dot{x}} & \dfrac{l_f^2 K_{\alpha f}+l_r^2 K_{\alpha r}}{I_z \dot{x}} & 0 & 0 \\ 1 & \dot{x} & 0 & 0 \end{pmatrix} \begin{pmatrix} \dot{y} \\ \theta \\ \omega \\ Y \end{pmatrix} + \begin{pmatrix} \dfrac{K_{\alpha f}}{m} \\ 0 \\ \dfrac{l_f K_{\alpha f}}{I_z} \\ 0 \end{pmatrix}\delta \quad (4\text{-}17)$$

车辆理想侧向加速度为

$$\dot{v}_y(s) = v_x^2 \rho(s) \quad (4\text{-}18)$$

式中，$\rho(s)$ 为参考轨迹的曲率。

侧向加速度误差为

$$\ddot{e}_{cg} = \dot{v}_y + v_x \omega - \dot{v}_y(s) = \dot{v}_y + v_x \dot{\theta}_e \quad (4\text{-}19)$$

式中，$\theta_e = \theta - \theta_p$ 为车辆偏航角。

侧向速度误差为

$$\dot{e}_{cg} = v_y + v_x \sin\theta_e \quad (4\text{-}20)$$

车辆侧向控制速度误差模型为

$$\begin{pmatrix} \dot{e}_{cg} \\ \ddot{e}_{cg} \\ \dot{\theta}_e \\ \ddot{\theta}_e \end{pmatrix} = \begin{pmatrix} 0 & 1 & 0 & 0 \\ 0 & \dfrac{-(K_{\alpha f}+K_{\alpha r})}{mv_x} & \dfrac{K_{\alpha f}+K_{\alpha r}}{m} & \dfrac{l_r K_{\alpha r}-l_f K_{\alpha f}}{mv_x} \\ 0 & 0 & 0 & 1 \\ 0 & \dfrac{l_f K_{\alpha r}-l_r K_{\alpha f}}{I_z v_x} & \dfrac{l_f K_{\alpha r}-l_r K_{\alpha r}}{I_z} & \dfrac{-(l_f^2 K_{\alpha f}+l_r^2 K_{\alpha r})}{I_z v_x} \end{pmatrix} \begin{pmatrix} e_{cg} \\ \dot{e}_{cg} \\ \theta_e \\ \dot{\theta}_e \end{pmatrix} + \begin{pmatrix} 0 \\ \dfrac{K_{\alpha f}}{m} \\ 0 \\ \dfrac{l_f K_{\alpha f}}{I_z} \end{pmatrix}\delta + \begin{pmatrix} 0 \\ \dfrac{l_r K_{\alpha r}-l_f K_{\alpha f}}{mv_x} - v_x \\ 0 \\ \dfrac{-(l_f^2 K_{\alpha f}+l_r^2 K_{\alpha r})}{I_z v_x} \end{pmatrix}\rho(s)$$

$$(4\text{-}21)$$

PreScan 的简单动力学模型包括底盘（包括轮胎）、发动机、传动机构、变速器等，具体结构如图 4-52 所示。

PreScan 车辆动力学二维模型如图 4-53 所示，其为 3 自由度两轮模型——x、y、横摆角。通常用于 PreScan 上的二维道路（即平坦道路）。

PreScan 车辆动力学三维模型如图 4-54 所示，6 自由度的弹性车身——x、y、z、侧倾角、俯仰角、横摆角。通常用于 PreScan 上的三维道路（即包括道路的高度轮廓）。

PreScan 车辆动力学模型——底盘参数如图 4-55 所示。

第 4 章 智能网联汽车驾驶控制仿真

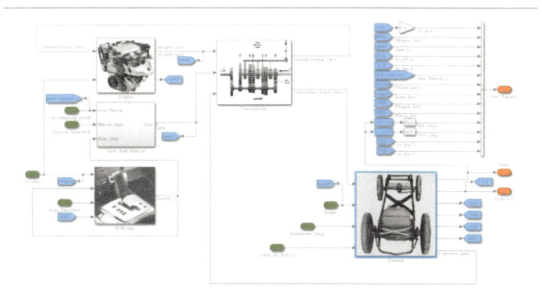

图 4-52 PreScan 的简单动力学模型

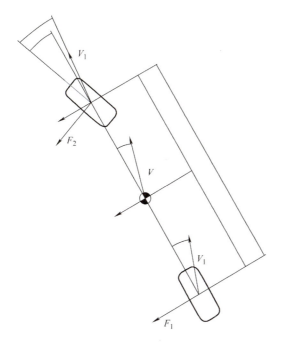

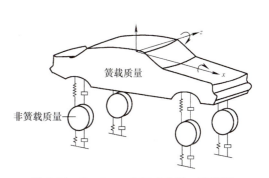

图 4-53 PreScan 车辆动力学二维模型　　图 4-54 PreScan 车辆动力学三维模型

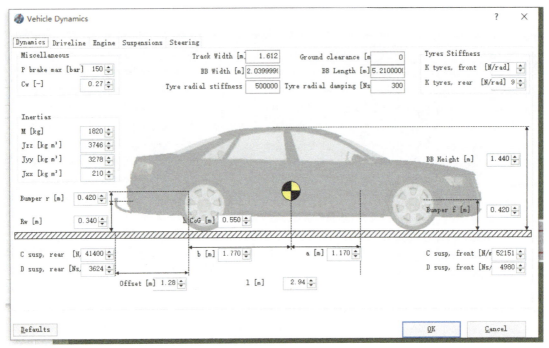

图 4-55 底盘参数

PreScan 车辆动力模型——传动系统参数如图 4-56 所示。

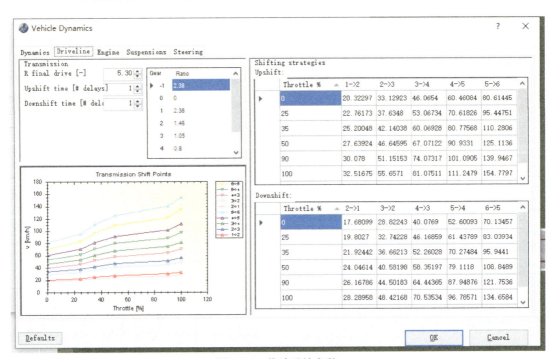

图 4-56 传动系统参数

PreScan 车辆动力模型——发动机参数如图 4-57 所示。

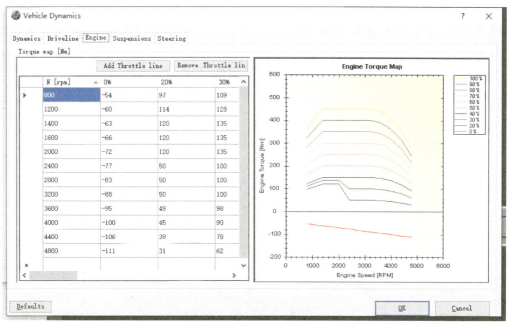

图 4-57 发动机参数

4.2.2 汽车运动控制模块

1. 汽车自动驾驶的控制结构

智能网联汽车自动驾驶控制的核心技术是车辆的纵向控制和横向控制技术。纵向控制是车辆的驱动与制动控制；横向控制是转向角的调整以及轮胎力的控制。实现了纵向和横向自动控制，就可以按给定目标和约束自动控制汽车行驶。

1）纵向控制。车辆纵向控制是在行车速度方向上的控制，即车速以及自车与前后车或障碍物距离的自动控制。巡航控制和紧急制动控制都是典型的自动驾驶纵向控制案例，这类控制问题可归结为对发动机或电动机、传动和制动系统的控制。此外，针对轮胎作用力的滑移率控制是纵向稳定控制中的关键部分。

2）横向控制。车辆横向控制指垂直于运动方向上的控制，对于汽车也就是转向控制。其目标是控制汽车自动保持期望的行车轨迹，并在不同的车速载荷、风阻以及路况下有很好的乘坐舒适性和稳定性。车辆横向控制主要有两种基本设计方法：一种是基于驾驶人模拟的方法；另一种是基于汽车横向运动力学模型的控制方法。

纵向控制和横向控制耦合是实现自动驾驶的关键。

2. 纵向运动控制模块

纵向运动控制主要控制汽车的行驶速度，保障汽车的安全距离和期望车速。MATLAB 提供了纵向控制器模块，根据指定的参考速度、当前速度和当前行驶方向计算车辆的加速度和减速度，控制车辆速度。

纵向控制器模块如图 4-58 所示，它主要控制车辆的纵向速度。

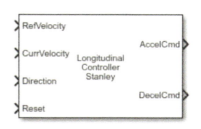

图 4-58 纵向控制器模块

纵向控制器模块的输入是参考速度、车辆的当前速度、车辆的行驶方向和触发将速度误差积分重置为零，输出是车辆的加速命令和减速命令。单击纵向控制器模块，进入纵向控制器模块设置界面，可以对其各种参数进行设置。

PreScan 中试验车辆的纵向控制器模块如图 4-59 所示。

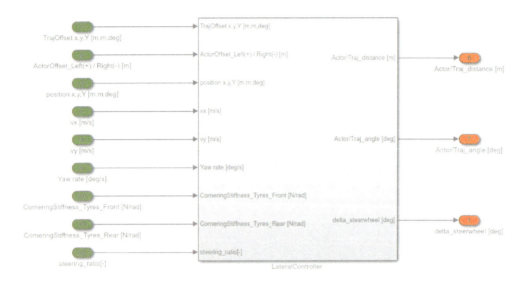

图 4-59　PreScan 纵向控制器模块

3. 横向运动控制模块

MATLAB 提供了横向控制器模块，根据车辆的当前速度和方向调整车辆的当前姿态以匹配参考姿态，计算转向角度，控制车辆的转向。

横向控制器模块如图 4-60 所示，它控制车辆的横向运动。

横向控制器模块的输入是参考姿态、车辆的当前姿态、车辆的当前速度和车辆的行驶方向，输出是转向命令。单击横向控制器模块，进入横向控制器模块设置界面，可以对各种参数进行设置。

PreScan 中试验车辆的横向控制器模块如图 4-61 所示。

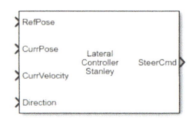

图 4-60　横向控制器模块

图 4-61　PreScan 横向控制器模块

4.3 前向碰撞预警系统

4.3.1 前向碰撞预警系统认知

1. 前向碰撞预警系统的定义

前向碰撞预警（FCW）系统能够实时监测车辆前方行驶环境，并在可能发生前向碰撞危险时发出警告信息。FCW 系统主要是利用车载传感器（如视觉传感器、毫米波雷达等）实时监测前方车辆，判断本车与前车之间的距离、相对速度及方位，当系统判断存在潜在危险时，将对驾驶人进行警告，提醒驾驶人进行制动，保障行车安全，如图 4-62 所示。

前碰撞系统作用

图 4-62 基于车载传感器的前向碰撞预警系统

当车辆达到设定车速时，FCW 系统自动启动，但 FCW 系统本身不会采取任何制动措施去避免碰撞或控制车辆。FCW 系统的报警方式主要有声音、指示灯闪烁、转向盘振动和安全带收紧等。

车载传感器适用于近距离检测，但不能检测较远距离或非视距内的车辆，同时受恶劣天气的影响较大。未来前向碰撞预警将采用车载传感器与 V2X 通信相结合的方式。

V2X 通信技术具有通信距离长、不受天气或亮度变化影响的优点。利用 V2X 通信技术及时在运行车辆之间交换和及时获取周围环境路况和车辆信息，经过碰撞预警算法判断是否存在碰撞危险，并根据危险级别提前报警，从而使驾驶人及时采取避撞措施，提高道路安全，如图 4-63 所示。

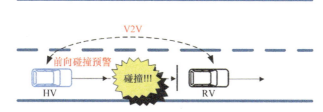

图 4-63 基于 V2X 通信技术的前向碰撞预警系统

2. 前向碰撞预警系统的组成

前向碰撞预警系统由信息采集、电子控制和人机交互三个单元组成，如图 4-64 所示。

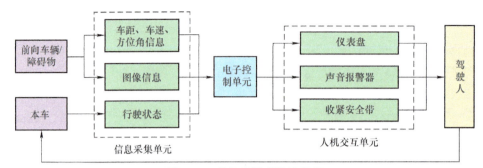

图 4-64　前向碰撞系统的组成

（1）信息采集单元

信息采集单元主要利用毫米波雷达采集前向车辆或障碍物的车距、车速和方位角信息，利用视觉传感器采集前向车辆或者障碍物的图像信息，利用自车（配有前向碰撞预警系统的车辆）的车速传感器和加速度传感器采集自车速度和加速度等信息。

（2）电子控制单元

电子控制单元主要对前向车辆或障碍物的图像信息和车距车速等信息进行信息融合，确定障碍物的类型和距离，并结合自车行驶状态信息，采用一定的决策算法评估是否存在潜在的碰撞风险。若存在风险，则向人机交互单元发出预警指令。

（3）人机交互单元

人机交互单元主要接收由电子控制单元传来的指令，根据预警程度或级别的定义进行相应预警信息的发布，如在仪表盘或抬头显示区域显示预警信息或闪烁预警图标、发出报警声音和收紧安全带等，提醒驾驶人采取措施进行规避。驾驶人接受预警信息后对自车采取制动行为，若碰撞风险消失，则碰撞报警取消。

3. 前向碰撞预警系统的工作原理

前向碰撞预警系统通过分析传感器获取的前方道路信息对前方车辆进行识别和跟踪，如果有车辆被识别出来，则对前方车距进行测量；同时利用车速估计，根据安全车距预警模型判断追尾可能，一旦存在追尾危险，便根据预警规则及时给予驾驶人主动预警。

图 4-65 所示为前向碰撞预警系统的工作原理。

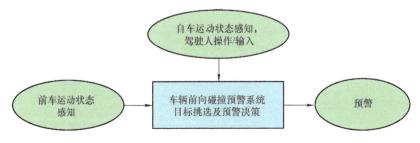

图 4-65　前向碰撞预警系统的工作原理

前向碰撞预警的目的是为了汽车在有可能发生碰撞的情况下，能通过报警信息及时提醒驾驶人注意减速，其主要算法的核心是对于行车过程中报警距离（安全车距）的设定与计算。当报警距离设定值过大时会导致频繁报警，影响行车的舒适性，也会对驾驶人造成较大干扰；当设定值过小时无法及时报警，车辆无法在碰撞前完全制动，危险性较大。

建立报警距离模型主要是为了获得预警过程的阈值。常见的报警距离模型算法主要分为两类：一种是基于碰撞时间的行驶安全判断逻辑算法；另一种是基于距离的行驶安全判断逻辑算法。其中，基于碰撞时间的 FCW 算法主要计算从此刻起到两车发生碰撞所花费的时间，然后将其与设定的安全时间阈值进行比较，若小于安全时间，则采取预警或制动措施，反之继续行驶。该算法的时间阈值固定，距离阈值根据车速实时调整。由于两车发生碰撞的时间是基于车速和车距共同决定的，而两车的车速很难保证稳定，故此算法应用较少。基于距离的 FCW 算法主要是比较两车的实际距离与根据模型计算的报警距离，报警距离通常以车辆当前车速为基础进行确定。一般应大于或等于自车能够在碰撞之前完全制动且不发生碰撞的距离，该算法运用较为成熟。

目前，经典的报警距离模型主要有马自达模型、本田模型以及伯克利模型，这些模型均为基于距离的 FCW 算法。后续的很多模型都是在经典模型的基础上进行改良的。

4.3.2 前向碰撞预警系统仿真

利用毫米波雷达对前向碰撞预警系统进行仿真。驾驶场景为前向碰撞预警场景，包括一辆移动的主车和一辆停在道路 200m 处的目标车辆；主车在制动前的初始速度为 100km/h，减速度为 3m/s^2；主车在目标车辆后保险杠前 1m 完全停止。主车采样毫米波雷达检测前方车辆。毫米波雷达安装在主车的前保险杠上，离地面 0.2m，方位角为 20°，角度分辨率为 4°；其最大测量距离为 100m，距离分辨率为 2.5m。

解：在 MATLAB 编辑器窗口输入以下程序。

```
1   initial Dist=200;                                                    % 初始距离
2   initialSpeed=100;                                                    % 初始速度
3   brakeAccel=3;                                                        % 减速度
4   finalDist=1;                                                         % 终了距离
5   [scenario egoCar]=helperCreateSensorDemoScenario('FCW',initialDist, ...    % 创建驾驶场景
        initialSpeed,brakeAccel,finalDist);
6   radarSensor=radarDetectionGenerator('SensorIndex',1,'UpdateInterval',0.1, ...    % 创建雷达检测器
        'SensorLocation', [egoCar.Wheelbase+egoCar.FrontOverhang,0], ...
        'Height',0.2, 'FieldOfView', [20,5], 'MaxRange', 100,'AzimuthResolution', 4, ...
        'RangeResolution',2.5,'ActorProfiles',actorProfiles(scenario));
7   [bep, figScene]=helperCreateSensorDemoDisplay(scenario, egoCar, radarSensor);    %FCW 场景显示
8   metrics=struct;                                                      % 结构初始化
9   while advance(scenario)                                              % 场景循环
10      gTruth=targetPoses(egoCar);                                      % 目标姿态
11      time=scenario.SimulationTime;                                    % 雷达检测时间戳
12      [dets,~,isValidTime]=radarSensor(gTruth,time);                   % 雷达检测
13      if isValidTime                                                   % 如果时间有效
14          helperUpdateSensorDemoDisplay(bep,egoCar,radarSensor,dets);  % 更新场景显示
15          metrics=helperCollectScenarioMetrics(metrics,gTruth,dets);   % 收集数据
16      end                                                              % 结束
17      helperPublishSnapshot(figScene,time>=9.1);                       % 拍摄快照
18  end                                                                  % 结束
```

输出结果如图 4-66 所示，可以看到驾驶场景中汽车的运动和检测，主车在目标车辆后保险杠前 1m 完全停止。这里要注意，当前文件夹要选择 matlab2019b\example\driving。

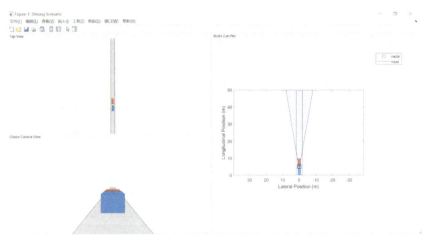

图 4-66 基于毫米波雷达的汽车前向碰撞仿真

4.4 车道保持辅助系统

4.4.1 车道保持辅助系统认知

1. 车道保持辅助系统的定义

车道保持辅助（LKA）系统能够实时监测车辆与车道边线的相对位置，持续或在必要情况下控制车辆横向运动，使车辆保持在原车道内行驶，从而减轻驾驶人负担，减少交通事故的发生，如图 4-67 所示。

车道保持辅助系统认知

图 4-67 车道保持辅助系统

2. 车道保持辅助系统的组成

车道保持辅助系统主要由信息采集单元、电子控制单元和执行单元等组成，如图 4-68 所示。在系统工作期间，驾驶人将会接收车道偏离的报警信息，并选择对转向系统和制动系统中的一项或多项动作进行控制，也可交由系统完全控制。系统中所有的信息均以数字信号的形式进行传递，通过汽车总线技术实现。

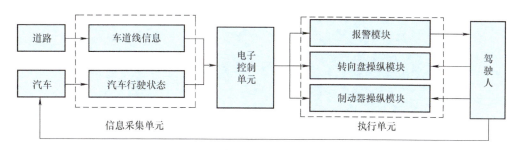

图 4-68　车道保持辅助系统的组成

（1）信息采集单元

信息采集单元在车道保持辅助系统中的功能与车道偏离预警系统的功能相似，主要通过传感器采集车道信息和汽车自身行驶信息并发送给电子控制单元。

（2）电子控制单元

电子控制单元主要通过特定的算法对信息进行处理，并判断是否做出车道偏离修正的相应操作。该单元性能直接影响车道偏离修正的及时性，因此在选择中央处理器和设计控制算法时要着重考虑运算能力和运算速度。

（3）执行单元

执行单元主要有报警模块、转向盘操纵模块和制动器操纵模块。其中报警模块与车道偏离预警系统类似，通过转向盘或座椅振动、仪表盘显示和声音警报中的一种或多种形式实现。转向盘操纵模块和制动器操纵模块是车道保持辅助系统中特有的，其主要作用是实现横向运动和纵向运动的协同控制，并保证汽车在 LKA 工作期间具有一定的行驶稳定性。

3. 车道保持辅助系统的工作原理

车道保持辅助系统可以在行车的全程或速度达到某一阈值后开启，并可以手动关闭，实时保持汽车的行驶轨迹。当系统正常工作时，信息采集单元通过车载传感器采集车速信号、转向盘转角信息以及汽车速度信息，电子控制单元对信息进行处理，比较车道线和汽车的行驶方向，判断汽车是否偏离行驶车道。当汽车行驶可能偏离车道线时，发出报警信息；当汽车距离偏离车道线小于一定阈值或已经有车轮偏离出车道线时，电子控制单元计算出辅助操舵力和减速度，根据偏离的程度控制转向盘和制动器的操纵模块，施加操舵力和制动力，使汽车稳定地回到正常轨道；若驾驶人打开转向灯，正常进行变线行驶，则系统不会做出任何提示。

4. 车道保持辅助系统的工作过程

车道保持辅助系统的工作过程如图 4-69 所示。在系统起作用时，将不同时刻的汽车行驶照片重叠后可以看出，图中后面起第二个车影已经偏离了行驶轨道，于是系统发出报警信息；第三个和第四个车影是系统主动进行车道偏离纠正的过程，在第五个车影时，汽车已经重新处于正确行驶线路上，车道保持辅助系统完成一个完整的工作周期。

（1）系统的工作阶段

LKA 系统有两个工作阶段：监视和纠正轨迹。首先，系统监视车辆，当车辆出现越线危险时，系统纠正轨迹直到越线危险消失，然后系统会继续监视车道，系统工作阶段如图 4-70 所示。

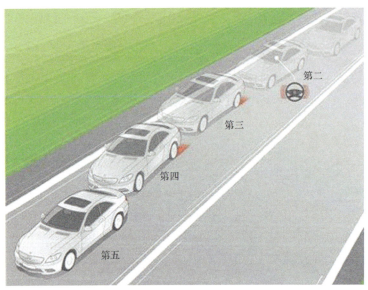

图 4-69 车道保持辅助系统的工作过程

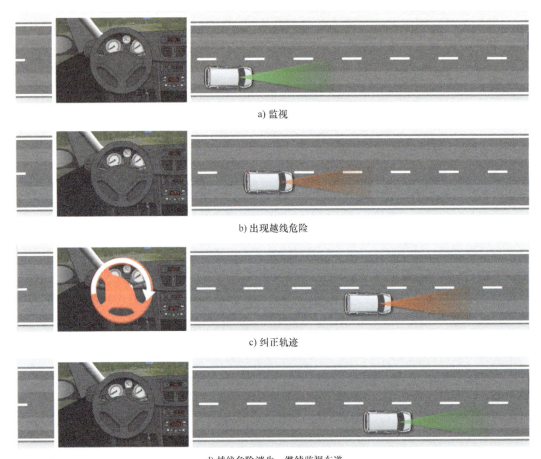

a) 监视

b) 出现越线危险

c) 纠正轨迹

d) 越线危险消失,继续监视车道

图 4-70 车道保持辅助系统工作阶段

车道保持功能自动作用于转向盘；车道监视和保持在多功能摄像头的帮助下实现；除了激活车速不一样，轨迹监视的工作条件与车道偏离警告的工作条件一样。

（2）轨迹监视的工作条件

1）车辆行驶速度符合要求，车速必须处于 65～180km/h 之间。

2）多功能摄像头能探测到路面车道标线，如果只探测到一条线，则监视只应用于一侧。

3）监视和纠正轨迹只应用于探测到车线的一侧。

4）车道监视取决于多功能摄像头探测车道线的性能；恶劣气候条件、风窗玻璃脏污、车道线的可见性，都会影响多功能摄像头探测的准确性。

（3）激活纠正行为

1）在监视阶段时，如果满足下面的条件，则激活纠正行为：

① 被动驾驶。当施加在转向盘上的力矩是零或很弱，减速或加速不够时，被认为是被动驾驶方式。

② 转向指示灯未激活超过 3s。与车道偏离警告系统 (AFIL) 相比，这个时间已经大幅缩短，车道偏离警告功能的转向指示灯未激活时间是 20s。

③ 探测到即将越线的危险。通过计算越线之前的时间进行评估，在越线之前，功能会进行干涉。

2）自动纠正轨迹遵循 3 个基本原则：

① 缓慢地进行纠正。纠正过程是缓慢的，转向盘转速被限制。

② 驾驶人很容易超越这种纠正。驾驶人可以超越这种纠正并接管车辆，如图 4-71 所示。

③ 纠正期间，驾驶人必须手握转向盘（转向力矩探测），如图 4-72 所示。否则，纠正在十几秒后中断（10s 后声音警告）。

图 4-71 驾驶人接管车辆

图 4-72 驾驶人手握转向盘

注意：该功能不是自动驾驶系统的功能。

3）当下面的条件或环境出现时，纠正停止：

① 激活转向指示灯。

② 超过线条 30cm 以上（纠正不足）。

③ 返回车道，纠正结束。

④ 超过可用的纠正时间（100s）。

4.4.2 车道保持辅助系统模块

车道保持辅助系统能够帮助驾驶人在标记的车道内保持安全行驶。当 LKA 系统检测到车辆偏离车道时，可以自动调整转向以恢复车道内的正确行驶，而不需要驾驶人的额外干预。

为了使 LKA 系统正常工作，汽车必须检测车道边界以及前方车道的转弯方向。理想的 LKA 系统设计主要取决于预瞄的曲率、横向偏差和车道中心线与汽车之间的相对偏航角。从先进的驾驶辅助系统设计转到更自主的系统，LKA 系统必须对实际车道检测器的缺失、不完整或不准确的测量数据具有鲁棒性。

本节介绍如何对车道保持辅助系统进行仿真。

1. 车道保持辅助系统的仿真平台

MATLAB 提供了基于视觉传感器的车道保持辅助系统的仿真平台。在 MATLAB 编辑器中输入以下程序调出车道保持辅助系统的仿真平台（图 4-73）：

```
addpath(fullfile(matlabroot,'examples','mpc','main'))
open_system('LKATestBenchExaniple')
```

车道保持辅助系统的仿真平台主要由车道保持辅助模块、车辆和环境模块、用户控制和模型按钮组成。

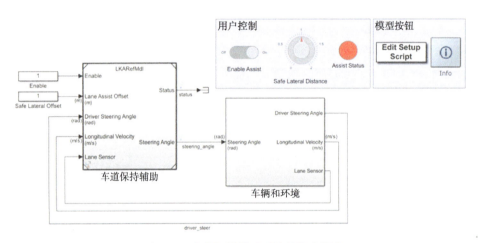

图 4-73 车道保持辅助系统的仿真平台

车道保持辅助模块主要控制车辆的前轮转角，车辆和环境模块主要模拟汽车的运动和环境。

用户控制包括启用辅助 (enable assist)、安全横向距离（safe lateral distance）和协助状态 (assist status)。启用辅助有关闭 (off) 模式和打开 (on) 模式；安全横向距离可以设置最小值和最大值；协助状态可以反映输入值的颜色，未定义是红色，当有数值输入时，红色变成灰色。

模型按钮打开后，会显示初始化模型使用的数据脚本，该脚本加载 Simulink 模型所需的某些常量，如车辆模型参数、控制器设计参数和驾驶场景等。

LKA 仿真模型包含车道保持辅助子系统模型、车辆和环境子系统模型。

2. 车道保持辅助子系统

车道保持辅助子系统仿真模型由车道偏离检测模块、估计车道中心模块、车道保持控制器模块和应用辅助模块组成。

1）车道偏离检测模块。当车辆太靠近检测车道时，车道偏离检测模块输出为真的信号；

当车辆和车道边界之间的偏移小于车道辅助偏移输入时，可以检测到车辆偏离。

2）估计车道中心模块。估计车道中心模块将来自车道检测传感器的数据输出到车道保持控制器。

3）车道保持控制器模块。车道保持控制器模块的目标是通过控制前轮转向角使车辆保持在车道上并沿着弯曲的道路行驶。车道保持控制器根据传感器检测的道路曲率、横向偏差、相对偏航角和汽车的行驶速度计算汽车的转向角度。

4）应用辅助模块。应用辅助模块决定是车道保持控制器控制汽车还是驾驶人控制汽车，应用辅助模块在驾驶人指令转向和车道保持控制器的辅助转向之间切换。当检测到车道偏离时，辅助转向开始；当驾驶人再次开始在车道内转向时，控制权返还给驾驶人。

3. 车辆和环境子系统

车辆和环境子系统实现车道保持控制器的闭环仿真。

车辆和环境子系统仿真模型由车辆动力学模块、对象和传感器模拟模块和驾驶人模型模块组成。

1）车辆动力学模块。车辆动力学模块使用的是单轨汽车三自由度模型。

2）对象和传感器模拟模块。对象和传感器模拟模块主要包括场景读取器和视觉检测生成器。场景读取器根据车辆相对于场景的位置生成理想的左车道和右车道边界；视觉检测生成器从场景读取器中获取理想的车道边界，对单目摄像机的视场建模，并确定航向角、曲率、曲率导数和每个道路边界的有效长度，并考虑任何其他障碍物。

3）驾驶人模型模块。驾驶人模型模块根据创建的驾驶人路径生成驾驶转向角度。

用户可以根据需要修改仿真模型的参数；如果仿真满足要求，则可以自动生成控制算法的代码。

4. 车道保持辅助系统的仿真结果

单击运行"Run"模拟驾驶场景，在鸟瞰图中运行和查看结果。图4-74所示为车道保持辅助系统的测试过程，阴影区域为视觉传感器的覆盖区域，带颜色的线为检测到的左右车道边界。

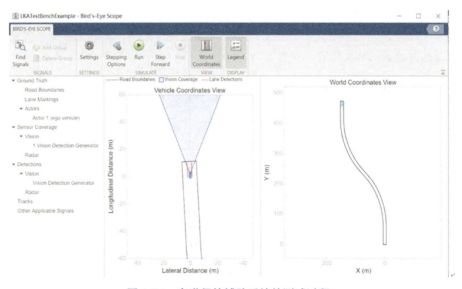

图4-74 车道保持辅助系统的测试过程

> **实验** 项目四——车道保持辅助系统仿真
> 详见"车道保持辅助系统仿真"实验指导和项目工单

> **实验** 项目五——车道偏离预警系统仿真
> 详见"车道偏离预警系统仿真"实验指导和项目工单

4.5 自动制动辅助系统

4.5.1 自动制动辅助系统认知

1. 自动紧急制动系统的定义

自动紧急制动（AEB）系统是指实时监测车辆前方行驶环境，并在可能发生碰撞时自动启动车辆制动系统使车辆减速以避免碰撞或减轻碰撞的系统。它是基于环境感知传感器（如毫米波雷达或视觉传感器）感知前方可能与车辆、行人或其他交通参与者所发生的碰撞风险，并通过系统自动触发执行机构来实施制动，以避免碰撞或减轻碰撞程度的先进驾驶辅助系统。

自动制动辅助系统认知

（1）AEB 系统的发展阶段

1）第一代自动制动系统只能部分制动（不能完全停止），使用的主要部件是雷达。

2）第二代自动制动系统，它在某些条件下可以完全停止车辆，使用的主要部件是雷达和多功能摄像头。

（2）AEB 系统能够区分并分类的目标

1）静止车辆（授权使用道路的所有类型注册车辆，静止）。

2）移动车辆（授权使用道路的所有类型注册车辆，同方向移动，同一车道）。

3）行人（所有方向上，静止站立、行走或跑步的高于 0.8m 的人）。

注意：自动紧急制动系统是一种安全性功能。在任何情况下，其都无法替代驾驶人的警惕性。自动紧急制动系统的工作演示如图 4-75 所示。

图 4-75 自动紧急制动系统的工作演示

（3）AEB 系统的功能

1) 碰撞预警：监测到与车辆或行人发生碰撞风险时发出警报。

2) 智能紧急制动辅助：当驾驶人制动不足，系统帮助提升制动力。

3) 自主紧急制动：当驾驶人没有及时对碰撞预警做出反应时，系统主动制动。

警告：此功能是在紧急情况下的辅助，不能替代驾驶人制动，切勿主动试验此功能，会发生危险。

当检测到碰撞风险时，如果驾驶人踩下制动力不足，则该功能响应，增加制动力，车辆加快减速。这就是智能自动紧急制动辅助。

警告：在探测到紧急情况时，先是碰撞危险警告起作用，紧接着或同时才是自动紧急制动系统介入制动车辆。

2. 自动紧急制动系统的组成

自动紧急制动系统主要由行车环境信息采集单元、电子控制单元和执行单元等组成，如图 4-76 所示。

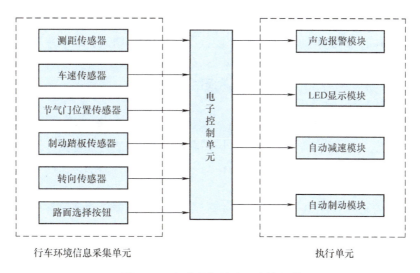

图 4-76　自动紧急制动系统的组成

（1）行车环境信息采集单元

行车环境信息采集单元由测距传感器、车速传感器、节气门位置传感器、制动踏板传感器、转向传感器以及路面选择按钮等组成，可以对行车环境进行实时检测并得到相关行车信息。测距传感器用来检测自车与前方目标的相对距离以及相对速度，目前，AEB 常见的测距主要利用毫米波雷达、视觉传感器以及二者的融合来实现；车速传感器用来检测自车的速度，节气门位置传感器用来检测驾驶人在收到系统提醒报警后是否及时松开加速踏板，对自车实行减速措施；制动踏板传感器用来检测驾驶人是否踩下制动踏板，对自车实行制动措施；转向传感器用来检测车辆目前是否正处于弯道路面行驶或处于超车状态，系统凭此来判断是否需要进行报警抑制；路面选择按钮是为了方便驾驶人对路面状况信息进行选择，从而方便系统对报警距离的计算。需要采集的信息因系统不同而不同，但是所有采集到的信息都将被送往电子控制单元。

（2）电子控制单元

电子控制单元接收到行车环境信息采集单元的检测信号后，综合收集到的数据信息，依照一定的算法程序对车辆行驶状况进行分析计算，判断车辆所适用的预警状态模型，同时对执行单元发出控制指令。

（3）执行单元

执行单元可以由多个模块组成，如声光报警模块、LED 显示模块、自动减速模块和自动制动模块等，根据系统不同而有所不同。执行单元用来接收电子控制单元发出的指令，并执行相应的动作，达到预期的预警效果，实现相应的车辆制动功能。当系统检测到存在危险状况时，首先进行声光报警提醒驾驶人；当系统发出提醒报警后，如果驾驶人没有松开加速踏板，则系统会发出自动减速控制指令；在减速之后系统检测到危险仍然存在时，说明目前车辆行驶处于极度危险的状况，需要对车辆实施自动强制制动。

在部分车辆上，自动制动模块主要由以下部分组成：多功能视频摄像头、测距雷达、网关、ESP、发动机 ECU、组合仪表、多媒体屏等。其中多功能视频摄像头用于识别目标类型（行人、静止和/或移动的目标）。

测距雷达根据下列参数，确定紧急碰撞自动制动是否为必须项：①车辆和目标之间的距离；②估计碰撞前的时间；③两辆车的加速度和速度；④天气条件（晴天、下雨等）；⑤行驶状况（直线、弯道等）；⑥驾驶人反应时间评估。

测距雷达将控制请求发送至 ESP ECU，从而制动车辆。

3. 自动紧急制动系统的原理

汽车 AEB 系统采用测距传感器测出与前车或障碍物的距离，然后利用电子控制单元将测出的距离与报警距离、安全距离等进行比较，小于报警距离时就进行报警提示，而小于安全距离时，即使在驾驶人没来得及踩制动踏板的情况下，AEB 系统也会启动，使汽车自动制动，从而为安全出行保驾护航。

图 4-77 所示为某汽车 AEB 系统的工作过程。AEB 从传感器探测到前方车辆（目标车）开始，持续监测与前车之间的距离以及前车的车速，同时从总线获取本车的车速信息，通过简单的运算，结合对普通驾驶人反应能力的研究，判断当前形势并做出合适的应对。

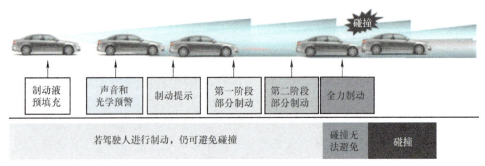

图 4-77 某汽车 AEB 系统的工作过程

由于受到各种客观条件干扰，系统只能作为辅助措施，驾驶人在任何时候都应集中注意力并主动判断当前行车的碰撞风险。

驾驶人可随时介入控制车辆，系统不能替代驾驶人承担责任，小心谨慎驾驶仍是必须的。

系统提供的自动制动只能维持短暂的时间，需要驾驶人立即介入控制车辆。

（1）自动制动停用情况

建议在下列情况下，停用此功能：

1）多功能视频摄像头前方发生风窗玻璃撞击。

2）车辆正被牵引。

3）车辆牵引另外的车辆。

4）处于滚筒试验台上。

5）自动洗车房。

6）制动灯故障。

（2）自动制动启用条件

1）点火开关打开且发动机运转。

2）车辆处于前进档。

3）前方碰撞危险预警系统已经开启。

4）检测到前排乘客（含驾驶人）安全带系紧。

5）安全、轨迹和牵引控制功能已经开启（无故障或未被驾驶人禁用）。

6）车速最低 > 5km/h，首次启用 > 7km/h，车速最高 < 140km/h：

① 移动目标，本车速度 <140km/h。

② 静止目标，本车速度 <80km/h。

③ 行人，本车速度 <60km/h。

7）运转车辆转弯半径超过 70m。

8）在最后 10s 内无自动制动触发。

9）未做"紧急"操控（踩下加速器踏板 >80% 或转向盘急转）。

注意： 每次起动车辆，系统会自动启用。

某些紧急情况下，可能碰撞预警不会被激活，但会直接激活自动制动。如果是极端天气条件（下雨、霜冻、冰雹和下雪），系统可能进入低能见度模式。执行自动制动时，发动机燃油喷射未中断。自动制动触发点取决于驾驶人的反应时间。

评估驾驶人反应时间，需要考虑以下参数：转向盘速度/角度/方向、加速踏板位置、制动踏板上的压力、制动压力、转向指示灯使用情况、刮水器速度（能见度）、横向加速度。然后，系统测算驾驶人在行驶中的活动量，并决定自动制动触发的阈值。

对于认为是不活跃的驾驶方式，自动制动将比活跃式的驾驶方式更早触发（最多提前 0.6s）。

当摄像头和雷达都探测到目标时，减速度请求的最大值为 $9m/s^2$。当探测不够可靠时（仅摄像头或雷达探测到目标），系统降低减速度请求。

（3）停用条件

1）紧急情况不再存在，不需要自动制动。

2）自动制动减速的目标已达成。

3）前排乘客（含驾驶人）解开安全带。

4）达到碰撞危险时自动制动功能的最长持续时间。

5）制动踏板上的压力高于自动制动的压力。

6）加速踏板位置超过自动制动切断等级。

7)超过加速踏板的硬点。

（4）系统终止介入制动的条件

1)驾驶人踩下加速踏板。

2)转向较大、较快,有避让行为。

3)前排乘员安全带未系。

4)从 D 或 M 位换至其他档位。

5)ESP 系统出现故障。

（5）系统可能无法正常工作的情况

1)强电磁波的干扰。

2)金属围栏、隧道的影响。

3)摄像头和摄像头前部前风窗玻璃脏污（雨雾、雪、光线较暗）。

4)道路条件的影响（如车道路崎岖不平）。

5)车辆被牵引时。

6)天气条件影响,能见度过低。

注意：当车辆在转毂上检测或维修时,请记得手动关闭此功能。

4.5.2 自动制动辅助系统模块

1. 自动紧急制动系统的仿真平台

自动紧急制动系统准确、可靠和稳健的检测通常需要多个传感器,同时最大限度地减少误报。这就是传感器融合技术在 AEB 系统中发挥重要作用的原因。

MATLAB 提供了基于毫米波雷达和视觉传感器相融合的自动紧急制动系统的仿真平台。在 MATLAB 编辑器中输入以下程序可以调出自动紧急制动系统的仿真平台（图 4-78）：

```
addpath(genpath(fullfile(matlabroot,'examples','drving')))
open_system('AEBTestBenchExample')
```

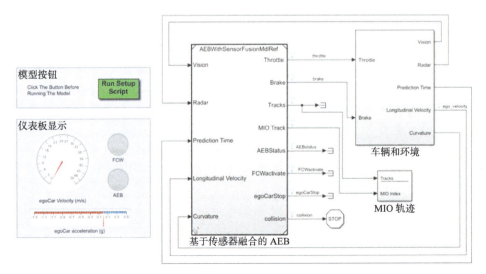

图 4-78 自动紧急制动系统的仿真平台

自动紧急制动系统的仿真平台主要由基于传感器融合的 AEB 模块、MIO 轨迹模块、车辆和环境模块、仪表板显示和模型按钮组成。

AEB 仿真模型包含以下两个子系统：

1）基于传感器融合的 AEB 子系统，包含传感器融合算法和 AEB 控制器。

2）车辆和环境模块，包括驾驶场景阅读器、雷达和视觉检测发生器，它们可以模拟汽车的运动和环境。

MIO 轨迹模块可以确定目标的轨迹并在鸟瞰图显示。

模型按钮打开后，会显示初始化模型使用的数据脚本，该脚本加载 Simulink 模型所需的某些常量，如模型参数、驾驶场景、主车初始条件、AEB 控制参数、跟踪与传感器融合参数、主车建模参数、速度控制器参数和总线创建等。

要绘制合成传感器检测、跟踪对象和地面真实数据，需要使用 Bird's-Eye Scope。在"模拟"选项卡上的"查看结果"下，单击"鸟瞰范围"；打开示波器后，单击"查找信号"，仪表板显示主车速度、加速度以及 AEB 和 FCW 控制器的状态。

2. 基于传感器融合的 AEB 子系统

基于传感器融合的 AEB 子系统包含跟踪和传感器融合算法模块以及速度控制器模块、加速度机器人模块和 AEB 控制器模块。

1）跟踪和传感器融合算法模块。跟踪和传感器融合算法模块处理来自车辆和环境子系统的视觉传感器和雷达检测数据，并生成目标车辆相对于主车的位置和速度。

2）速度控制器模块。它通过使用比例积分（PI）控制器使主车按驾驶人设定的速度行驶。

3）加速度机器人模块。当激活 AEB 时，加速度机器人模块释放车辆加速器。

4）AEB 控制器模块。AEB 控制器可以实现基于停止时间计算方法的 FCW 和 AEB 控制算法。

AEB 控制器模块由 TTC 计算模块、停止时间计算模块和 AEB 逻辑模块组成。TTC 是指主车与前方目标车辆的碰撞时间，一般使用与前方目标车辆的相对距离和速度来计算 TTC。停止时间计算模块分别计算 FCW、一级（PB1）和二级（PB2）部分制动和完全制动（FB）的停止时间。AEB 逻辑模块是一种状态机，将 TTC 与停止时间进行比较，以确定 FCW 和 AEB 是否激活。

3. 自动紧急制动系统的仿真结果

自动驾驶工具箱根据 AEB 系统的欧洲新车安全测试协议提供了预先构建的驾驶场景，可以使用驾驶场景设计器查看预先构建的场景。

在 MATLAB 编辑器中输入以下程序，可以得到 AEB 的驾驶场景，如图 4-79 所示，有三辆车和一个行人。

drivingScenarioDesigner('AEB_PedestrianChild_Nearside_50width_overrun.mat')

选取模拟时间为 3.8s，在 MATLAB 编辑器中输入以下程序：

Sim（'AEBTestBenchExample'，'SlopTime'，'3.8'）

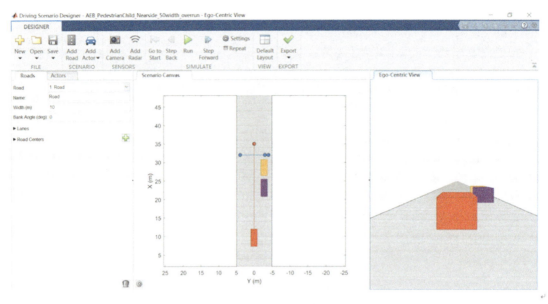

图 4-79 AEB 的驾驶场景

在鸟瞰图中运行和查看结果,检测结果如图 4-80 所示。可以看出,自动紧急制动系统检测到行人是最重要的目标,AEB 系统应该制动以避免碰撞。检测数据可在工作区查看。

仪表板和模拟图显示 AEB 系统应用了多级制动,主车在碰撞前立即停止,如图 4-81 所示。仪表板上 AEB 的状态颜色表示 AEB 激活水平,其中灰色表示没有激活 AEB,黄色表示第一阶段部分制动器被激活,橙色表示第二阶段部分制动被激活,红色表示全制动被激活。

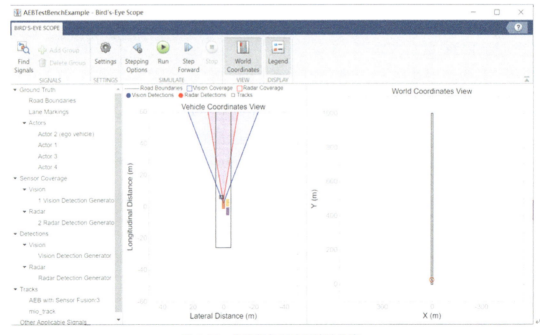

图 4-80 自动紧急制动系统的仿真

模拟结果显示：在最初的 2s 内，主车加速到设定速度；在 2.3s 时，传感器融合算法开始检测行人；检测后，FCW 立即被激活；在 2.4s 时，应用第一阶段的部分制动，主车开始减速；部分制动的第二阶段在 2.5s 时再次施加；当主车最终停止时，主车和行人之间的间隔约为 2.4m。AEB 系统在这种情况下完全避免了碰撞。

> **实验** 项目六——自动制动辅助系统仿真
> 详见"自动制动辅助系统仿真"实验指导和项目工单

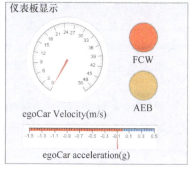

图 4-81 仪表板状态

4.6 自适应巡航控制系统

4.6.1 自适应巡航控制系统认知

1. 自适应巡航控制系统的定义

自适应巡航控制（ACC）系统能够实时监测车辆前方行驶环境，在设定的速度范围内自动调整行驶速度，以适应前方车辆和/或道路条件等引起的驾驶环境变化。

ACC 系统是在汽车行驶过程中，安装在汽车前部的车距传感器持续地扫描汽车前方道路，同时轮速传感器采集车速信号。当前汽车（简称主车）与前方车辆之间的距离小于或大于安全车距时，ACC 系统通过与制动系统、发动机控制系统协调动作，改变制动力矩和发动机输出功率，对汽车行驶速度进行控制，以使主车与前方车辆始终保持安全车距行驶，避免追尾事故发生，同时提高通行效率，如图 4-82 所示。如果主车前方没有车辆，则主车按设定的车速巡航行驶。

图 4-82 自适应巡航控制系统

电动汽车的自适应巡航控制系统，通过改变制动力矩和驱动电机的输出功率来控制电动汽车的行驶速度。

汽车 ACC 系统可分为基本型和全速型：

1）基本型 ACC。基本型 ACC 一般在车速大于 30km/h 时才会起作用，而当车速降低到 30km/h 以下时，就需要驾驶人进行人工控制。

2）全速型 ACC。全速型 ACC 在车速低于 30km/h 直至汽车静止时一样可以适用，在低速行驶时仍能保持与前车的距离，并能对汽车进行制动直至其处于静止状态。

2. 自适应巡航控制系统的组成

（1）燃油汽车自适应巡航（ACC）系统的组成

燃油汽车 ACC 系统主要由信息感知单元、电子控制单元、执行单元和人机交互界面等组成，如图 4-83 所示。

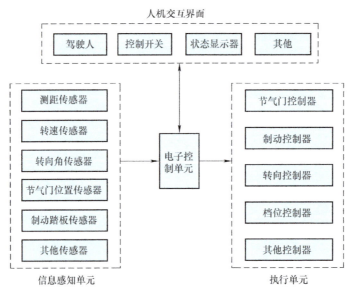

图 4-83　燃油汽车 ACC 系统的组成

1）信息感知单元。信息感知单元主要用于向电子控制单元提供 ACC 所需要的各种信息，主要由测距传感器、转速传感器、转向角传感器、节气门位置传感器以及制动踏板传感器等组成。测距传感器用来获取主车与前方目标车辆之间的距离信号，可以使用毫米波雷达、少线束激光雷达和视觉传感器；转速传感器用于获取实时车速信号，一般使用霍尔式转速传感器；转向角传感器用于获取汽车转向信号；节气门位置传感器用于获取节气门开度信号；制动踏板传感器用于获取制动踏板动作信号。

2）电子控制单元。电子控制单元根据驾驶人所设定的安全车距及车速，结合信息感知单元传送来的信息确定主车的行驶状态，决策出汽车的控制策略并输出节气门开度和制动压力信号给执行单元。如当主车与前方的目标车辆之间的距离小于设定的安全车距时，电子控制单元计算实际车距和安全车距之差及相对速度的大小，选择减速方式或通过报警器向驾驶人发出报警，提醒驾驶人采取相应的措施。

3）执行单元。执行单元主要执行电子控制单元发出的指令，实现主车速度和加速度的调整。它包括节气门控制器、制动控制器、转向控制器和档位控制器等，节气门控制器用于调整节气门的开度，可使汽车加速、减速及定速行驶；制动控制器用于控制制动力矩或紧急情况下的制动；转向控制器用于控制汽车的行驶方向；档位控制器用于控制汽车变速器的档位。

4）人机交互界面。人机交互界面用于驾驶人设定系统参数及系统状态信息的显示等。驾驶人可通过设置在仪表板或转向盘上的人机界面启动或清除 ACC 系统控制指令。启动 ACC 系统时，要设定主车与目标车辆之间的安全车距以及在巡航状态下的车速，否则 ACC 系统将自动设置为默认值，但所设定的安全车距不可小于设定车速下交通法规所规定的安全车距。

（2）电动汽车自适应巡航系统（ACC）的组成

电动汽车 ACC 系统也是由信息感知单元、电子控制单元、执行单元和人机交互界面等组成的，如图 4-84 所示。相对于燃油汽车，电动汽车 ACC 系统的信息采集单元没有节气门位置传感器，执行单元没有节气门控制器和档位控制器，相应增加电机控制器和再生制动控制器。信息感知单元将传感器测量的距离、速度和加速度等信号输入电子控制单元；电子控制单元对主车行驶环境及运动状态进行分析、计算、决策，输出转矩和制动压力信号；执行单元用于完成电子控制单元的指令，通过电机控制器和制动控制器来调节主车的行驶速度；人机交换界面为驾驶人对系统的运行进行观察和干预控制提供操作界面。

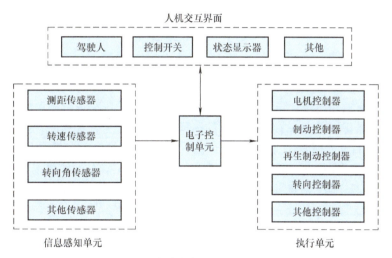

图 4-84　电动汽车 ACC 系统的组成

3. 自适应巡航控制系统的原理

（1）燃油汽车 ACC 系统的原理

燃油汽车 ACC 系统的原理如图 4-85 所示。驾驶人启动 ACC 系统后，汽车在行驶过程中，安装在汽车前部的测距传感器持续扫描汽车前方道路，同时，转速传感器采集车速信号，如果主车前方没有车辆或与前方目标车辆距离很远且速度很快时，控制模式选择模块就会激活巡航控制模式，ACC 系统将根据驾驶人设定的车速和转速传感器采集的本车速度自动调节加速踏板等，使主车达到设定的车速并巡航行驶；如果目标车辆存在且离主车较近或速度很慢，控制模式选择模块就会激活跟随控制模式，ACC 系统将根据驾驶人设定的安全车距和转速传感器采集的本车速度计算出期望车距，并与测距传感器采集的实际距离比较，自动调节制动压力和节气门开度等，使汽车以一个安全车距稳定地跟随前方目标车辆行驶。同时，ACC 系统会把汽车目前的一些状态参数显示在人机界面上，方便驾驶人判断，车辆也装有紧急报警系统，在 ACC 系统无法避免碰撞时及时警告驾驶人并由驾驶人处理紧急状况。

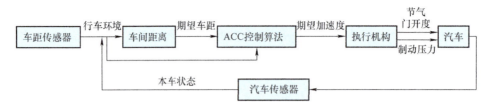

图 4-85　燃油汽车 ACC 系统的原理

（2）电动汽车 ACC 系统的原理

电动汽车 ACC 系统的原理如图 4-86 所示。它与燃油汽车 ACC 系统工作原理基本一样，唯一区别是燃油汽车控制的是节气门开度，调节发动机输出转矩，而电动汽车控制的是电机转矩，调节电机的输出转矩，而且增加了再生制动控制。

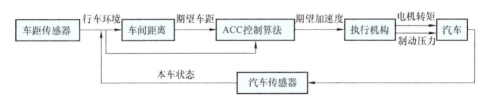

图 4-86　电动汽车 ACC 系统的原理

4. 自适应巡航控制系统的作用

1）自动控制车速和车距：当驾驶人对巡航控制状态下的汽车进行制动后，ACC 系统就会终止巡航控制；当驾驶人对巡航控制状态下的汽车进行加速，停止加速后，ACC 系统就会按照原来设定的车速进行巡航控制。

2）控制汽车的行驶状态：通过测距传感器的反馈信号，ACC 系统可以根据目标车辆的移动速度判断道路情况。通过反馈式加速踏板感知驾驶人施加在踏板上的力，ACC 系统可以决定是否执行巡航控制，以减轻驾驶人的疲劳。

3）编队行驶：ACC 系统可以设定自动跟踪的汽车，当主车跟随前方车辆行驶时，ACC 系统可以将主车车速调整为与前方目标车辆的车速相同，同时保持稳定的安全车距，而且这个安全车距可以通过转向盘上的设置按钮进行选择。

4）带辅助转向功能的 ACC 系统：不仅可以使汽车自动与前方目标车辆保持一定车距，而且汽车还能够自动转向，使得驾驶过程更加安全舒适。

5. 自适应巡航控制系统的工作模式

自适应巡航控制系统的工作模式主要有定速巡航、减速控制、跟随控制、加速控制、停车控制、启动控制几个工作模式，如图 4-87 所示。

4.6.2　自适应巡航控制系统模块

1. 自适应巡航控制系统模块介绍

自适应巡航控制系统模块模拟自适应巡航控制系统，该系统通过调整主车的纵向加速度来跟踪设定速度并保持与目标车辆的安全距离。在满足安全距离、速度和加速度约束的条件下，使用模型预测控制计算最优控制动作。

自适应巡航控制系统模块如图 4-88 所示。

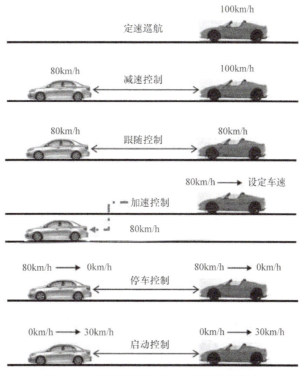

图 4-87 自适应巡航控制系统的工作模式

自适应巡航控制系统模块的输入分别为设定车速、安全时间、主车速度、目标车辆与主车之间相对距离、目标车辆与主车之间相对速度；输出为纵向加速度。

2. 自适应巡航控制系统仿真

自适应巡航控制系统是典型的智能网联汽车先进驾驶辅助系统，它可以根据道路上的条件来调整主车的速度。为了使自适应巡航控制系统正常工

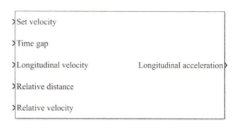

图 4-88 自适应巡航控制系统模块

作，主车必须确定它前面的车道是如何弯曲的，以及哪辆车是目标车辆。

当前的自适应巡航控制系统设计主要依赖于从雷达获得的距离和速度的检测数据，并且设计为在直道上工作最佳。从先进驾驶辅助系统转向自动驾驶系统，自适应巡航控制系统必须应对以下挑战。

1）估计靠近主车且相对于主车具有显著横向运动的车辆的相对位置和速度。
2）估计主车前方的车道，找出主车前方哪辆车在同一车道上最近。
3）当环境中其他车辆突然切入主车道时，要快速做出反应。

例 1 基于模型预测控制的自适应巡航控制系统仿真。

解：装有 ACC 系统的车辆利用传感器测量同一车道中的前方车辆之间的距离和相对速度。ACC 系统有两种工作模式，即速度控制，汽车以驾驶人设定的速度行驶；间距控制，主车辆与目标车辆之间保持安全距离。

ACC 系统根据传感器实时测量结果决定使用哪种模式。例如，如果目标车辆太近，ACC 系统将从速度控制切换到间距控制。同样，如果目标车辆离得较远，ACC 系统从间距控制切换到速度控制。换句话说，ACC 系统在保持安全距离的前提下，使主车辆以驾驶人设定的速度行驶。

为了近似逼真的驾驶环境，在模拟过程中，目标车辆的加速度根据正弦波变化。自适应巡航控制系统模块为主车辆输出加速度控制信号。

自适应巡航控制系统仿真模型由目标车辆模块（LeadCar）、主车辆模块（EgoCar）和自适应巡航控制系统模块（Adaptive-Cruise-Control-System）组成。

ACC 分层控制系统由上、下两层控制器构成，上层控制器根据传感器获取的本车运动信息并结合前车行驶状态决策出所需的期望纵向加速度，其中本车运动状态主要包括本车行驶车速、加速度等，车间运动状态则包括本车与前车的相对速度、两车实际车间距等。下位控制器接收到上位控制器传递过来的加速度信号进而对车辆进行控制，最终完成对期望加速度的跟踪。

传感器收集到的信号输送给电子控制单元，决策层通常被划分为上层控制器和下层控制器来进行研究。在车辆行驶过程中，上层控制器首先接收到信息感知模块获取到的有效数据，然后通过所制定的相应模块分析计算安全车间距以及相对应的期望加速度等。之后系统将判断车辆应处于定速巡航模式或跟车巡航模式，最后把求得的期望加速度信号传送到下层控制器。由上层控制器传递到下层控制器的期望加速度作为逆纵向动力学模块等的输入。通过期望加速度分析出被控车辆的期望电机转矩或期望制动管路压力，以此作为控制车辆加速度的依据，从而达到保持车间距的目的，最终完成对车辆的纵向控制。ACC 系统控制框图如图 4-89 所示。

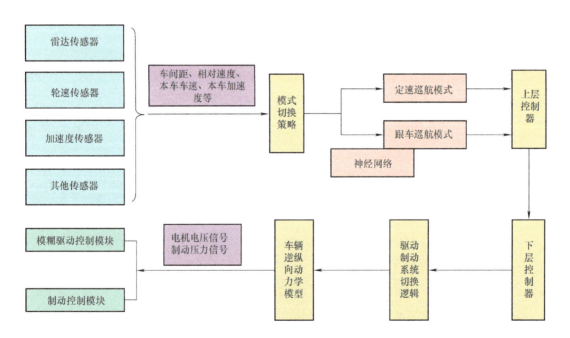

图 4-89 ACC 系统控制框图

自适应巡航控制系统仿真曲线如图 4-90 所示。

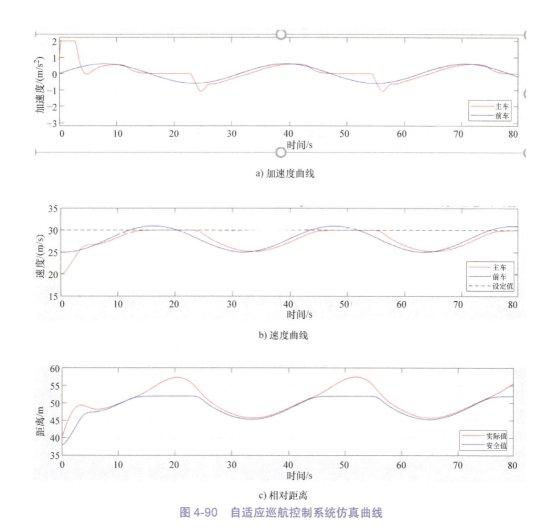

图 4-90 自适应巡航控制系统仿真曲线

例 2 基于传感器融合的自适应巡航控制系统仿真。

解：利用视觉传感器和毫米波雷达融合的自适应巡航控制系统具有以下优点。

1）它将视觉传感器获得的位置和速度的横向测量与毫米波雷达测量的距离和速度测量结合起来。

2）视觉传感器可以检测车道，提供车道相对于主车的横向位置估计，以及场景中其他车辆相对于主车车道的位置。

本实例介绍如何使用传感器融合和基于模型预测控制（MPC）来实现汽车自适应巡航控制系统仿真。

使用如下命令，打开自适应巡航控制系统测试平台模型（图 4-91）：

```
addpath(fullfile(matlabroot,'examples','mpc','main'));
open_system('ACCTestBenchExample')
```

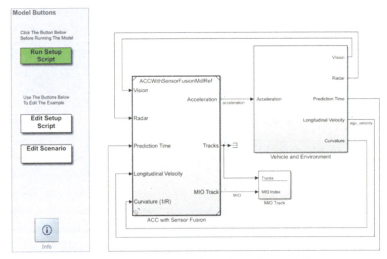

图 4-91　自适应巡航控制系统测试平台模型

自适应巡航控制系统测试平台由基于传感器融合的 ACC 模块、车辆与环境模块和模型按钮组成。

ACC 仿真模型包含以下两个子系统模型。

1）带传感器融合的 ACC 子系统。该系统模拟传感器融合并控制车辆的纵向加速度。

2）车辆与环境子系统。该系统对主车的运动和环境建模。雷达和视觉传感器的仿真为控制子系统提供综合数据。

模型按钮打开后，会显示初始化模型使用的数据脚本，该脚本加载 Simulink 模型所需的某些常量，如车辆模型参数、跟踪与传感器融合参数、ACC 控制器参数、驾驶人转向控制参数、道路场景等。

本示例驾驶场景是两条具有恒定曲率的平行道路。在 MATLAB 中运行前述自适应巡航控制程序，通过动画可看出车道上有四辆车：一辆是在左边车道上的快车；一辆是在右边车道上的慢车；一辆是在道路对面驶来的车；一辆是在右边车道上起步，然后向左边车道行驶的车，以通过慢车。

可以绘制 ACC 驾驶场景，如图 4-92 所示。

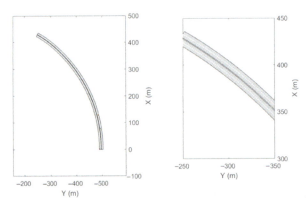

图 4-92　自适应巡航控制系统的驾驶场景

设置仿真时间为 15s 或者仿真道路结束。单击运行"Run"模拟驾驶场景，通过鸟瞰图可以观察基于传感器融合的自适应巡航控制系统的仿真过程，输出结果如图 4-93 所示。

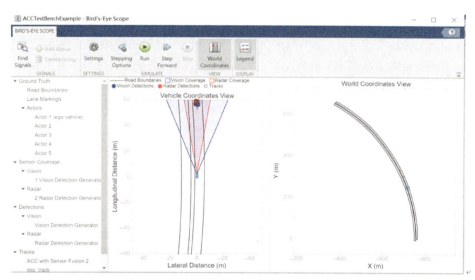

图 4-93　自适应巡航控制系统的仿真

| 实验 | 项目七——自适应巡航控制系统仿真
详见"自适应巡航控制系统仿真"实验指导和项目工单 |

4.7　路径跟踪系统

4.7.1　路径跟踪系统认知

路径跟踪系统（图 4-94）是一种控制系统，它使车辆按照设定速度沿参考路径行驶。参考路径与时间无关，只需要在一定误差范围内跟踪参考路径。

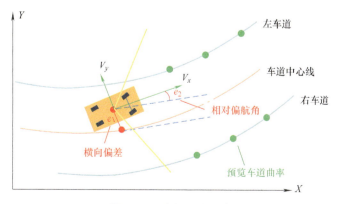

图 4-94　路径跟踪系统

路径跟踪与轨迹跟踪不同。轨迹跟踪时，参考路径曲线与时间和空间均相关，并要求车辆在规定的时间内到达某一预设好的参考路径点；路径跟踪时，参考路径曲线与时间和空间均无关，只要求车辆的行驶路径趋近于参考路径。

路径跟踪系统是属于L2级的先进驾驶辅助系统，它使车辆在高速公路车道内行驶，同时保持驾驶人设定的速度或与前一辆车保持安全距离。路径跟踪系统包括主车的纵向和横向组合控制：纵向控制是通过调整主车的加速度，保持驾驶人设定的速度，并与车道上的前一辆车保持安全距离；横向控制是通过调整主车的转向，使主车沿着其车道路径行驶。

组合式车道跟踪控制系统可以实现车辆的纵向和横向控制；当两个目标不能同时满足时，车道跟踪控制系统可以调整它们的优先级。

4.7.2 路径跟踪系统模块

1. 路径跟踪控制系统的仿真平台

MATLAB 提供了基于视觉传感器和毫米波雷达相融合的路径跟踪控制系统的仿真平台。在 MATLAB 编辑器中输入以下程序调出路径跟踪控制控制系统的仿真平台，如图 4-95 所示，它由路径跟踪控制器模块、车辆与环境模块、碰撞检测模块、MIO 轨迹模块和模型按钮组成。

```
addpath(fulfile(matlabroot,'examples','mpc','main'));
open_system('LaneFollowingTestBenchExample')
```

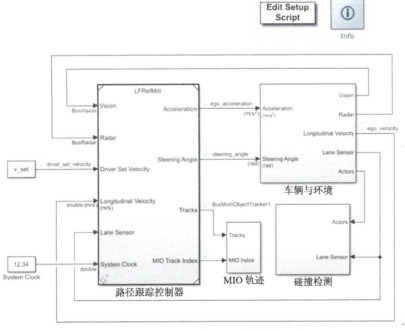

图 4-95　路径跟踪控制系统的仿真平台

1）路径跟踪控制器模块。该模块控制主车的纵向加速度和前轮转向角。

2）车辆与环境模块。该模块模拟主车的运动并模拟驾驶环境。

3）碰撞检测模块。当检测到主车和前方目标车辆碰撞时停止模拟。

4）MIO 轨迹模块。确定最重要目标的轨迹并在鸟瞰图上显示。

模型按钮打开后，会显示初始化模型使用的数据脚本，该脚本加载 Simulink 模型所需的某些常量，如车辆模型参数、控制器设计参数、道路场景和周围车辆。

2. 路径跟踪控制器

路径跟踪控制器仿真模型主要由估计车道中心模块、跟踪与传感器融合模块和 MPC 控制器模块组成。

1）估计车道中心模块。估计车道中心模块将车道传感器数据输出到 MPC 控制器；预览的曲率提供了主车前方车道曲率的中心线。

2）跟踪与传感器融合模块。跟踪与传感器融合模块处理来自车辆与环境子系统的视觉传感器和雷达的检测数据，生成主车周围环境的综合态势图。此外，它还向车道跟踪控制器提供主车前方车道中最近车辆的估计。

3）MPC 控制器模块。MPC 控制器模块的目标是保持驾驶人设定的车速，并与前方目标车辆保持安全距离，该目标是通过控制纵向加速度来实现的；将主车保持在车道中间，即通过控制转向角来减小横向偏差和相对偏航角；当道路弯曲时，减速行驶。

路径跟踪控制器根据来自估计车道中心模块的道路曲率、横向偏差、相对偏航角，来自跟踪与传感器融合模块的主车与前方车辆的相对距离、相对速度以及驾驶人设定速度、汽车纵向速度，计算主车的纵向加速度和转向角度。

3. 车辆和环境子系统

车辆和环境子系统仿真模型主要由系统延迟模块、车辆动力学模块、SAE J670E 到 ISO 8855 模块、场景读取器模块、视觉检测生成器模块、雷达检测生成器模块组成。

1）系统延迟模块。系统延迟模块对系统中模型输入和输出之间的延迟进行建模。这种延迟可能由传感器延迟或通信延迟引起。在这个示例中，延迟由一个采样时间来近似。

2）车辆动力学模块。车辆动力学模块使用单轨汽车的力输入模型。

3）SAE J670E 到 ISO 8855 模块。SAE J670E 到 ISO 8855 模块将车辆动力学使用的 SAE J670E 坐标系转换为场景读取器使用的 ISO 8855 坐标系。

4）场景读取器模块。场景读取器模块从场景文件中读取交通参与者的姿态数据，并把交通参与者的姿态从场景的世界坐标系转换为主车的车辆坐标系；场景读取器模块还可以生成理想的左右车道边界。

5）视觉检测生成器模块。视觉检测生成器模块从场景读取器模块获取理想的车道边界；检测生成器对单目摄像机的视野进行建模，并确定每个道路边界的航向角、曲率、曲率导数和有效长度，同时考虑到任何其他障碍物。

6）雷达检测生成器模块。雷达检测生成器模块根据场景中定义的雷达横截面和雷达视场中的地面真值数据生成点检测。

4. 路径跟踪控制系统的仿真结果

路径跟踪控制系统的驾驶场景如图 4-96 所示，在 MATLAB 中运行前述路径跟踪控制程序，通过动画可以看出驾驶场景中有 5 辆汽车行驶。

单击运行"Run"模拟驾驶场景，在鸟瞰图中运行和查看结果。图 4-97 所示为路径跟踪控制系统的仿真，可以看到路径的总过程和智能传感器的测试结果。

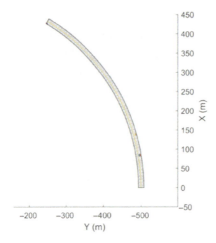

图 4-96 路径跟踪控制系统的驾驶场景

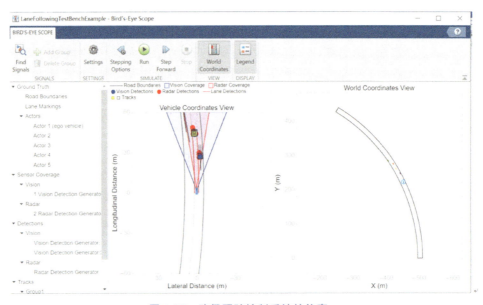

图 4-97 路径跟踪控制系统的仿真

 知识链接

车辆盲区监测系统

　　智能驾驶辅助系统已经广泛应用于量产汽车中,当我们在开车过程中,一些智能驾驶辅助系统可以有效地帮助我们提高驾驶的便利性和舒适性,例如当前应用较为广泛的自适应巡航控制系统,驾驶人开启该系统后,可以以确定速度或确定车距进行巡航行驶,这大大提升了驾驶的便利性。

　　车辆盲区监测系统利用传感器来监测盲区内的车辆和障碍物。在车辆行驶时,如果有其他车辆进入盲区,便会点亮后视镜上的警告灯来警告驾驶人。

1. 车辆盲区监测系统的定义

车辆在变道行驶时，由于转弯时后视镜存在视野盲区，驾驶人仅凭后视镜的信息无法完全判断后方车辆的信息。恶劣天气（雨雪、大雾、冰雹等）增大了驾驶人的判断难度，增加了汽车在变道行驶时碰撞或刮擦的风险。将车辆盲区监测系统安装在左右后视镜或其他传感器的位置来感知后方道路信息，如果后方有车辆、行人、自行车及其他移动物体靠近时，盲区监测系统就会通过声光报警器提醒驾驶人或在紧急情况下进行制动。

注意：车辆设计本系统是为了提高驾驶人在并线和拐弯时的安全性，但在任何情况下，它都不能取代内、外后视镜的作用。

2. 车辆盲区监测系统的组成

车辆盲区监测系统一般由感知单元、电子控制单元和执行单元等组成。

（1）感知单元

感知单元目前使用的传感器主要是摄像头、探测雷达、超声波传感器。感知单元的主要作用是检测汽车后方视野盲区中是否有行人、自行车以及其他车辆，将感知的信息传送给电子控制单元，便于后期进行信息判断及处理。

（2）电子控制单元

电子控制单元的主要作用是将感知单元的信息进行处理及判断，将信号输出给执行单元。

（3）执行单元

执行单元主要由声光报警器组成。执行单元的主要作用是执行电子控制单元的指令。声光报警器主要包括显示装置和报警装置。如果检测到后方存在危险，那么显示装置就会在后视镜上显示碰撞危险图标并闪烁提示，报警装置会发出报警声来提示驾驶人。

3. 车辆盲区监测系统的原理

车辆盲区监测系统是通过安装车辆后视镜或其他位置的传感器（主要为摄像头、毫米波雷达等）来检测后方的车辆、自行车等，电子控制单元对感知单元的数据进行计算及判断。如果检测到盲区中有车辆或者自行车，声光报警器就会发出警报，后视镜上将会显示碰撞危险图标并闪烁提示，部分车型还可以进行紧急制动。

思考题

1. 自动驾驶场景的定义与作用是什么？
2. 智能网联汽车自动驾驶控制的核心技术是什么？
3. 前向碰撞预警系统由哪几部分组成？
4. 自动紧急制动系统的工作原理是什么？
5. 车道偏离预警系统由哪几部分组成？
6. 车道保持辅助系统的工作原理是什么？
7. 燃油汽车和电动汽车的自适应巡航控制系统的原理有什么区别？
8. 什么是路径跟踪系统？
9. 举例说明先进驾驶辅助系统在汽车上的应用实例？

第 5 章 智能网联汽车自动驾驶测试及仿真示例

本章首先对自动驾驶功能仿真测试的场景进行介绍，将测试场景构建的方法和要素展开讲述，通过 GB/T 41798—2022《智能网联汽车 自动驾驶功能场地试验方法及要求》的详细测试内容，罗列出中国交通网络的典型场景。在此基础上，通过场景搭建、添加传感器、添加控制系统和运行仿真来展现智能网联汽车自动驾驶仿真测试技术。

 学习目标

1. 了解自动驾驶功能测试的概念。
2. 掌握自动驾驶功能仿真测试场景的研究方法和要素。
3. 掌握自动驾驶功能典型测试仿真场景的构建方法。

5.1 自动驾驶仿真测试与测试场景介绍

我国目前有 500 万辆大货车用于 500km 半径的干线运输；1000 万辆货车用于 50km 半径区域运输；而在 5km 半径的物流领域，则有 3000 万辆微型车、两轮和三轮车在为电商物流和外卖市场服务。试想如果这些固定路线的物流运输网络全部由自动驾驶汽车代替人工驾驶，这样的社会变革将会为我们带来怎样的生活体验呢？

5.1.1 自动驾驶测试概述

自动驾驶汽车是一个集环境感知、决策、规划与控制等多项功能于一体的综合智能系统。自动驾驶汽车通过车载传感器或网联通信设备等媒介，获取车辆周围环境信息，智能自主地做出决策并控制车辆横纵向运动，从而使车辆能够安全、可靠地在道路上行驶，到达预定目的地。在汽车行业，所有技术从开发阶段走向量产，都需要经过复杂的验证环节。验证要求一般包括三个方面：企业标准验证、行业标准验证以及国家标准或法律法规的验证。

自动驾驶汽车道路行驶教学演示

围绕自动驾驶汽车验证环节所需的标准体系是测试场地条件以及相关测试方法等内容，政府机构、科研院所、相关企业已经开展了大量研究工作。在车辆进入验证环节前，需要大量的测试来证明其各项应用功能和性能的稳定性、鲁棒性、可靠性等。传统车辆测试评价的对象是人-车二元独立系统中的"车"，而自动驾驶汽车的测试评价对象变为人-车-环境-任务强耦合的自动驾驶系统,从而导致相关测试和验证变得极具挑战性。传统的车辆测试手段无法满足自动驾驶汽车测试与验证的需求。

目前,自动驾驶汽车测试方法主要分为基于用例的测试方法、基于场景的测试方法和公共道路测试方法,三种测试方法的对比见表5-1。

表 5-1 三种测试方法的对比

测试方法	测试输入	测试过程
基于用例的测试方法	预设	预设
基于场景的测试方法	预设	以车辆决策为准
公共道路测试方法	不预设	以车辆决策为准

基于用例的测试方法是指通过预先定义的测试用例来测试车辆的某项功能是否满足特定条件下需求的方法。测试用例是指为某个特殊目标而编制的一组测试输入、执行条件以及预期结果,以便测试某个程序路径或核实是否满足某个特定需求。该测试方法的特点就是对测试过程和测试结果有明确的要求,如对AEB的测试,在不同条件下通过制动使车辆避免与障碍物发生碰撞来证明功能有效。基于用例的测试方法主要适用于功能相对单一,并且有明确应用条件和预期结果的各类功能测试与验证。ADAS 和自动驾驶开发阶段的单项功能测试均可应用基于用例的测试方法。由于测试输入、测试条件和结果明确且可控,因此该测试方法可重复性强、效率高。对于测试输入和测试条件的确定,目前主要依赖于危险数据、事故数据、理论分析以及模拟试验数据的分析,但是前期的数据采集和分析成本相对较高,并且获得的数据存在局限性。但是,基于用例的测试方法在应用于功能相对复杂和综合的自动驾驶系统时存在一定不足:首先,该方法只能对某项功能进行测试,而无法测试多项功能的综合表现;其次,由于对测试结果有着明确的要求,自动驾驶系统的自主决策能力难以体现。

基于场景的测试方法是指通过预先设定的场景,要求车辆完成某项特定目标或任务来对系统进行测试的方法。场景描述了特定时间段内发生的事件过程,目前暂未形成场景的确切定义,但一般将场景理解为多个事件顺序发生而构成的序列,并会延续一段时间,或简单理解为事件的剧本,描述一定空间和时间范围内的所有环境以及交通参与者的状态、行为过程及目的。图5-1展示了一个典型的多车交互场景。该测试方法的特点在于对测试结果没有明确要求,在不违背给定目标或任务的情况下,自动驾驶系统可以自主选择采取何种方式来处理当前状况,具有很高的自由度。

基于场景的测试方法的优势在于该测试方法只规定了测试的初始条件,不预设测试过程以及测试结果,可以提供自动驾驶系统自主决策的自由度,能够对自动驾驶系统多种功能的综合性能进行测试,因此更适合高等级自动驾驶系统的测试需

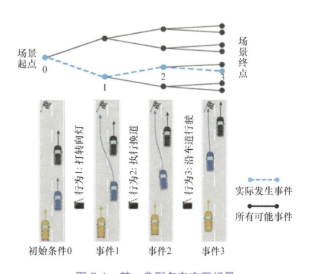

图 5-1 某一典型多车交互场景

求。与基于用例的测试方法类似，基于场景的测试方法同样需要分析多种来源数据以确定测试场景的内容以及测试初始条件。场景采集和分析的成本较高，目前主要通过自然驾驶数据、事故数据的研究，或者从大量的模拟试验数据中寻找典型场景，理论分析也是一种很重要的场景获得手段。

公共道路测试方法是指在真实的道路交通环境下开展的测试。该测试方法与上述两种方法相比存在特殊性，主要体现在该测试方法是结合特定测试环境的专用测试方法，无法推广到其他测试工具。公共道路可以提供完全真实的、非人工模拟的交通场景，所有交通参与者、气候条件、道路条件都真实存在，不受人为控制。由于所有事件均是随机发生的，因此测试中无法预设测试初始条件，车辆在公共道路行驶的过程均是测试过程，从而对自动驾驶系统提出了更高的要求。公共道路测试方法虽然能够提供真实的交通环境，满足环境感知系统、决策规划系统的测试需求，理论上是进行自动驾驶测试的最佳方式，但是该测试方法的主要不足在于测试周期长、效率低，测试成本巨大，同时必须考虑安全风险问题以及法律法规的限制。根据美国高速公路安全管理局（NHTSA）2013 年的统计数据，平均每 53 万 mile（1mile = 1.609km）出现一次机动车碰撞事故，平均每 9900 万 mile 出现一次致死事故，因此车辆在道路中实际行驶时是极少遇到危险状况和事故的。从统计学角度出发，要验证自动驾驶汽车比人类驾驶更安全，理论上应至少进行 9900 万 mile 以上的公共道路测试，这是一个无比巨大的测试里程。因此，单纯依靠公共道路测试方法来测试自动驾驶系统并不具备可操作性。

相较于基于用例的测试方法和公共道路测试方法，基于场景的测试方法应用更加灵活，测试效率高且更具有针对性，缩减了公共道路测试过程中大量的"无风险"里程，有助于自动驾驶汽车功能的快速和完善。在自动驾驶汽车整个开发过程中，只有综合运用多种测试方法，才能充分测试和评估自动驾驶功能的各方面性能。基于此，针对场景测试基础理论、应用方法、技术的研究越来越受到产业界和学术界的重视，如图 5-2 所示，测试场景可贯穿整个自动驾驶系统功能开发流程。一方面，系统功能开发、数字虚拟仿真测试、硬件在环测试、车辆在环测试以及封闭场地测试等依托场景数据库开展相关测试；另一方面，数字虚拟仿真测试、封闭场地测试以及公共道路测试等又不断衍生出新的场景，不断丰富场景库数据。

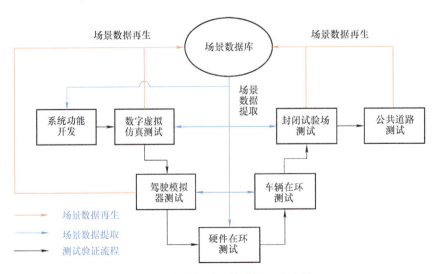

图 5-2　自动驾驶系统功能开发流程

自动驾驶汽车测试的对象包括软件算法、部件、系统以及整车,具体到不同系统还包括环境感知系统、决策规划系统和控制执行系统等。测试方法可以在受控程度不同的各级测试环境内实施,包括软件在环(Software-in-the-loop,SIL)、硬件在环(Hardware-in-the-loop,HIL)、车辆在环(Vehicle-in-the-loop,VIL)等基于虚拟技术的测试环境,以及封闭场地、公共道路等真实测试环境。

5.1.2 测试场景概述

场景(Scenario)是自动驾驶汽车产品研发和功能测试的基础,在场景研究的初期,并没有关于场景具体定义和架构的深入研究,相关机构和学者只是将车辆周边的环境信息概括为"场景",并应用于自然驾驶和交通事故等分类和归纳研究中。随着自动驾驶汽车测试验证对场景应用需求的增加,有学者从自动驾驶感知与功能测试的角度系统梳理了机器对行驶环境的认知需求,并基于此提出了场景的定义。

1. 测试场景的定义

场景是一定时间和空间范围内行驶环境与汽车驾驶行为的综合反映,描述了外部道路、气象和交通参与物以及车辆自身的驾驶任务和状态等信息。ISO 21448 中对场景的描述是场面(Scene)序列中几个场面之间的时间发展,每个场景都从一个初始场面开始,其中,场面是环境的快照,包括风景、动态元素以及所有参与者和观察者的描述,以及这些实体之间的关系。场面、情形和场景之间的关联如图 5-3 所示。

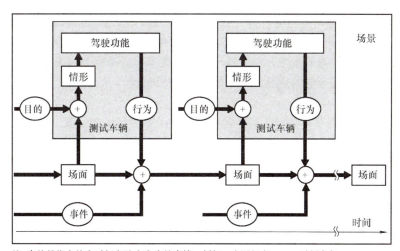

注:事件是指在特定时间和地点发生的事情,例如,交通灯在××:××时刻亮起。

图 5-3 场面、情形和场景之间的关联

服务于特定测试目的的场景被称为测试场景。测试场景可以帮助人们把特定的研究对象放置在具体的情况下进行研究,考查其表现和反应等,从而形成一定的测试结论。对于自动驾驶汽车测试场景,其含义可以从以下几方面进行理解。

(1)测试场景的内涵

场景被应用于自动驾驶汽车测试时,描述的是某类或某个行驶环境,以及被测车辆在上述行驶环境中的任务。具体来讲,行驶环境描述了基本的交通环境情况和交通参与者的状态及其行为，能够呈现或反映真实世界中的交通情景的发生环境以及发生过程；被测车辆的目标及行为描述了被测车辆在上述行驶环境下，需要完成的任务或预期完成的任务。上述两部分共同组成了某个或某类特定测试场景。在测试场景中，可以对被测车辆的特定功能在行驶环境下的表现进行考查和分析。

（2）测试场景的作用

测试场景用于对自动驾驶汽车的功能或性能进行测试、验证或评价。应用测试场景必须有明确的测试目的，如对车辆预期的行为、性能要求等的测试。通过被测车辆在测试场景中的表现，可以对车辆进行验证和评价。

（3）测试场景的尺度

测试场景描述的是一定时间和空间范围内的交通行驶环境以及被测车辆的测试任务。测试场景中包含动态要素，其行为反映的是一个动态过程，有一定的时间跨度。测试场景包含的所有要素是被布置在一定空间尺度的环境下的。测试场景的时间和空间尺度的大小依据测试任务而确定。对于时间尺度而言，如紧急避障场景，一般持续数秒，而对于跟车行驶场景，则可能持续数分钟甚至数小时。对于空间尺度而言，测试场景可能包含一段道路，或者数条道路组成的路网。

（4）测试场景的视角

测试场景存在多种视角。首先是研发人员或场景设计者的视角。在该视角下，能够获得最为完整的场景信息，且是真实信息。该视角主要用于测试人员构建测试场景以及测试结果的评价。其次是被测车辆的视角。在该视角下，场景信息是不完整的。自动驾驶汽车主要通过车载传感器、无线通信设备等获取周围行驶环境和交通参与者的信息，因此这些信息的范围有限，且存在一定误差。该视角是车辆在实际行驶过程的视角，是分析行驶环境和驾驶任务的重要视角。最后是其他交通参与者的视角，与被测车辆视角类似，该视角下的场景信息也是不完备的，从该视角出发可以对被测车辆的交通协调性等行为进行评价。

2. 测试场景的分类

为了满足自动驾驶汽车在开发、验证和测试过程中不同的应用需求，可从不同角度、不同维度对测试场景进行分类。目前常用的分类方式包括按测试场景的数据来源分类和按测试场景的抽象程度分类。

（1）按测试场景的数据来源分类

对自动驾驶汽车进行基于场景的各项测试时，构建测试场景的数据来源非常广泛，通过对数据来源进行分类，可将场景概括为四类：自然驾驶场景、危险工况场景、标准法规测试场景和参数重组测试场景。其中，自然驾驶场景为测试场景构建中的充分测试场景，危险工况场景为场景构建中的必要测试场景，标准法规测试场景为场景构建中的基础测试场景，参数重组测试场景为场景构建中的补充测试场景。

1）自然驾驶场景。自然驾驶场景是来源于汽车真实的自然驾驶状态的场景，是构建自动驾驶测试场景中最基础的数据来源，也是证明自动驾驶有效性的一种最充分的测试场景。自然驾驶场景可以包含自动驾驶汽车所处的人 - 车 - 环境 - 任务等全方位信息，能够很好地体现测试的随机性、复杂性及典型性区域特点。可通过安装在车辆上的多种传感器，如行车记录仪、摄像头、毫米波雷达、激光雷达、惯导、本车 CAN 总线等，采集车辆数据、驾驶人行为、道路环境等多维度信息，分析真实的交通环境和驾驶行为特征，从而构建自然驾驶场景数据库。

2）危险工况场景。危险工况驾驶是验证自动驾驶有效性的一种必要的测试场景，自动驾驶汽车在各种恶劣的环境（包括恶劣的天气情况和复杂的道路交通）下进行操作，避免交通事故的发生。危险工况场景是自动驾驶汽车测试过程中进行自动驾驶控制策略验证的关键部分，测试自动驾驶汽车在危险情况下的避撞能力是整个自动驾驶安全测试的核心，目前自动驾驶功能所进行的矩阵测试方法都是基于危险工况场景进行的。

3）标准法规测试场景。标准法规测试场景是验证自动驾驶有效性的一种基础测试场景，其通过现有的标准、评价规程等构建测试场景。ISO、NHTSA、Euro NCAP、C-NCAP等测试项目对现有的多种自动驾驶功能进行了测试规定，对场景中本车及他车的位置、速度、加速度、道路信息及周围环境信息等都提出了明确的要求，能有效地贯通标准场景的自动化测试流程。现有的标准法规测试场景中，已具有ACC、FCW、LKA、LDW、AEB等辅助驾驶功能，这些标准法规测试场景可以为自动驾驶法规测试场景提供一定的参考。

4）参数重组测试场景。由于场景具有无限、复杂的特点，所收集的驾驶信息永远不能涵盖所有的驾驶情况，此时就需要采用参数重组的方式构建驾驶场景。参数重组场景具有无限性、扩展性、批量化、自动化的特点，通过对静态要素、动态要素以及驾驶人行为要素的不同排列组合区遍历取值，可以扩展参数重组场景的边界，使虚拟场景的个数呈比例式增长。参数重组测试场景旨在将仿真场景中的各种要素进行参数化设置，完成仿真场景的随机生成或自动重组，进而补充大量未知工况的测试场景，有效覆盖自动驾驶功能测试盲区。参数重组的仿真场景可以是法规场景、自然场景和危险场景。通过不同交通要素的参数设置可以重组法规场景，使用参数随机生成算法可以重组自然场景；针对危险场景的重组，通过自动化测试寻找边缘场景，计算边缘场景的参数权重，扩大权重高的危险因子参数范围，可实现更多危险仿真测试场景的自动化生成。

（2）按测试场景的抽象程度分类

产品在开发过程中需经历三个阶段：概念阶段、系统开发阶段和测试阶段，随着产品开发阶段的逐步进行，产品的定义逐渐明确，产品安全性指标的取值范围越来越小，测试场景的抽象程度不断降低。通过比较三个阶段的不同场景的抽象程度，可将测试场景分类为功能场景、逻辑场景和具体场景。不同场景之间的抽象等级和场景数量如图5-4所示。

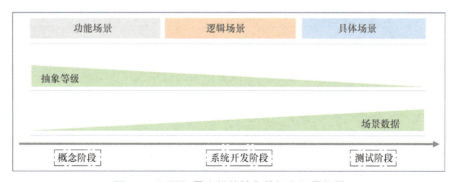

图5-4 不同场景之间的抽象等级和场景数量

1）功能场景。功能场景是语义级别的操作场景，通过语言场景符号来描述实体和实体之间的关系，用于概念阶段的项目定义、危害分析和风险评估。功能场景的表达形式应该是一致的，用来描述场景的词汇应该是定义好的专用术语，其来源于现有的标准和法规，场景的细节内容取决于实际的开发阶段。例如，在高速公路行驶时的功能场景需要描述道路的几何结构和拓扑结构、与其他交通参与者的交互以及天气状况等，而在地下停车场行驶则只需描述建筑物的布局，而此时天气条件则不需要进行详细的描述。

2）逻辑场景。逻辑场景通过状态空间描述两个实体之间的关系，是对功能场景的进一步描述，可以用于在项目开发阶段生成需求。逻辑场景通过状态空间来描述实体和实体之间的关系，因此需要对状态空间的参数范围进行确定，此时一般采用概率分布的方式，通过收集到的信息来确定状态空间的参数范围，不同参数之间的关系可以通过一定的公式或算法来确定。逻辑场景中包括解决问题的所有需求要素。

3）具体场景。具体场景通过在逻辑场景中的状态空间选择确定的参数值，使用具体的数值来表示实体和实体之间的关系。由于逻辑场景的状态空间中的参数是连续的，因此可以通过选择离散的具体参数值来生成任意数量的具体场景。为保证生成具体场景的效率，应选择有代表性的离散值进行组合，生成的具体场景可以作为测试用例的基础。在功能场景、逻辑场景和具体场景中，只有具体场景可以用来生成测试用例。

功能场景、逻辑场景和具体场景对于跟车的定义见表 5-2。

表 5-2 功能场景、逻辑场景和具体场景对于跟车的定义

场景	功能场景	逻辑场景	具体场景
路网结构	三车道的高速公路弯道，限速 100km/h 的交通标志	车道宽度：2.3～3.5m 曲线半径：0.6～0.9km 交通标志位置：0～200m	车道宽度：3.2m 弯道半径：0.7km 交通标志位置：150m
静止对象	无	无	无
运动对象	本车行驶在中间车道，高速公路车流较快	拥堵长度：10～200m 车流速度：0～130km/h 本车跟车距离：50～300m 本车速度：80～130km/h	拥堵长度：100m 车流速度：100km/h 本车跟车距离：100m 本车速度：110km/h
环境	夏天，雨	温度：10～40℃ 雨滴大小：20～100μm	温度：20℃ 雨滴大小：40μm

5.2 自动驾驶仿真测试

据了解，目前国内集装箱货车驾驶人成本（含工资和社保）平均为 15 万～20 万元/年，并且逐年上涨。按此标准计算，我国大中型集装箱码头每年仅用于驾驶人的人工成本大概在 22 亿～40 亿元之间。对于港口企业来说，在面临人工成本的同时，还面临着人员短缺、难招聘的情况，管理成本也随之进一步提升。在无特殊外因的情况下，港口通常需要 24h 运营。这就意味着驾驶人不得不多班倒，也更容易产生疲劳驾驶的现象，造成安全隐患。种种原因使得港口运输对无人化替代的需求非常明显。

5.2.1 仿真测试的必要性

联合国世界车辆法规协调论坛（UN/WP.29）自动驾驶与网联车辆工作组（GRVA）针对自动驾驶功能提出"多支柱法"，结合仿真测试、场地测试与真实道路测试等多种不同方法来支撑自动驾驶功能的评价。其中，场地测试与真实道路测试均属于传统测试技术，要求使用真实车

辆在真实世界进行测试，在场景覆盖面及测试效率上存在较大局限。相较于场地测试与真实道路测试，自动驾驶仿真测试通过传感器建模、车辆动力学仿真建模、高级图形处理、交通流仿真、数字仿真、道路建模等技术模拟车辆行驶环境，在虚拟环境中来检测自动驾驶系统功能和性能的有效性和可靠性。在一定程度上来说，仿真测试是场地测试与真实道路测试的有效补充，有助于提升自动驾驶测试速度，有效解决极端行驶条件下安全测试的实现问题。仿真测试有如下优点。

（1）测试场景丰富

仿真测试能够模拟自然驾驶场景和危险驾驶场景，可实现更丰富的场景，可以模拟高速公路、城市道路、园区道路、农村道路等自然驾驶场景，同时也可以模拟暴风雪环境、沙漠环境、日出日落时耀眼的阳光，薄冰下的高速公路等各种危险的驾驶场景，提高自动驾驶汽车功能开发测试的全面性。

（2）测试高效

相比于道路测试的低效率和高成本，仿真测试可快速搭建测试场景，加快测试时间，缩短产品开发周期。同时在实际道路测试的过程中，危险、复杂工况测试难以实现且一致性无法保证，而仿真测试可以快速地搭建各种危险、复杂场景，并且可以进行重复测试。

因为模型保真度的问题，仿真测试不能完全替代道路测试，自动驾驶测试需保证虚拟世界和现实世界的紧密结合。但是，仿真测试对于控制策略算法开发具有指导意义，通过仿真测试可排除算法开发中存在的问题，并可进行功能测试验证，还可验证算法是否正确；对于道路测试中的问题，可以使用仿真测试反复验证完善，对该测试问题形成闭环。

将测试场景应用于自动驾驶汽车测试的过程中，必须借助一定的技术手段，在特定的测试环境中将场景复现出来。自动驾驶测试场景应用关键技术包括场景应用预处理技术、仿真测试中的场景应用技术以及物理测试中的场景应用技术。

场景的仿真测试依托于虚拟仿真平台的搭建。通过利用虚拟仿真技术对测试场景进行虚拟复现。此外，还可以通过参数重组生成更多测试场景，进而实现对自动驾驶车辆测试。由于场景参数分布的连续性以及场景元素排列组合的多样性，测试场景是不能穷举的，所以虚拟场景也具有无限丰富的特征，可形成数量巨大的测试场景。同时，随着真实采集交通场景个数的不断积累，虚拟场景数据库也会不断地丰富和完善。

虚拟仿真平台涵盖虚拟仿真试验场（SIL、HIL、VIL等）和驾驶模拟器（驾驶人在环）等不同类型的测试平台。其中，虚拟仿真试验场通过将各类静态场景和动态场景进行整合，能够支持不同层级的自动驾驶汽车的虚拟仿真测试。自动驾驶仿真测试是一种安全、高效的测试方法，在自动驾驶汽车的测试中发挥了非常重要的作用。在进行封闭场地测试和公共道路测试之前，可以进行大量的虚拟仿真测试，以节约时间和人力成本，加速自动驾驶技术的迭代与验证。仿真测试除了可以帮助企业提高研发效率、节约研发成本外，最重要的应用意义还在于它可以满足巨量的、可重复的、极限工况的场景测试需求。

5.2.2 测试场景的架构及要素

测试场景架构是指场景的组成及彼此的关联，场景一般包括道路与道路结构、天气及光照条件，各类交通参与物及其形态、密度、行为等交通状况，构成了影响汽车行驶安全最为关键的因素。欧盟 PEGASUS 项目结合测试需求提出了具有 6 层的测试场景架构，如图 5-5 所示。

第1层：道路，包含道路几何和拓扑结构。
第2层：交通基础设施，包含施工障碍、交通标识、交通诱导。
第3层：第1层和第2层的临时操作，包括施工现场几何或拓扑结构的临时覆盖。
第4层：目标物，静态、动态、可移动、交互、操作。
第5层：环境，如天气、光照等，对其他的层次有影响。
第6层：数字信息，如V2X信息、数字地图等。

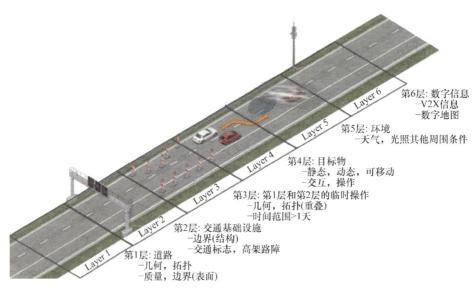

图 5-5　欧盟 PEGASUS 项目 6 层场景架构

此外，在实际测试应用过程中，部分学者将被测车辆功能特征引入测试场景，认为场景是自动驾驶测试要素，涵盖了环境元素、动态元素和驾驶指令，同时也包括了驾驶人的行为和自动驾驶的自主行为，如图 5-6 所示。美国国家公路交通安全管理局（NHTSA）发布的报告中提出自动驾驶汽车测试场景的框架，具体包括车辆运动行为（DDT）、设计运行范围（ODD）、事件感知与决策行为（OEDR）和失效模式行为（FM）。

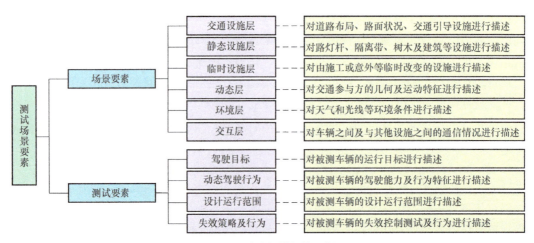

图 5-6　测试场景架构示例

由于场景具有不可预测、极其复杂、重复性差、无法穷举的特点，所以选择一个通用的、被业界认可的测试场景架构并对场景要素进行整合是开展仿真测试的关键。本书选择测试车辆、静态环境、动态环境、交通参与者和气象 5 个维度对场景要素进行整合。这种分类方式可以将所有自动驾驶可能需要的信息进行较好的囊括，并且子类层级较少，可以迅速地根据标签找到场景要素的具体位置，具有很强的通用性和使用效率。

1. 测试车辆要素

测试车辆的要素信息主要包括测试车辆的重量、几何信息、性能信息、位置状态信息、运动状态信息和驾驶任务信息，具体内容如图 5-7 所示。

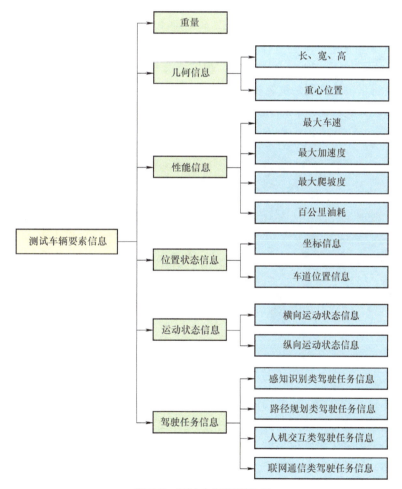

图 5-7　测试车辆要素信息

1）几何信息主要包括测试车辆的长、宽、高、重心位置等，反映车辆的空间信息。

2）性能信息主要包括最大车速、最大加速度、最大爬坡度、百公里油耗等，反映车辆的运动性能。

3）位置状态信息包括测试车辆的坐标信息以及在道路中的车道位置信息。坐标信息反映了测试车辆的具体位置，在道路中的车道位置信息反映了测试车辆所在车道与道路中其他车道的具体位置关系。

4)运动状态信息包括加速、减速、直行、掉头、左转、右转、向左变道以及向右变道等,反映车辆当前的运动状态。

5)驾驶任务信息指的是完成车辆驾驶所需的感知、决策和操作,反映车辆在接下来一段时间内的驾驶目的,包括控制车辆横向运动、控制车辆纵向运动、目标和事件探测与响应、行驶规划、控制车辆照明及信号装置等,涵盖交通标志和标线的识别及响应、交通信号灯识别及响应、前方车辆行驶状态识别及响应、障碍物识别及响应、行人和非机动车识别及避让、跟车行驶、靠路边停车、超车、并道、交叉路口通行、环形路口通行、自动紧急制动、人工操作接管和联网通信等。

自动驾驶汽车的驾驶任务与行驶过程中的目标区域息息相关。若不考虑自动驾驶汽车行驶过程中的驾驶任务,则车辆需要计算传感器所收集到的所有场景要素的信息,这对整个自动驾驶系统的决策规划系统是巨大的负担。如图 5-8 所示,若自动驾驶车辆 A 直接穿过十字路口,则 A 车辆旁边的自行车虽距离 A 车辆较近,但不会参与 A 车辆的驾驶过程,此时自行车的位置和运动信息就可被决策控制系统忽视,减少计算的复杂性;反之,当 A 车辆需要右转时,自行车则变成了自动驾驶系统决策控制所必须考虑的场景要素。

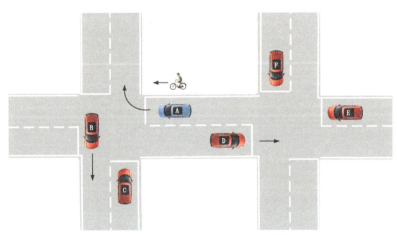

图 5-8 驾驶任务对场景要素的影响

2. 静态环境要素

静态环境要素是指其中无运动物体且通过视觉可以感受到的区域场景,如道路类型、交通信号灯、交通设施、地理信息等。为了清晰描述道路交通场景静态要素的构成,定义元要素为道路交通场景静态要素中级别最小的个体,在某种程度上它是能够影响智能网联汽车智能行为的一种刺激实体,如警告标志和禁止标线等。静态要素类由元要素直接构成或由低一级不同的静态要素类直接构成,如道路和道路交通标志等。所有的元要素和要素类的集合构成了测试场景静态要素,某些元要素和要素类有机地组合在一起,便形成了某种具体的静态环境场景。静态环境要素由道路、交通设施、周围景观和障碍物四个一级要素类构成,一级要素类还下分二级要素类、三级要素类或直接由元要素构成,如图 5-9 所示。

3. 动态环境要素

动态环境要素,即在车辆动态驾驶任务中处于动态变化的要素。动态环境要素包括动态指示设施(包含交通信号、可变交通标志和交通警察等)及通信环境信息(主要为车辆之间变化的通信状况),如图 5-10 所示。

第 5 章　智能网联汽车自动驾驶测试及仿真示例

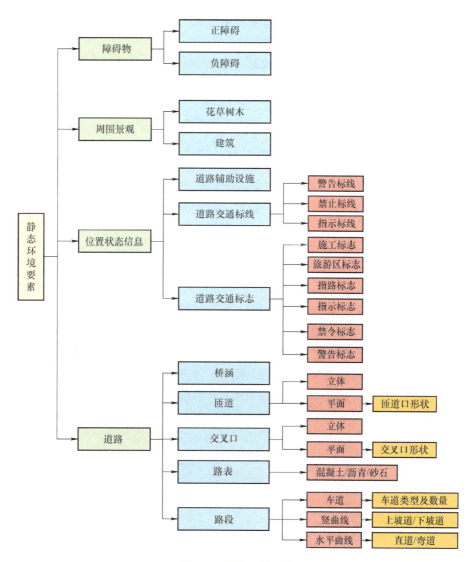

图 5-9　静态环境要素

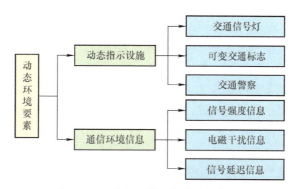

图 5-10　动态环境要素的具体内容

动态环境要素在仿真环境中的逼真程度主要体现在三维驾驶场景的质量与用户的交互作用过程方面，动态要素的真实性决定了仿真结果的可信度。

智能交通信号灯是指挥交通，在道路交叉口分配车辆通行权的信号灯光设施。交通信号灯的检测与识别是自动驾驶功能必不可少的一部分，其识别精度直接关乎智能驾驶的安全。

随着智能网联汽车相关技术的不断发展，网联通信已逐渐成为自动驾驶中不可或缺的一个方面，而通信信道是移动通信的传输媒体，所有的信息都在信道中传输。信道性能的好坏直接决定着车辆通信的质量，对于车辆的网联通信性能有着重要的影响，是车辆进行网联通信的基本条件。在车辆的网联通信中，信号的传播环境十分复杂，电波不仅会随着传播距离的增加而发生弥散损耗，而且会受到地形、建筑物的遮蔽而发生"阴影效应"。信号经过多点反射后，会从多条路径到达接收地点，这种多径信号的幅度、相位和到达时间都不同，它们相互叠加会产生电平快衰落和时延扩展。车辆通信常常在快速移动中进行，这不仅会引起多普勒频移，产生随机调频，而且会使电波传播特性发生快速的随机起伏。因此，可以认为车辆通信环境信息是一种随时间、环境和其他外部因素而变化的动态环境因素。

4. 交通参与者要素

交通参与者要素描述的是在自动驾驶测试场景中对测试车辆（智能车辆）决策规划造成影响的对象信息。如图5-11所示，交通参与者要素包括三类：其他车辆、行人和动物。车辆的分类参照GB 7258—2017《机动车运行安全技术条件》和《中华人民共和国道路交通安全法》进行。对于其他车辆，其位置、纵向运动、横向运动、车辆形状等都是场景中的关键组成要素；对于行人，其位置、速度、方向、外貌特征等也会对自动驾驶汽车产生很大的影响；对于该要素中提到的动物，在一般道路及高速路上很少出现此种交通动态参与者，只有在乡间小道或者人烟稀少的偏远地区会有小动物或者野生动物出没，进而影响交通环境。

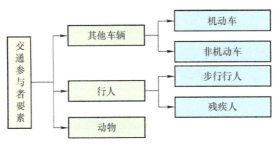

图5-11 交通参与者要素信息

在一般驾驶场景中，车辆是最主要的交通参与者，车辆运动状态的不同直接影响到驾驶场景的特性。车辆在运动过程中的加速、减速、转弯和制动直接影响到驾驶场景的转变。此处的车辆指的是道路上行驶的一切车辆，包括公交车。除了车辆之外，在自动驾驶过程中，当周边出现行人或者动物时（需要目标高于500mm），车辆需要识别到行人或者动物信息，并通过行人识别系统提供决策信息，促使车辆进行转向、制动等，以保证行人或者动物免受碰撞带来的伤害。

5. 气象要素

气象要素包括驾驶场景中的环境温度、光照条件、天气情况等信息，如图5-12所示。

1）环境温度会影响各元器件的使用精度。

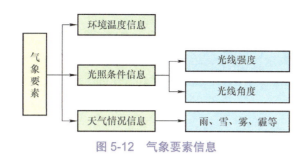

图 5-12 气象要素信息

2）光照条件会影响场景采集过程中的能见度，尤其是影响各类摄像头的感知能力。

3）天气情况包括晴、阴、多云、阵雨、雷阵雨、冰雹、小雨、中雨、大雨、暴雨、大暴雨、特大暴雨、阵雪、小雪、中雪、大雪、暴雪、雾、冻雨、沙尘暴、浮尘、扬沙、强沙尘暴、霾等，对传感器的工作精度和工作范围有很大的影响。

以激光雷达为例，其发射的激光一般在晴朗的天气里衰减较小，传播距离较远，而在大雨、浓烟、浓雾等恶劣天气里，衰减急剧加大，传播距离大受影响，工作波长为10.6μm的激光在恶劣天气的衰减是晴天的 6 倍。

6. 场景要素的属性及联系

在自动驾驶测试场景描述中，不仅需要描述场景中存在的对象，还需要描述对象自身属性和对象间的联系。属性信息包括要素的形状、大小等几何信息，也包括速度、加速度等运动信息。对象之间的联系包括逻辑关系、附属关系等。场景要素及其属性和关系共同构成了驾驶场景，不同的要素种类、属性和关系可构成不同的驾驶场景，因此需要对场景的属性及联系进行明确定义，从而为场景数据的采集以及数据库的建设提供指导。

影响自动驾驶交通场景的因素包括测试车辆、静态环境、动态环境、交通参与者、气象，其相互之间具有较强的相关性，涵盖静态因子和动态因子，共同组成交通场景。路面、道路线等静态环境要素是动态要素的依托，也是所有场景构建的基础，场景的构建必先从构建道路开始。同时，各个场景要素之间存在较强的耦合关系，一个要素产生变化可能会对其他所有要素产生影响。以动态环境要素为例，交通信号灯的改变不但会对本车的轨迹产生影响，也会同时影响其他交通参与者的运动状态。在整个自动驾驶测试场景构建中，各要素协调运作才能保证自动驾驶测试时的真实性和可靠性，为自动驾驶汽车的量产提供安全保障。

5.2.3 测试场景的构建方法及应用

基于场景的自动驾驶测试方法是目前自动驾驶领域进行测试验证的主流发展手段。在以场景为驱动的自动驾驶研发测试中，自动驾驶测试场景的科学、有序构建，能有效支撑自动驾驶的测试研发工作。同时，自动驾驶研发测试工作的开展能够反馈给场景库并丰富自动驾驶测试场景，形成正向循环。测试场景中的一个重要要求就是其分解功能和组合功能，将测试场景按照上文中的分类方法分成合适的要素，有利于场景要素的进一步组合，对测试场景的构建具有不可或缺的作用。

1. 场景构建的基本流程

总体来说，自动驾驶测试场景结构分为三层：场景层、数据层和测试执行层。场景层作为测试体系的底层基础，需要对测试体系起到聚合的作用，同时又需要将测试内容进行拆分细化。数据层则负责从各方面采集场景构建所需要的数据，并将其处理导入场景层。为了确保生成的测试场景符合客观事实，需要对初步生成的场景进行测试验证。测试执行层也可通过调用场景库中的场景为测试服务，并将测试结果反馈给场景库。场景库是场景的载体平台，通过场景数据采集、分析挖掘、测试验证等步骤将各层数据有机连接起来，实现内容闭环，如图5-13所示。

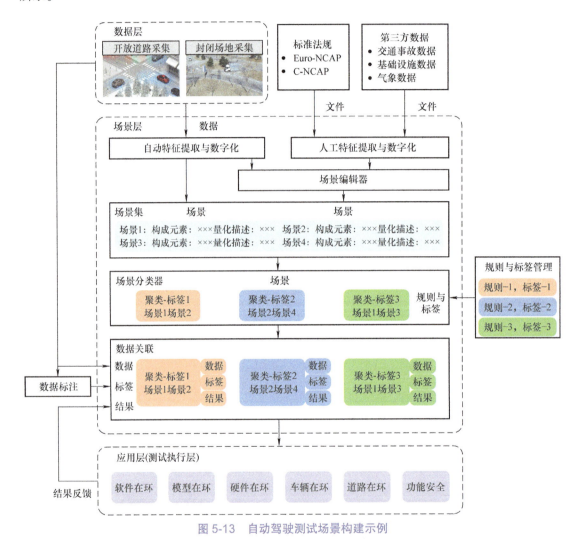

图5-13 自动驾驶测试场景构建示例

1）第一步是场景数据采集。该步骤主要采集场景建立过程中所需要的各种数据，如车辆状态位置信息、障碍物信息、地理信息等。数据采集主要依靠车辆采集平台实现，车辆需要根据需求安装激光雷达、摄像头、毫米波雷达等采集设备，规定采集变量和参数格式。在采集工作完成之后，可以利用自动化处理工具对数据进行特征提取和数字化。场景数据也可以来自于文字记录或图表示意的国家及行业标准法规、交通事故数据库、气象数据库等。从标准法规和交通事故等数据库获取的数据格式和参数不同，需要依靠人工进行特征提取。故场景数据采集主要包含采集需求定义、采集方案制定与执行、数据预处理及数据传输存储等环节。除此之外，仿真台架数据采集、路测设备数据采集等方法也可以丰富数据来源，为第二步的场景分析挖掘奠定基础。

2）第二步是场景分析挖掘。将采集回来的数据进行处理，如场景理解、特征提取挖掘等，统一格式之后再导入场景库中。在此基础上，需要围绕场景进行聚类、生成和优化等处理，从而构建不同场景。例如对于十字路口场景，主车信息、障碍物信息、道路信息等都是与特定场景绑定在一起的。此时场景库中的场景是单独和孤立的，需要给场景增加各类标签和规则，通过标签和规则进行统一管理查询和调用。举例来说，当筛选"路口""红绿灯由绿变红""障碍车切入"这三类标签时，即可聚类出路口红绿灯由绿变红同时有障碍车切入的场景。标签可以人为设定和修改编辑。

3）场景通过关联数据、标签后，即可应用于测试层，进入场景构建的第三步——测试验证。场景测试验证主要是将场景库内已经构建好的场景抽取出来，用虚拟场景验证、实车场景验证等方法进行验证，确认场景的真实性、代表性和有效性，从而更好地服务于研发和测试工作。与场景相关的测试结果反馈给场景库，对场景的分析挖掘方法等进行修正，或者根据需求重构生成场景，更新补充完善场景库。场景库进一步有效支撑测试研发工作，从而形成场景库构建与应用的正向循环。

2. 场景要素描述及建模

按照相对大地的移动特性，场景要素分为静态场景要素和动态场景要素两类，由静态特征的道路、设施等与动态特征的气象（天气、光照）和交通流（交通车、行人和非机动车辆）等组成，而每一个要素又具体包含几何属性（如大小、形状和位置等）、物理属性（如速度、方向、反射率、物理形态、疏密度等）和图像属性信息（如表面不平度、纹理、材质等）等，具有无限丰富、非常复杂和强不确定性的特点。

（1）静态要素描述和建模

场景静态要素主要由道路设施要素组成，包括路网拓扑结构、道路几何特征、道路表面材质、车道线、路面标识、交通灯牌、街边建筑、特殊部分（慢车道、施工、匝道、桥梁、隧道）等，详见表5-3。

表5-3 场景静态要素属性

静态要素	属性
路网拓扑结构	道路数目、道路编号、交叉口
道路几何特征	起点/终点、车道数、车道宽、曲率半径、坡度
道路表面材质	材料、粗糙度、纹理、反射特性
车道线	线型、宽度、颜色
路面标识	交通标志、标线
交通灯牌	朝向、位置、信息、切换时间
街边建筑	物质、尺寸、表面属性
特殊部分	慢车道、施工、匝道、桥梁、隧道

静态要素主要采用几何建模和物理建模的方法。

1）几何建模就是用多边形构成对象的立体外形，并用三维世界的点来描述它在世界坐标系中的位置。三维图形需要包含以下信息：

① 几何信息，包括对象的一些具体的几何形状。为方便碰撞检测，一般可抽象出图形的包围盒。

② 位置信息，三维对象的局部坐标系在世界坐标系中的位置以及三维对象的方向向量、纹理坐标等。

2）物理建模就是在几何建模的基础上进行纹理、材质、光照、颜色等处理，以实现模型的真实感。对于纹理、材质、光照、颜色等方面的属性开发形成常用属性的资源库。

以百度的仿真系统为例，其支持对于道路的建模，主要的方法是采用 webGL 渲染高精度地图的信息，从而绘制不同拓扑结构的道路以及车道线等。

其他静态要素如道路表面材质、路面标识、交通灯牌、街边建筑、特殊部分在仿真软件中均可实现模拟真实的道路场景，形成如交通标志、道路状况、道路周围环境、道路的曲率半径等静态条件的智能网联汽车虚拟测试场景，如图 5-14 所示。

图 5-14　基于 PreScan 仿真平台的场景建模

（2）动态要素描述和建模

场景的动态要素主要由气象（天气、光照）和交通流（交通车、行人和非机动车）组成，详见表 5-4。

表 5-4　场景动态要素属性

动态要素		属性
气象	光照	强度、颜色、方位
	雾/霾	包络范围、湿度、密度、反射衰减
	雨雪	降水量、湿度、反射衰减
	风	强度、方向
	云	位置
交通流	交通特性	密度、流、速度、人车分布
	交通车	交互动态、习性、表面属性
	行人	行为动态、习性、表面属性、动作姿势

动态要素在利用几何建模和物理建模实现其三维特征后，还需进行行为建模，赋予动态要素一些符合物理规律的行为能力。首先要根据给定的几何模型建立合适的数学模型，根据运动对象在某一时刻的运动参数值，通过矩阵变换实现运动的数据驱动仿真，通过计算确定物体的空间位置和显示效果。

例如，在 PreScan、CarMaker、VTD、Panosim 中实现动态驾驶任务：起步、停车、跟车、变更车道、路口左转弯、路口右转弯、直行通过路口、直行通过斑马线、靠边停车、会车、通过环岛、通过立交桥主辅路行驶、通过学校区域、通过隧道和桥梁、通过泥泞山路和急转弯山路、超车、夜间行驶、倒车入库、侧方停车、通过雨区道路、通过雾区道路、通过湿滑路面和避让应急车辆等。

5.3 自动驾驶仿真测试典型场景

自动驾驶清洁汽车穿梭在城市的每条街道，有的车辆在洒水，有的车辆在清扫，忙忙碌碌的街道上再也看不到清洁工人的身影，大大降低了城市的人工成本。那么，自动驾驶清洁汽车是如何识别道路工况并进行安全工作的呢？

5.3.1 自动驾驶功能测试内容

自动驾驶功能测试内容主要来源于自然驾驶场景和事故重现场景两种，依据这两种特定场景搭建测试框架，形成测试场景。根据自动驾驶产业发展进程，国家针对不同需求，进行自动驾驶功能测试场景变更。现对 GB/T 41798—2022《智能网联汽车 自动驾驶功能场地试验方法及要求》中自动驾驶功能测试场景进行汇总，详见表 5-5，涉及 8 个测试项目，共 32 个测试场景。

表 5-5 国家标准中测试项目及测试场景

序号	测试项目	测试场景
1	交通信号识别及响应 （包括交通信号灯、交通标志、交通标线等）	限速标志 弯道 停车让行标志和标线 机动车信号灯 方向指示信号灯 快速路车道信号灯
2	道路交通基础设施与障碍物识别及响应	隧道 环形路口 匝道 收费站 无信号灯路口右侧存在直行车辆 无信号灯路口左侧存在直行车辆 无信号灯路口对向存在直行车辆 施工车道 静止车辆占用部分车道

（续）

序号	测试项目	测试场景
3	行人与非机动车识别及响应（包括横穿道路和沿道路行驶）	行人通过人行横道线 行人沿道路行走 自行车同车道骑行 摩托车同车道骑行
4	周边车辆行驶状态识别及响应（包括影响本车行驶的周边车辆加减速、切入、切出及静止等状态）	前方车辆切入 前方车辆切出 对向车辆借道行驶 目标车辆停-走
5	自动紧急避险（包括自动驾驶系统开启及关闭状态）	目标车辆切出后存在车辆静止 前方车辆紧急制动 行人横穿道路 自行车横穿道路
6	车辆定位	停车点 港湾式站台 普通站台
7	动态驾驶任务干预及接管	动态驾驶任务干预及接管
8	最小风险策略	最小风险策略

相较于此前的《智能网联汽车自动驾驶功能测试规程（试行）》，GB/T 41798—2022《智能网联汽车　自动驾驶功能场地试验方法及要求》中对测试场景进行了增减及合并，其中，减少的场景包括误作用测试、前方车道减少、长直路段车车通信、长直路段车路通信、十字交叉口车车通信、编队行驶测试，增加的场景包括快速路信号灯、隧道、匝道、收费站、摩托车沿道路行驶、车辆定位，合并的场景见表5-6。

表5-6　测试场景合并前后对比

序号	合并前的测试场景	合并后的测试场景
1	人行横道线识别及响应 行人横穿马路	行人横穿道路行走
2	稳定跟车行驶 停-走功能 超车	前方车辆停-走
3	最右车道内靠边停车 靠路边应急停车	定位停车
4	人工操作接管	动态驾驶任务干预

考虑到测试车辆不同的车辆类型及设计运行条件，在实际测试时应根据测试车辆设计运行条件下的行驶区域选取测试项目及测试场景，见表5-7。

表 5-7　测试场景选取参考

序号	测试场景	高速及快速路	城市道路	城郊道路	特殊应用场景
1	限速标志	是	是	是	
2	车道线	是	是	是	
3	停车让行标志标线		是	是	
4	路口机动车信号灯		是	是	
5	方向指示信号灯		是	是	
6	快速路车道信号灯	是			
7	隧道	是	是	是	
8	环形路口		是	是	
9	匝道	是		是	
10	收费站	是		是	
11	无信号灯路口直行车辆冲突通行		是	是	
12	无信号灯路口右转车辆冲突通行		是		
13	无信号灯路口左转车辆冲突通行		是		
14	常规障碍物	是	是	是	
15	静止车辆占用部分车道	是	是	是	
16	行人通过人行横道线		是	是	
17	行人沿道路行走		是	是	
18	自行车沿道路骑行		是	是	
19	摩托车沿道路骑行	是	是	是	
20	行人横穿道路行走	是	是	是	
21	自行车横穿道路骑行		是	是	
22	前方车辆切入	是	是	是	
23	前方车辆切出	是	是	是	
24	对向车辆借道行驶		是	是	
25	前方车辆停-走		是	是	
26	跟车前方存在车辆静止	是	是	是	
27	前方车辆急制动	是	是	是	
28	定点停车		是	是	
29	公交车港湾式进站				是
30	普通公交站台式进站				是
31	动态驾驶任务干预及接管	是	是	是	
32	风险减缓策略	是	是	是	

5.3.2　自动驾驶功能主要测试场景

自动驾驶功能测试项目的开展不仅需要完整的测试场景，还需要满足通用的自然环境条件和仪器设备条件。比如在自然环境方面应环境良好，无降雨、降雪、冰雹等恶劣天气，在仪器设备方面应该满足精度和数据记录等要求。

下面从测试场景、测试方法和通过要求三方面，详细介绍 GB/T 41798—2022《智能网联汽

车 自动驾驶功能场地试验方法及要求》中的自动驾驶功能测试场景。

1. 交通信号识别及响应

（1）限速标志

1）测试场景。测试道路为至少包含一条车道的长直道，根据 v_{max} 在表 5-8 中选取相对应的限速及解除限速标志牌数值，标志牌间距离至少为 100m，如图 5-15 所示。

表 5-8 限速标志选取参照

v_{max}/（km/h）	初始道路限速/（km/h）	限速标志数值/（km/h）	解除限速标志/（km/h）	恢复限速标志/（km/h）
$v_{max} \geq 80$	80	60	60	80
$60 \leq v_{max} < 80$	60	40	40	60
$40 \leq v_{max} < 60$	40	30	—	—
$v_{max} \leq 40$	40	$v_{max}-10$	—	—

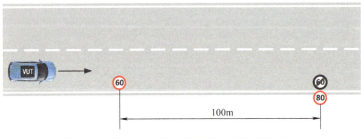

图 5-15 限速标志识别及响应测试场景示意图

2）测试方法。测试车辆以高于初始道路限速的 75% 的速度在长直道内驶向限速标志。

3）通过要求。

① 试验车辆最前端超越限速标志时，速度不高于限速标志所示速度。

② 在限速标志牌间行驶时，试验车辆的行驶速度不低于该路段限速的 75%。

③ 通过解除限速标志牌后 200m 时，试验车辆行驶速度不低于该路段限速的 75%。

（2）车道线

1）测试场景。试验道路为长直道和弯道的组合道路，弯道长度应大于 100m。根据 v_{max} 在表 5-9 中选取相对应的最小弯道半径值之一，并设置相对应的限速标志牌，如图 5-16 所示。

表 5-9 弯道最小曲率半径对照

v_{max}/（km/h）	最小弯道半径值/m	限速要求/（km/h）
$v_{max} \geq 100$	650	100
	400	80
	250	60
$60 \leq v_{max} < 100$	400	80
	250	60
$v_{max} < 60$	250	60
	125	40
	60	20

第 5 章 智能网联汽车自动驾驶测试及仿真示例

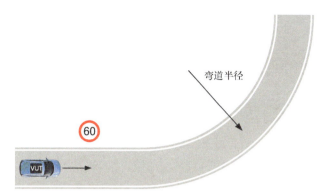

图 5-16 车道线试验场景示意图

2）测试方法。试验车辆由长直道驶入并驶出弯道。

3）通过要求。

① 试验车辆车轮不应碰轧车道边线。

② 若试验车辆为乘用车，弯道内全程车速不应低于限速标志所示速度的 75%。

③ 若试验车辆为商用车辆，弯道内全程车速不应低于限速标志所示速度的 50%。

（3）停车让行标志标线

1）测试场景。试验道路为至少两条各包含一条车道的丁字路口，并于交叉处设置停车让行标志牌和停车让行标线，如图 5-17 所示。

2）测试方法。试验车辆在车道内驶向停车让行线。

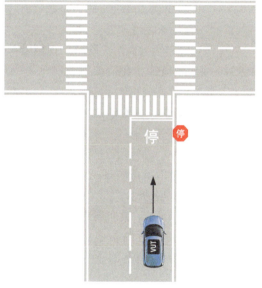

图 5-17 停车让行标志标线识别及响应测试场景示意图

3）通过要求。

① 试验车辆应在停车让行线前停车。

② 试验车辆为乘用车时，最前端与停车让行线最小距离不应大于 2m，车辆静止时间不应超过 3s。

③ 试验车辆为商用车辆时，最前端与停车让行线最小距离不应大于 4m，车辆静止时间不应超过 5s。

（4）路口机动车信号灯

1）测试场景。试验道路为至少包含一条车道的长直道并在路段内设置机动车信号灯，该路段设置限速为 40km/h，如图 5-18 所示。

2）测试方法。试验车辆在车道内驶向机动车信号灯。机动车信号灯初始状态为绿色，随机调整为下列两种信号灯状态之一：

① 绿灯通行：信号灯保持绿色状态。

② 红灯停止：在试验车辆最前端距离停止线 40~60m 时，信号灯由绿色变为黄色，持续 3s 后变为红色并持续 30s 后变为绿色。

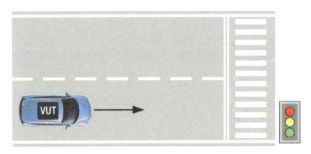

图 5-18 路口机动车信号灯试验场景示意图

3）通过要求。

① 当进行绿灯通行试验时，试验车辆应通过路口且在通过过程中不应存在停止行驶的情况。

② 当进行红灯停止试验时，要求如下所示：

a）试验车辆在红灯点亮后应停止于停车线前且车身任何部位不越过停止线。

b）当试验车辆为乘用车时，车辆最前端与停止线最小距离应不大于 2m；当信号灯变为绿色后，起动时间不应超过 3s。

③ 当试验车辆为商用车辆时，车辆最前端与停止线最小距离应不大于 4m；当信号灯变为绿色后，起动时间不应超过 5s。

（5）方向指示信号灯

1）测试场景。试验道路为至少包含双向两车道的十字交叉路口，交叉口道路转弯半径不小于 15m，路口设置包括直行、左转、右转的方向指示信号灯，该路段限速为 40km/h，如图 5-19 所示。

2）测试方法。试验车辆在车道内驶向方向指示信号灯。方向指示信号灯初始状态为绿色，并随机调整为下列两种信号灯状态：

① 绿灯通行：信号灯保持绿色状态。

② 红灯停止：在试验车辆最前端距离停止线 40~45m 时，信号灯由绿色变为黄色，持续 3s 后变为红色并持续 30s 后变为绿色。

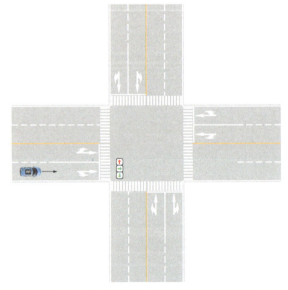

图 5-19 方向指示信号灯试验场景示意图

3）通过要求。

① 当进行绿灯通行试验时，试验车辆应通过路口并进入对应车道，在通过过程中不应存在停止行驶的情况。

② 当进行红灯停止试验时，要求如下所示：

a）试验车辆在红灯点亮后应停止于停车线前且车身任何部位不越过停止线。

b）当试验车辆为乘用车时，车辆最前端与停止线最小距离应不大于 2m；当信号灯变为绿色后，起动时间不应超过 3s。

c）当试验车辆为商用车辆时，车辆最前端与停止线最小距离应不大于 4m；当信号灯变为绿色后,起动时间不应超过 5s。

(6)快速路车道信号灯

1)测试场景。试验道路为至少包含双向两车道的道路,道路上方均设置快速路车道信号灯,相邻车道信号灯保持绿色通行状态,如图 5-20 所示。

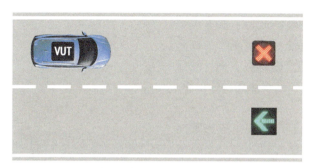

图 5-20　快速路车道信号灯试验场景示意图

2)测试方法。试验车辆在车道内驶向车道信号灯并提前调整信号灯为下列两种状态之一:
① 绿色通行:信号灯保持绿色通行状态。
② 红色禁行区域:信号灯保持红色禁行状态。

3)通过要求。
① 若试验车辆具备信号灯识别能力,当进行通行试验时,试验车辆应于本车道内通过交通信号灯且在通过过程中不应存在停止行驶的情况。
② 若试验车辆具备信号灯识别能力,当进行禁行区域试验时,要求如下所示:
a)若具备换道行驶能力,试验车辆应在信号灯前方驶入相邻车道。
b)若不具备换道行驶能力,试验车辆应停止于信号灯前方,可发出超出设计运行范围的提示信息。
c)若试验车辆不具备信号灯识别能力,试验车辆应在到达信号灯前发出超出设计运行范围的提示信息。

2. 道路交通基础设施与障碍物识别

(1)隧道

1)测试场景。试验道路为至少包含两条车道的长直道,路段内设置隧道,隧道长度不应小于 100m,如图 5-21 所示。

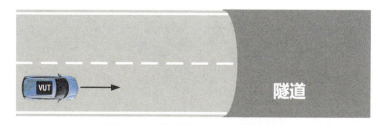

图 5-21　隧道通行试验场景示意图

2)测试方法。试验车辆根据路径设定驶向隧道。

3）通过要求。

① 若不具备隧道内行驶能力，试验车辆在进入隧道前应发出超出设计运行范围的提示信息且不进入隧道区域。

② 若具备隧道内行驶能力，试验车辆应在通行过程中保持相同车道驶入并驶出隧道。

（2）环形路口

1）测试场景。试验场地为不低于3个出入口的环形路口，每个出入口至少为双向两车道。试验车辆入口上游存在1辆行驶目标车辆，下游第1个入口存在静止目标车辆，如图5-22所示。

2）测试方法。试验车辆在车道内驶向环形路口，且车辆路径规划从出口2或出口3驶出环岛；当试验车辆到达环岛入口时，在入口上游存在计划于出口1驶出的以15km/h的速度匀速行驶的目标车辆。

3）通过要求。

① 若不具备环岛内行驶能力，试验车辆在进入环岛前应发出超出设计运行范围的提示信息且不进入环岛区域。

② 若具备环岛内行驶能力，试验车辆应满足以下条件：

a）绕经环岛由正确出口驶出并进入对应车道。

b）不与目标车辆发生碰撞。

c）不与路面基础设施发生碰撞。

d）不受静止目标车辆的影响。

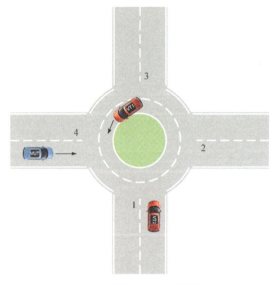

图5-22　环形路口试验场景示意图

（3）匝道

1）测试场景。试验道路为至少包含两条车道的长直道并由一条不少于100m的匝道相连接的道路，匝道入口处设置限速40km/h的标志牌，如图5-23所示。

图5-23　驶入驶出匝道试验场景示意图

2）测试方法。试验车辆根据路径设定并入最右侧车道后行驶入匝道，通过并驶出匝道并入主车道。试验车辆若不具备匝道行驶能力，无需进行该试验项目。

3）通过要求。试验车辆应驶入并驶出匝道，在匝道内各车轮不触碰车道线。若试验车辆为乘用车，匝道内行驶全程速度不应低于15km/h。

（4）收费站

1）测试场景。试验道路为至少包含一条车道的长直道，该路段设置收费站，收费站前设置收费站标志、限速标志及减速带，如图5-24所示。

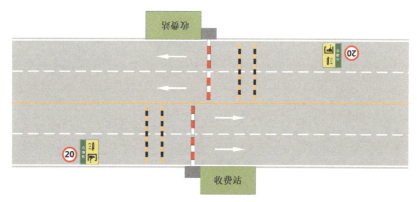

图 5-24 驶入驶出收费站试验场景示意图

2）测试方法。试验车辆驶向收费站。当车辆距离升降栏20～30m时，升降栏降下并于5～10s后升起。

3）通过要求。

① 若不具备收费站通行能力，试验车辆在进入收费站前应发出超出设计运行范围的提示信息。

② 若具备收费站通行能力，试验车辆应满足以下条件：

a）不与路面设施及升降栏发生碰撞。

b）升降栏完全升起后5s内起动。

（5）无信号灯路口直行车辆冲突通行

1）测试场景。试验道路为至少包含双向单车道的十字交叉路口。目标车辆从试验车辆右方横向直线驶入路口，如图5-25所示。

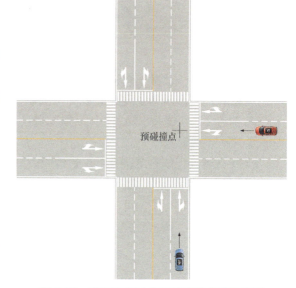

图 5-25 直行车辆冲突通行试验场景示意图

2）测试方法。试验车辆根据路径设定在车道内沿标有直行和右转指示标线的车道直行通过该路口。当两车预碰撞时间首次为5.5s后1s内，目标车辆以20km/h速度由试验车辆右侧匀速驶向路口。

3）通过要求。试验车辆应驶入对应车道且不与目标车辆发生碰撞。

（6）无信号灯路口右转车辆冲突通行

1）测试场景。试验道路为至少包含双向两车道的十字交叉路口，交叉路口转弯半径不小于15m。目标车辆从试验车辆左方横向直线驶入路口，如图5-26所示。

2）测试方法。试验车辆根据路径设定在车道内沿标有直行和右转指示标线的车道右转行驶通过该路口。当两车预碰撞时间首次为5.5s后1s内，目标车辆以20km/h速度匀速驶向路口。

3）通过要求。试验车辆应驶入对应车道且不与目标车辆发生碰撞。

（7）无信号灯路口左转车辆冲突通行

1）测试场景。试验道路为至少包含双向两车道的十字交叉路口，交叉路口转弯半径不小于15m。目标车辆从对向车道直线驶入路口，如图5-27所示。

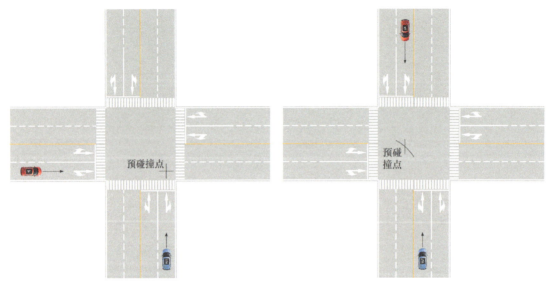

图5-26　右转车辆冲突通行试验场景示意图　　图5-27　左转车辆冲突通行试验场景示意图

2）测试方法。试验车辆根据路径设定在车道内沿标有直行和左转指示标线的车道左转行驶通过该路口。当两车预碰撞时间首次为5.5s后1s内，目标车辆以20km/h速度匀速驶向路口。

3）通过要求。试验车辆应驶入对应车道且不与目标车辆发生碰撞。

（8）常规障碍物

1）测试场景。试验道路为至少包含两条车道的长直道，中间车道线为白色虚线。在车道内依据道路养护作业的交通控制要求摆放锥形交通路标及交通标志等，如图5-28所示。

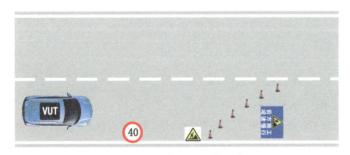

图5-28　常规障碍物场景示意图

2）测试方法。试验车辆在施工车道内驶向前方障碍物。

3）通过要求。

① 若不具备换道行驶功能，试验车辆应在行驶过程中或在车辆静止后 15s 内发出超出设计运行范围提示信息，停止于本车道内且不与障碍物发生碰撞。

② 若具备换道行驶功能，试验车辆应采用变更车道绕行方式通过该场景。

（9）静止车辆占用部分车道

1）测试场景。试验道路为包含两条行车道的长直道且中间车道线为白色虚线。在右侧车道存在静止目标车辆且目标车辆占用试验车辆行驶车道横向距离为 1～1.2m，目标车辆与中间车道线夹角不大于 30°，如图 5-29 所示。

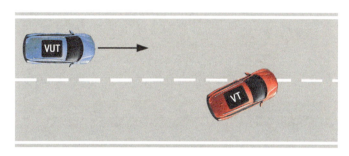

图 5-29　静止车辆占用部分车道场景示意图

2）试验方法。试验车辆于车道内驶向目标车辆方向。

3）通过要求。

① 试验车辆不应与目标车辆发生碰撞。

② 若试验车辆停止于本车道内，在车辆行驶过程中或在车辆静止后 15s 内应发出超出设计运行范围的提示信息。

3. 行人与非机动车识别及响应

（1）行人通过人行横道线

1）测试场景。试验道路为包含两条车道的长直道，并在路段内设置人行横道线、人行横道预告标志线及人行横道标志等相关标志标线，该路段限速 40 km/h。左侧车道外侧存在行人，行人沿人行横道线横穿试验道路，如图 5-30 所示。

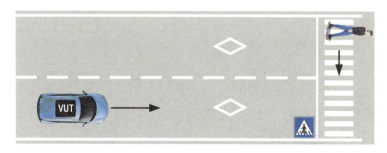

图 5-30　人行横道线行人横穿道路场景示意图

2）测试方法。试验车辆在最右侧车道内行驶并驶向人行横道线，行人初始位置在人行横道线外。当试验车辆预碰撞时间首次为 4.5s 后 1s 内，行人于车辆左侧以 5～6.5km/h 的速度横穿人行横道线。目标行人应包括成人和儿童。

3）通过要求。

① 试验车辆不应与行人发生碰撞。

② 若试验车辆停止，待行人通过试验车辆所在车道后，乘用车起动时间不应大于 3s，商用车辆起动时间不应大于 5s。

（2）行人沿道路行走

1）测试场景。试验道路为至少包含两条车道的长直道，中间车道线为白色虚线。行人以 5~6.5km/h 的速度于距离本车道右侧车道线内侧 1~2.5m 范围内沿道路行走，如图 5-31 所示。

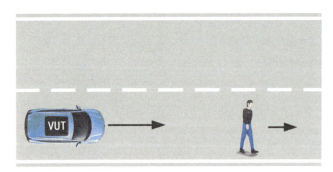

图 5-31　行人沿道路行走场景示意图

2）测试方法。试验车辆于右侧车道内驶向行人。若跟随行人行驶，当试验车辆速度不大于 6.5km/h 持续时间超过 5s 后，行人从车道右侧离开当前车道。目标行人应包括成人和儿童。

3）通过要求。

① 若采用跟随方式通过该场景，试验车辆应不与行人发生碰撞，并在行人离开本车道后加速行驶。跟随过程中，试验车辆可发出超出设计运行范围的提示信息，当发出提示信息后，试验车辆在行人离开本车道后可不执行加速行驶。

② 若采用绕行方式通过该场景，试验车辆应完成超越且不与行人发生碰撞。

（3）自行车沿道路骑行

1）测试场景。试验道路为至少包含两条车道的长直道且中间车道线为虚线。自行车以 10~20km/h 的速度于距离本车道右侧车道线内侧 1~2.5m 范围内沿道路骑行，如图 5-32 所示。若试验车辆最高设计运行速度小于 20km/h 时，无须进行该试验项目。

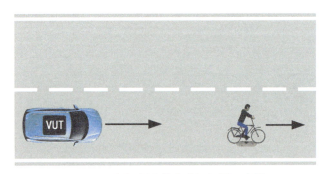

图 5-32　自行车沿道路骑行场景示意图

2）测试方法。试验车辆在车道内驶向自行车。若跟随自行车行驶，当试验车辆速度不大于 20km/h 持续时间超过 5s 后，自行车从车道右侧离开当前车道。

3）通过要求。

① 若采用跟随方式通过该场景，试验车辆应不与自行车发生碰撞，并在自行车离开本车道后加速行驶。跟随过程中，试验车辆可发出超出设计运行范围的提示信息，当发出提示信息后，试验车辆在自行车离开本车道后可不执行加速行驶。

② 若采用绕行方式通过该场景，试验车辆应完成超越且不与自行车发生碰撞。

（4）摩托车沿道路行驶

1）测试场景。试验道路为至少包含两条车道的长直道且中间车道线为虚线。摩托车以 20～30km/h 速度于距离本车道右侧车道线内侧 1～2.5m 范围内沿道路骑行，如图 5-33 所示。

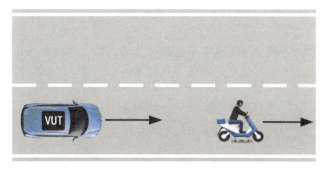

图 5-33　摩托车沿道路行驶场景示意图

2）测试方法。试验车辆在车道内驶向摩托车。若跟随摩托车行驶，当试验车辆速度不大于 30km/h 持续时间超过 5s 后，摩托车从车道右侧离开当前车道。

3）通过要求。

① 若采用跟随方式通过该场景，试验车辆应不与摩托车发生碰撞，并在摩托车离开本车道后加速行驶。

② 若采用绕行方式通过该场景，试验车辆应完成超越且不与摩托车发生碰撞。

4. 周边车辆行驶状态识别及响应

（1）前方车辆切入

1）测试场景。试验道路为包含两条车道的长直道，中间车道线为白色虚线，目标车辆以预设速度匀速行驶，如图 5-34 所示。

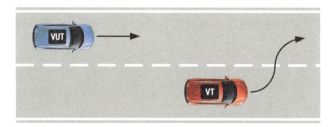

图 5-34　前方车辆切入试验场景示意图

2）测试方法。试验车辆于左侧车道内行驶。当试验车辆达到 v_{max} 的 85% 以上且两车预碰撞时间首次为预设时间后 1s 内，目标车辆开始切入左侧车道并完成换道，完成换道时间不大于 3s，且目标车辆在切入过程中和切入完成后其纵向速度均等于预设速度。切入预设速度和预设时间详见表5-10。

表5-10 切入预设速度和预设时间

v_{max} / (km/h)	预设速度 / (km/h)	预设时间 /s
$v_{max} > 100$	50	6
$80 < v_{max} \leq 100$	40	5
$60 < v_{max} \leq 80$	30	4
$v_{max} \leq 60$	$v_{max}/2$	4

3）通过要求。试验车辆不应与目标车辆发生碰撞。

（2）前方车辆切出

1）测试场景。试验道路为包含两条车道的长直道，两车道均存在目标车辆，目标车辆以v_{max}的50%速度匀速行驶，试验路段限速大于目标车辆行驶速度，如图5-35所示。

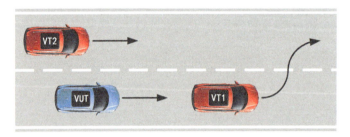

图5-35 前方车辆切出试验场景示意图

2）测试方法。试验车辆在右侧车道驶向同车道目标车辆。当试验车辆稳定跟随目标车辆后，目标车辆开始换道并入相邻车道，完成换道时间不大于3s。相邻车道目标车辆在本车道目标车辆换道开始前保持在试验车辆后端3m以内行驶。

3）通过要求。

① 试验车辆应不与目标车辆发生碰撞。

② 目标车辆切出后，试验车辆应执行加速动作。

（3）对向车辆借道行驶

1）测试场景。试验道路为包含双向单车道的长直道，中间车道线为黄色虚线，该路段限速40km/h。目标车辆越过中间车道线占用对向车道15%~30%以30km/h匀速行驶，如图5-36所示。

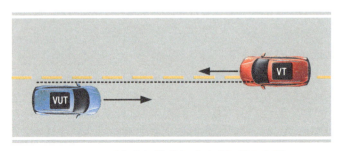

图5-36 对向车辆借道行驶试验场景示意图

2）测试方法。试验车辆在车道内行驶，两车稳定行驶后的初始纵向距离不小于200m，试验车辆与目标车辆逐渐接近。若试验车辆减速量大于5km/h或发出超出设计运行范围提示信息，目标车辆驶回原车道。

3）通过要求。

① 若减速量小于5km/h，试验车辆应于本车道内完成会车且不与目标车辆发生碰撞。

② 若减速量大于5km/h，当目标车辆驶回后，试验车辆应继续行驶。试验车辆可在行驶过程中发出超出设计运行范围的提示信息，若发出提示信息可不执行继续行驶动作。

（4）目标车辆停 - 走

1）测试场景。试验道路为至少包含两条车道的长直道，中间车道线为白色虚线；试验道路内存在以 v_{max} 的75%匀速行驶的目标车辆，如图5-37所示。

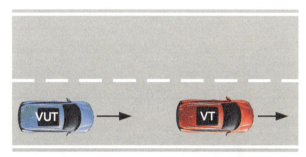

图 5-37 目标车辆停 - 走试验场景示意图

2）测试方法。试验车辆跟随前方行驶的目标车辆；试验车辆稳定跟随目标车辆行驶后，目标车辆以 2～3m/s² 减速度减速直至停止；若试验车辆保持跟随状态，当试验车辆车速降为 0km/h 后，目标车辆起步并于2s内达到10km/h。

3）通过要求。

① 若具备换道行驶能力，目标车辆减速至停止过程中，试验车辆应完成换道并超越目标车辆且不与目标车辆发生碰撞；试验车辆为乘用车时，换道时间不应大于5s。

② 若不具备换道行驶能力，试验车辆应跟随目标车辆且不与目标车辆发生碰撞；试验车辆为乘用车时，起动时间不应大于3s，试验车辆为商用车辆时，起动时间不应大于5s。

5. 自动紧急避险

（1）跟车行驶前方存在车辆静止

1）测试场景。试验道路为至少包含两条车道的长直道，中间车道线为白色虚线。相同车道内存在两辆目标车辆（VT1和VT2），其中VT1以预设速度驶向静止状态的VT2，两辆目标车辆的中心线偏差不超过0.5m，如图5-38所示。

2）测试方法。试验车辆稳定跟随VT1在相同车道内行驶，当VT1距离VT2预碰撞时间在预设时间后1s内执行换道动作驶入相邻车道，完成换道时间不大于3s。切出预设速度及预设时间见表5-11。

3）通过要求。试验车辆不应与目标车辆发生碰撞。

（2）前方车辆紧急制动

1）测试场景。试验道路为至少包含一条车道的长直道且两侧车道线为实线；车道内存在以 v_{max} 的75%匀速行驶的目标车辆，如图5-39所示。

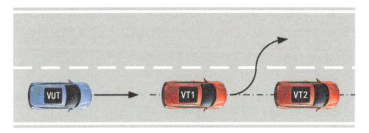

图 5-38　前方静止车辆场景示意图

表 5-11　切出预设速度及预设时间

v_{max}/(km/h)	预设速度/(km/h)	预设时间/s
$v_{max} > 100$	80	5
$80 < v_{max} \leqslant 100$	60	4
$60 < v_{max} \leqslant 80$	40	4
$v_{max} \leqslant 60$	$v_{max} - 10$	4

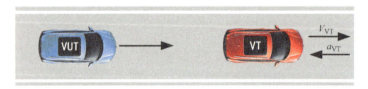

图 5-39　前方车辆紧急制动场景示意图

2）测试方法。试验车辆稳定跟随前方行驶的目标车辆。目标车辆 1s 内达到减速度 6m/s² 并减速至停止。

3）通过要求。试验车辆不应与目标车辆发生碰撞。

（3）行人横穿道路行走

1）测试场景。试验道路为至少包含两条车道的长直道，中间车道线为白色虚线。若 $v_{max} \geqslant 60km/h$，则该路段限速 60km/h；若 $v_{max} < 60km/h$，则该路段限速 40km/h。道路存在行人横穿道路，如图 5-40 所示。

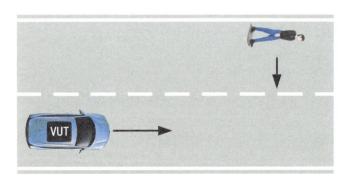

图 5-40　行人横穿道路行走试验场景示意图

2）测试方法。试验车辆在最右侧车道内行驶。当试验车辆首次预碰撞位置时间为4.5s后1s内，行人于试验车辆左侧以5~6.5km/h的速度横穿道路动作，并通过试验车辆所在车道的最右侧车道线。三次通过本场景试验过程中，目标行人应包括成人和儿童。

3）通过要求。试验车辆不应与行人发生碰撞。

（4）自行车横穿道路

1）测试场景。试验道路为至少包含两条车道的长直道，中间车道线为白色虚线。若$v_{max} \geq 60$km/h，则该路段限速60km/h；若$v_{max}<60$km/h，则该路段限速40km/h。道路存在自行车横穿道路，如图5-41所示。

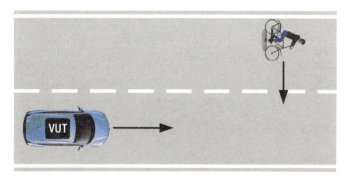

图5-41 自行车横穿道路试验场景示意图

2）测试方法。试验车辆在最右侧车道内行驶。当试验车辆首次预碰撞时间为4.5s后1s内，自行车于试验车辆左侧以14~16km/h的速度横穿道路动作并停止于试验车辆行驶车道中间，车辆静止后自行车继续通过该道路。

3）通过要求。试验车辆不应与自行车发生碰撞。

6. 车辆定位

（1）定点停车

1）测试场景。试验道路为至少包含两条车道的长直道，中间车道线为虚线，道路边存在停车点，如图5-42所示。

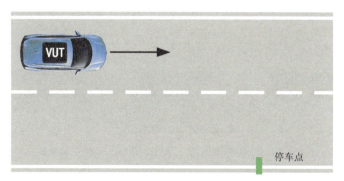

图5-42 最右车道内靠边停车场景示意图

2）测试方法。试验车辆在车道内行驶向指定位置停车点。

3）通过要求。

① 若不具备换道行驶功能，试验车辆应在停车点前发出提示信息。

② 若具备换道行驶功能，试验车辆应满足以下要求：

a）不出现倒车动作。

b）右侧距离车道内侧最大距离不大于 0.3m。

c）距离停车点最近距离不大于 10m。

（2）公交车港湾式进站

1）测试场景。试验道路为至少包含一条车道的长直道，路段内设置港湾式公交站，站台长度不小于 25m，设置上、下客区域，如图 5-43 所示。

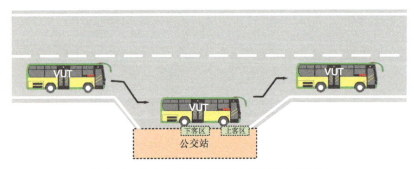

图 5-43　公交车港湾式进出站试验场景示意图

2）测试方法。试验车辆驶向公交站。

3）通过要求。

① 试验车辆应一次性进入公交站并完成停靠，无倒车调整情况，并保证车门与站台上、下客区域的对应。

② 试验车辆右侧距离车道内侧最大距离不应大于 0.2m。

③ 试验车辆应在静止后 3s 内开启站台同侧车门。

（3）普通公交站台式进站

1）测试场景。试验道路为至少包含一条车道的长直道，路段内设置公交站，设置上、下客区域，如图 5-44 所示。

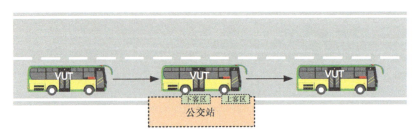

图 5-44　公交车进出站（无需换道）试验场景示意图

2）测试方法。试验车辆驶向公交站。

3）通过要求。

① 试验车辆应一次性进入公交站并完成停靠，无倒车调整情况，并保证车门与站台上、下客区域的对应。

② 试验车辆右侧距离车道内侧最大距离不应大于 0.2m。
③ 试验车辆应在静止后 3s 内开启站台同侧车门。

7. 动态驾驶任务干预及接管

1）测试方法。试验车辆以自动驾驶模式于长直道内行驶，驾驶人根据试验车辆可实现自动驾驶模式退出的方式执行干预操作。

2）通过要求。试验车辆应及时向驾驶人交出动态驾驶任务执行权限；交出权限后，自动驾驶系统不应自主恢复自动驾驶模式。

8. 风险减缓策略及最小风险状态

（1）风险减缓策略

1）测试方法。根据车辆设计运行条件，在本部分其他测试场景（除动态驾驶任务干预外）的试验过程中，若试验车辆发出超出设计运行范围提示信息，驾驶人不对试验车辆行驶状态进行人为干预。若试验车辆进行上述所有试验项目试验过程中，均未发出超出设计运行范围的提示信息，则进行以下补充试验。

2）通过要求。试验车辆不应与目标物及道路基础设施发生碰撞。

（2）补充试验

1）测试场景。试验道路为至少包含一条车道的长直道，在各车道内均垂直于道路行驶方向均匀放置至少 3 个锥形交通路标（推荐尺寸：71cm×40cm），该路段道路限速 60km/h，如图 5-45 所示。

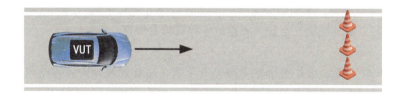

图 5-45　风险减缓策略补充试验场景

2）测试方法。试验车辆驶向前方障碍物，行驶过程无人为干预。

3）通过要求。
① 试验车辆应避免与障碍物发生碰撞。
② 试验车辆在行驶过程或障碍物前静止 15s 内发出超出设计运行范围的提示信息。

> 实验
> 项目八——限速标志识别场景的仿真测试
> 详见"限速标志识别场景的仿真测试"实验指导和项目工单

> 实验
> 项目九——前方车辆停 - 走场景的仿真测试
> 详见"前方车辆停 - 走场景的仿真测试"实验指导和项目工单

5.4 自动驾驶仿真测试场景用例设计和案例

当我们驾车行驶在高速公路上,开启 ACC 系统,听着音乐唱着歌,享受美好时光时,是否有想过 ACC 系统的安全性?在开发汽车 ACC 系统时,是如何开展大量试验的?又是如何验证系统可靠性的呢?

5.4.1 仿真测试场景的设计内容

自动驾驶测试场景仿真是指通过计算机仿真技术,建立现实静态环境与动态交通场景的数学模型,让自动驾驶汽车算法在虚拟交通场景中进行的驾驶测试。自动驾驶功能测试场景仿真主要分为搭建场景、添加传感器、添加控制系统和运行仿真四个步骤。

1. 搭建场景

首先使用道路分段,包括交通标牌、树木和建筑物的基础组件库以及机动车、自行车和行人的交通参与者库,通过修改天气条件(如雨、雪和雾)以及光源(如太阳光、前照灯和路灯)来构建丰富的仿真场景。此外,也可以导入 OpenDrive 格式的高精度地图,用来建立更加真实的场景。

2. 添加传感器

场景搭建过程中添加种类丰富的传感器,包括超声波传感器、毫米波雷达、激光雷达、单目和双目相机、鱼眼相机、V2X 等,用以满足被测样品的真实配置。

3. 添加控制系统

可以通过对参考速度、车辆当前速度、车辆的行驶方向和车辆当前姿态等参数的输入,得到车辆纵向和横向方面的控制,比如加减速命令和转向命令等。

4. 运行仿真

通过 3D 可视化实现了虚幻引擎渲染的仿真环境,用查看器分析试验的结果,同时可以进行图片和动画生成功能,也可以实现硬件在环仿真。

利用 MATLAB 和 PreScan,建立智能网联汽车交叉口通行联合仿真模型,对交叉口交通进行仿真。PreScan 中建立的自动驾驶环境可以通过软件内部接口与 MATLAB/Simulink 建立的控制算法进行联合仿真,实现对行驶车辆、交叉口信号灯等交通参与者的控制。下面从自动驾驶功能角度出发,选取常见的场景进行仿真设计。

5.4.2 自动驾驶仿真测试场景案例

1. 前方车辆紧急制动仿真

(1)场景建模与参数设置

前方车辆紧急制动场景建模时在 Infrastructure 工具栏中构建出包含一条车道的长直道且两侧车道线为实线;设置路线使得被测车辆紧跟在匀速行驶的目标车辆后方行驶。设置目标车辆 1s 内达到减速度 $6m/s^2$ 并减速至停止。要求试验车辆不应与目标车辆发生碰撞。建模界面如图 5-46 所示。

(2)车辆参数和传感器参数设置

在 Actors 中选择车型,设置运行路线和车速等信息。VUT 的详细信息可以在右侧关系图谱中直接进入修改。根据车辆实际的传感器配置,在 Sensors 中选取摄像头和雷达等设备移动到车辆中进行三维位置和角度等信息设置。一个被测车辆只需要进行一次车辆参数和传感器参数设置，后续可以保存被测车辆信息，选取调用。设置界面如图 5-47 所示。

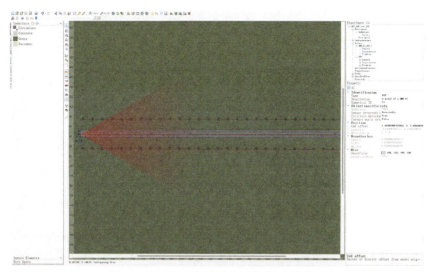

图 5-46　前方车辆紧急制动场景建模界面

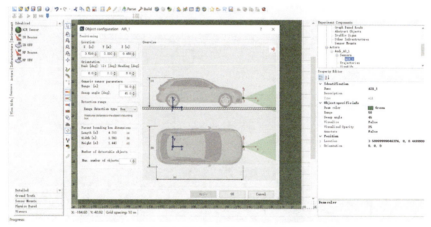

图 5-47　前方车辆紧急制动场景建模参数设置界面

每次更改场景设置后，均需单击 Parse 加载解析，之后单击 Build 生成完成的场景文件。整改过程可以通过动画界面查看场景运行是否正常，也可以通过 Prescan Viewer 查看运行过程。

（3）应用场景仿真

打开 MATLAB，搜索打开构建完成的前方车辆紧急制动场景，进入 Simulink 页面，检查场景构建的元素是否符合场景要求，比如被测车辆、树木和建筑等。前方车辆紧急制动场景建模元素如图 5-48 所示。

分别查看场景要素的配置参数，主要检查输入和输出参数等信息的逻辑是否正确，整个场景构建的控制逻辑如图 5-49 所示。

单击 VUT 车辆的位置坐标信息、角度和雷达等信息，如车辆位置等详细逻辑信息如图 5-50 所示。检查无误后单击 Run 键开始仿真运行。

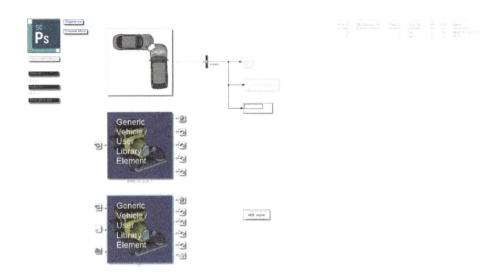

图 5-48　前方车辆紧急制动场景建模元素

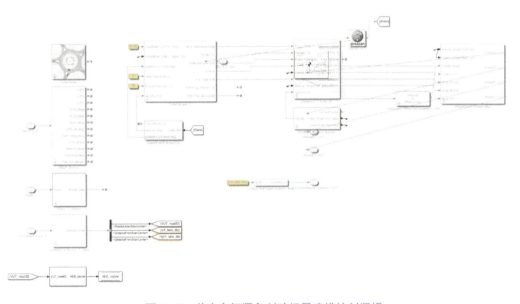

图 5-49　前方车辆紧急制动场景建模控制逻辑

2. 行人横穿道路行走仿真

（1）场景建模与参数设置

行人横穿道路行走场景建模时在 Infrastructure 工具栏中构建出包含两条车道的长直道，中间车道线为白色虚线；设置路线使得被测车辆沿右侧车道向前行驶，行人从左侧车道的左侧向右侧车道右侧横穿道路行走（图 5-51）。设置当试验车辆首次预碰撞位置时间为 4.5s 后 1s 内，行人于试验车辆左侧以 5～6.5 km/h 的速度横穿道路动作，并通过试验车辆所在车道的最右侧车道线。要求试验车辆不应与行人发生碰撞。

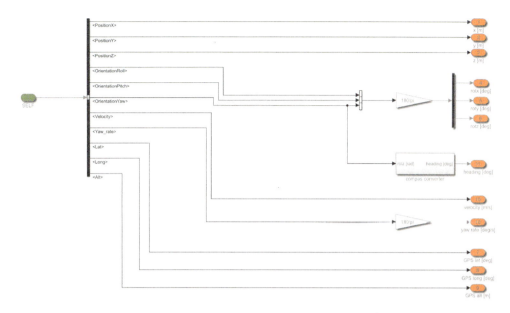

图 5-50　前方车辆紧急制动场景建模信息图

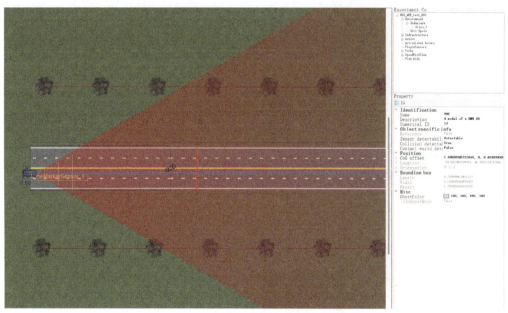

图 5-51　行人横穿道路行走场景建模界面

（2）车辆参数和传感器参数设置

车辆的设置方法与前方车辆紧急制动场景建模时相同，在行人横穿道路试验场景中，从 Actors 模块中的 Humans 内选取行人，如果场景需要，还可以选择孕妇、推车行人和打伞行人等场景要素。在脉络图中选择行人，进入 Object configuration 中对行人参数进行设置更改。设置完成后单击 Parse 加载解析，之后单击 Build 生成完成的场景文件。具体如图 5-52 所示。

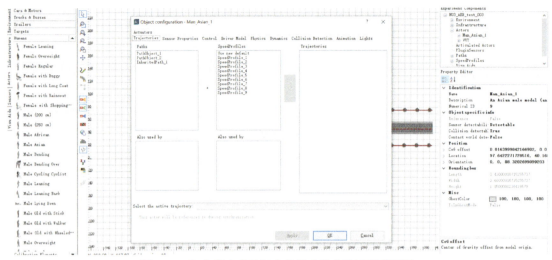

图 5-52 行人横穿道路行走场景建模参数设置界面图

(3) 应用场景仿真

打开 MATLAB，搜索打开构建完成的行人横穿道路行走场景，进入 Simulink 页面，检查场景构建的被测车辆和行人是否符合场景要求。行人横穿道路行走场景元素如图 5-53 所示。

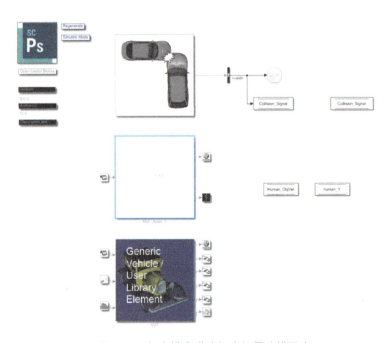

图 5-53 行人横穿道路行走场景建模元素

检查整个场景构建的逻辑控制图，主要检查行人信息和雷达传感器等内容，检查无误后单击 Run 键开始仿真运行。建模信息及控制逻辑如图 5-54 和图 5-55 所示。

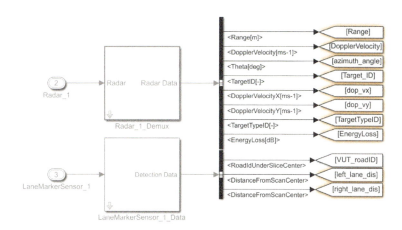

图 5-54　行人横穿道路行走场景建模信息

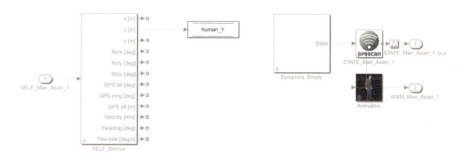

图 5-55　行人横穿道路行走场景建模控制逻辑

3. 常规障碍物——锥形交通路标场景仿真

（1）场景建模与参数设置

常规障碍物——锥形交通路标场景建模时在 Infrastructure 工具栏中构建出包含两条车道的长直道，中间车道线为白色虚线；在车道内设置锥形交通路标，且正处于被测车辆沿右侧车道向前行驶的线路上。要求被测车辆停止于本车道内且不与障碍物发生碰撞。具体场景如图 5-56 所示。

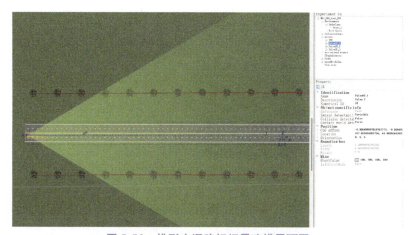

图 5-56　锥形交通路标场景建模界面图

（2）车辆参数和传感器参数设置

车辆的设置方法与前方车辆紧急制动场景建模时相同，在常规障碍物——锥形交通路标场景建模中 Infrastructure 工具栏模块"Other"内选取锥形标志筒三个放置在被测车辆行驶路线上（图 5-57）。后续创建其他场景需要用到的道路设施都可以在 Infrastructure 工具栏模块中选取，比如房子、红绿灯和限速牌等。

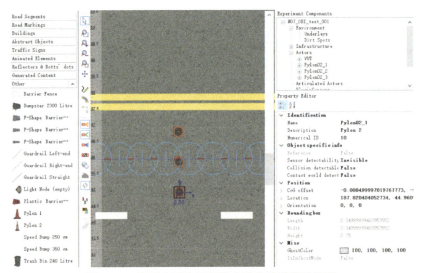

图 5-57　锥形交通路标场景建模参数设置界面图

（3）应用场景仿真

打开 MATLAB，搜索打开构建完成的常规障碍物——锥形交通路标场景，进入 Simulink 页面，检查场景构建的被测车辆和锥形标志是否符合场景要求，场景建模元素如图 5-58 所示。

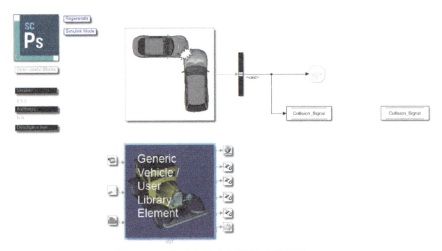

图 5-58　锥形交通路标场景建模元素

分别查看场景要素的配置参数，主要检查输入和输出参数等信息的逻辑是否正确，整个场景构建的控制逻辑如图 5-59 所示。

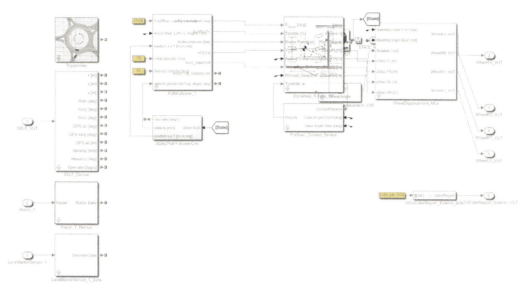

图 5-59 锥形交通路标场景建模控制逻辑

另一方面主要检查雷达传感器等设备的设计逻辑，必要时单击 Prescan Viewer 查看动画运行过程，检查无误后单击 Run 键开始仿真运行。

知识链接

自动驾驶汽车测试场景用途主要有两类：一类是开发端应用，企业、高校用于自动驾驶系统开发；另一类是检测端应用，认证机构、检测中心用于系统性能、功能、能力的评价验证。开发端应用常见的测试方法是软件在环测试和硬件在环测试，因此尤为重视数字化的虚拟场景。虚拟场景的参数可精确设置，要素可自由变化，这些特性便于实现云端分布式加速测试，提升整体的开发进度。检测端多采用封闭场地测试、半开放道路测试等实车测试方法，对应需要在实际道路布设的真实测试场景。由于实际场景的布设效率较低、配套测试工具要求较高，因此在实车测试中更多地采用典型性更强、测试目的更明确的场景。

思考题

1. 为什么要发展自动驾驶技术？
2. 自动驾驶汽车的关键零部件有哪些？都有什么功能？
3. 你所知道的自动驾驶汽车的应用有哪些？请举例说明。
4. 自动驾驶汽车场景仿真测试能否完全代替实车在真实场景中的测试？为什么？

参考文献

[1] 崔胜民. 智能网联汽车技术[M]. 北京：机械工业出版社，2021.

[2] 崔胜民. 智能网联汽车自动驾驶仿真技术[M]. 北京：化学工业出版社，2020.

[3] 余卓平，邢星宇，陈君毅. 自动驾驶汽车测试技术与应用进展[J]. 同济大学学报(自然科学版)，2019,47(4):540-547.

[4] KOOPMAN P, WAGNER M. Challenges in autonomous vehicle testing and validation[J]. SAE International Journal of Transportation Safety, 2016, 4(1): 15.

[5] 朱冰，张培兴，赵健，等. 基于场景的自动驾驶汽车虚拟测试研究进展[J]. 中国公路学报，2019,32(6):1-19.

[6] 徐向阳，胡文浩，董红磊，等. 自动驾驶汽车测试场景构建关键技术综述[J]. 汽车工程，2021,43(4):610-619.

[7] 全国汽车标准化技术委员会（SAC/TC 114）. 智能网联汽车　自动驾驶功能场地试验方法及要求：GB/T 41798—2022[S]. 北京：中国标准出版社，2022.

读者服务

机械工业出版社立足工程科技主业,坚持传播工业技术、工匠技能和工业文化,是集专业出版、教育出版和大众出版于一体的大型综合性科技出版机构。旗下汽车分社面向汽车全产业链提供知识服务,出版服务覆盖包括工程技术人员、研究人员、管理人员等在内的汽车产业从业者,高等院校、职业院校汽车专业师生和广大汽车爱好者、消费者。

一、意见反馈

感谢您购买机械工业出版社出版的图书。我们一直致力于"以专业铸就品质,让阅读更有价值",这离不开您的支持!如果您对本书有任何建议或意见,请您反馈给我。我社长期接收汽车技术、交通技术、汽车维修、汽车科普、汽车管理及汽车类、交通类教材方面的稿件,欢迎来电来函咨询。

咨询电话:010-88379353　　编辑信箱:cmpzhq@163.com

二、课件下载

选用本书作为教材,免费赠送电子课件等教学资源供授课教师使用,请添加客服人员微信手机号"13683016884"咨询详情;亦可在机械工业出版社教育服务网(www.cmpedu.com)注册后免费下载。

三、教师服务

机工汽车教师群为您提供教学样书申领、最新教材信息、教材特色介绍、专业教材推荐、出版合作咨询等服务,还可免费收看大咖直播课,参加有奖赠书活动,更有机会获得签名版图书、购书优惠券。

加入方式:搜索QQ群号码317137009,加入机工汽车教师群2群。请您加入时备注院校+专业+姓名。

四、购书渠道

机工汽车小编
13683016884

我社出版的图书在京东、当当、淘宝、天猫及全国各大新华书店均有销售。

团购热线:010-88379735

零售热线:010-68326294　88379203

新工科·智能网联汽车卓越工程师培养系列教材

智能网联汽车建模与仿真技术

实验指导 + 项目工单

李 彪 王 巍 主编

姓 名 _____

班 级 _____

机械工业出版社

目　　录

项目一　GUI 预处理认知 …………………………………………………… 1
　　实验指导 ………………………………………………………………… 1
　　项目工单 ………………………………………………………………… 10

项目二　道路场景搭建 ……………………………………………………… 12
　　实验指导 ………………………………………………………………… 12
　　项目工单 ………………………………………………………………… 26

项目三　视觉传感器 / 毫米波雷达 / 激光雷达的仿真实操 …………………… 28
　　实验指导 ………………………………………………………………… 28
　　项目工单 ………………………………………………………………… 39

项目四　车道保持辅助系统仿真 …………………………………………… 41
　　实验指导 ………………………………………………………………… 41
　　项目工单 ………………………………………………………………… 46

项目五　车道偏离预警系统仿真 …………………………………………… 48
　　实验指导 ………………………………………………………………… 48
　　项目工单 ………………………………………………………………… 53

项目六　自动制动辅助系统仿真 …………………………………………… 55
　　实验指导 ………………………………………………………………… 55
　　项目工单 ………………………………………………………………… 59

项目七　自适应巡航控制系统仿真 ………………………………………… 61
　　实验指导 ………………………………………………………………… 61
　　项目工单 ………………………………………………………………… 65

项目八　限速标志识别场景的仿真测试 …………………………………… 67
　　实验指导 ………………………………………………………………… 67
　　项目工单 ………………………………………………………………… 70

项目九　前方车辆停 - 走场景的仿真测试 ………………………………… 72
　　实验指导 ………………………………………………………………… 72
　　项目工单 ………………………………………………………………… 75

项目一 GUI 预处理认知
实 验 指 导

一、实验目的

通过 GUI 预处理认知实习，使学生熟悉 GUI 5 种类别的 library，掌握路基环境（Underlays Environment）、基础设施（Infrastructure）、执行器（Actor）、传感器及标定元素（Calibration Elements）、人类视觉（Human View）的 VisuAids 的类别及内容，学会添加各元素并进行属性编辑。

二、实验仪器设备

测试设备	型号	主要技术参数
计算机 1 台/人（安装 PreScan）	—	—

三、实验内容与注意事项

（一）实验内容

1）打开 PreScsn GUI，找到 library 模块。
2）依次点开路基环境各项内容。
3）依次点开基础设施类别及内容。
4）依次点开执行器类别及内容。
5）依次点开传感器和标定元素和人类视觉的 VisuAids。
6）对各元素进行拖放和添加，在右侧属性编辑区进行参数设定。

（二）注意事项

1）遵守实验室规章制度。
2）注意人身安全和教具完好。
3）严格按照实验指导相关要求进行操作。

四、操作规程

（一）操作前准备

首先务必做到不带入任何零食饮料。检查计算机和桌面上有无杂物，严禁桌面上方有液体杂物时操作计算机。上课前检查自己座位上的鼠标键盘是否完好。

（二）操作过程

1. 开机及软件启动

1）在机房内打开主机开关以及显示屏开关。
2）在显示屏上找到 PreScan 快捷图标，双击或右键单击打开启动，出现 GUI 界面（图 1）。

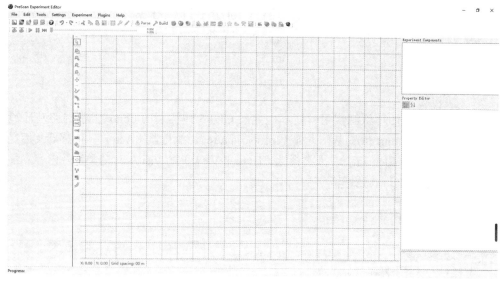

图 1 GUI 界面

2. GUI 界面认识

新建 Environment 后，GUI 界面包括菜单栏、工具栏、元素库、画布、实验树和属性编辑，如图 2 所示。

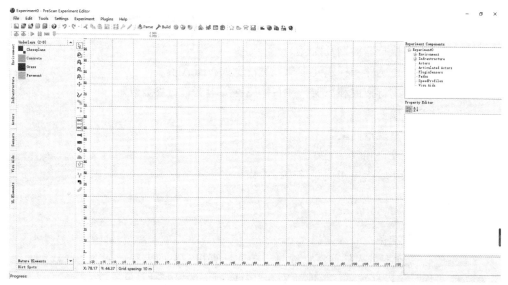

图 2 新建 Environment 后的 GUI 界面

3. 元素库

（1）路基环境

PreScan 提供了草地、水泥地、砖地等路基环境，如图 3 所示，用户可以根据需要进行选择。此外，PreScan 还专门提供了 dirt spot 来应对路面凹凸不平、路面脏污等情况。"脏东西"具体有泥泞路面、积水积雪路面、沙尘路面、鹅卵石路面等,可以通过设置让传感器识别到这些"脏污"。

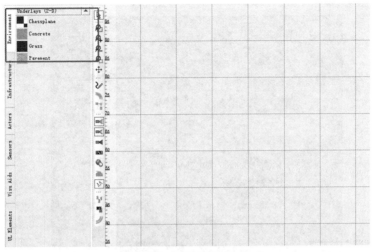

图3 路基环境库

(2)基础设施

基础设施包括路段、建筑物、可扩展的所谓抽象对象、自然元素和交通标志等元素。

1)路段。路段包含各种形状和类型的道路(图4),主要有直路、弯路、弯道、柔性道路、螺旋形道路、出入口车道、车道转换道路、匝道段、环岛路、X型和Y型交叉口、人行横道等。

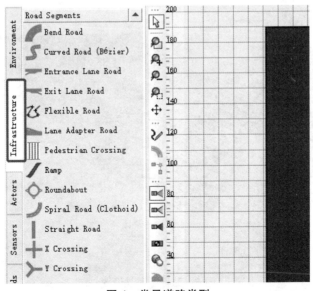

图4 常见道路类型

通过路段属性设置可以更改车道的基本参数,如图 5 所示。

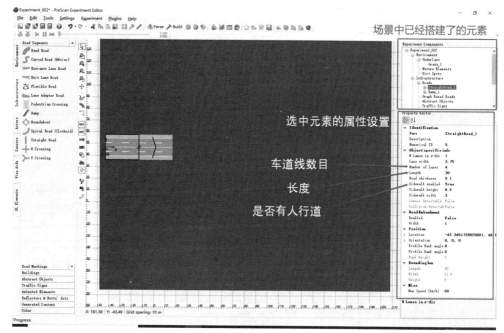

图 5　道路属性设置

2)路标。路标是指粉刷在道路上的如转向箭头、掉头箭头、斑马线等。从界面右侧直接拖入,单击就可以进行属性编辑,如图 6 所示。PreScan 提供了荷兰、德国、日本、美国 4 个国家的交通信号集合,具体情况可以具体选择。

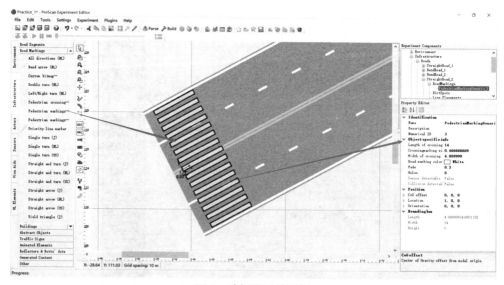

图 6　路标及属性设置

3）建筑物。建筑物囊括了住房、博物馆、农场、汽车加油站、消防站、学校等，如图 7 所示，同样可以实现属性编辑。

4）自然物体。自然物体包括教堂、房子、工厂等，如图 8 所示，同样可以实现属性编辑。

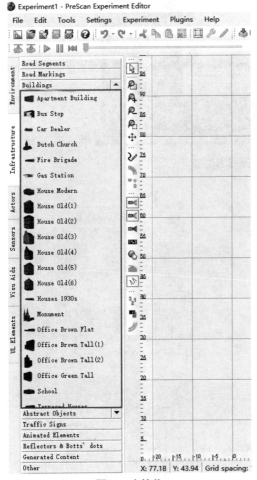

图 7　建筑物　　　　　　　　图 8　自然物体

5）交通标志。交通标志同样包括荷兰、德国、日本、美国 4 个国家的标志，对于我国交通标志的添加需要导入，如图 9 所示，PreScan 提供部分标识。

6）动画元素。动画元素包含信号盒、信号牌、灯柱、单/双组交通信号灯等，如图 10 所示。

7）反射物。反射物包含泥斑、猫眼、护栏、反射标志等，如图 11 所示。

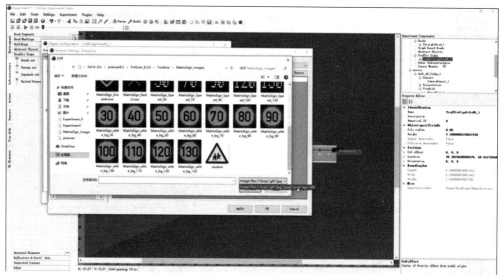

图 9　交通标志添加

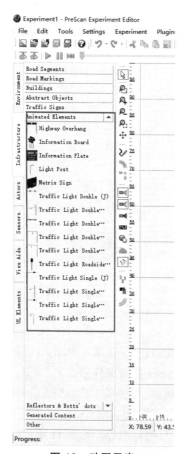

图 10　动画元素

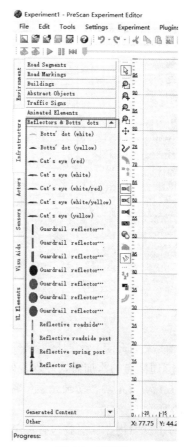

图 11　反射物

8)生成物。生成物包含护栏、墙体、标记线等,如图 12 所示。

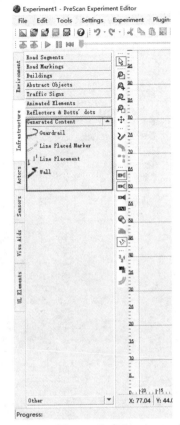

图 12 生成物

(3)动态物体/执行者

动态物体包括车辆、人类和标定元素。其中,车辆包含轿车、摩托车、货车和公共汽车等。人类包含动态行人模型(男性、女性和小孩;不同的长度和尺寸;携带手提箱、伞和背包;推童车和自行车)和静态行人模型(躺着、扶着和坐着的姿势)。标定元素有棋牌格等,如图 13 所示。

图 13 动态物体元素

（4）传感器

传感器包括理想条件下的传感器 AIR、红外传感器、射频传感器、环境感知摄像头、激光雷达（LIDAR）、传统雷达（RADAR）、超声波传感器等，还有用于标定真值（Ground Truth）的图像分割传感器和点云传感器（Point Cloud Sensor）等，如图 14 所示。

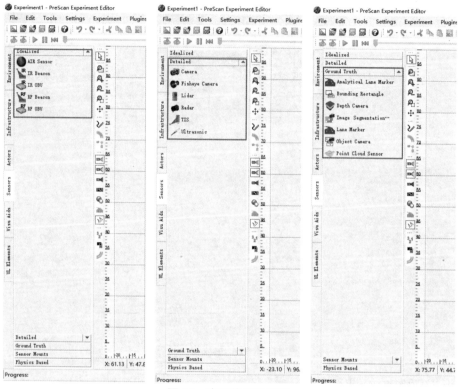

图 14　常用传感器类型

（5）人眼视角

PreScan 中提供了人眼视角，可以将其拖到右边的动态目标上，在 3DView 中获取一个视角，如图 15 所示。

五、实验结束工作

1）课后请关闭软件和计算机。

2）清理桌面，收好鼠标和键盘。

3）摆好椅子，清理地面。

4）关闭所有电源。

项目一　GUI 预处理认知

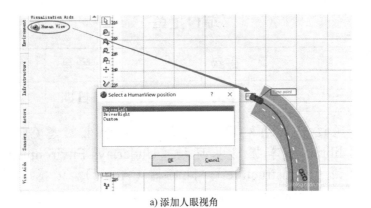

a) 添加人眼视角

b) 获取视角

图 15　人眼视角的使用

项目工单

姓名		班级		学号	
专业		学时		日期	
实验目的					

实验目的	通过 GUI 预处理认知实习，使学生熟悉 GUI 5 种类别的 library，掌握路基环境（Underlays Environment）、基础设施（Infrastructure）、执行器（Actor）、传感器及标定元素（Calibration Elements）、人类视觉（Human View）的 VisuAids 的类别及内容。学会添加各元素并进行属性编辑
工作任务	1. 打开 PreScsn GUI，找到 library 模块 2. 依次点开路基环境各项内容 3. 依次点开基础设施类别及内容 4. 依次点开执行器类别及内容 5. 依次点开传感器和标定元素和人类视觉的 VisuAids 6. 对各元素进行拖放和添加，在右侧属性编辑区进行参数设定
任务准备	
制订计划	
计划实施	
实验总结	

（续）

	评分项目	知识能力	实验能力	素 养	总 评
质量评价	自我评分				
	小组评分				
	教师评分				
	合计				

教师反馈	

思考与练习	思考题目	1. GUI 提供的元素库包含几种？ 2. Actor 包含哪些主体？ 3. Infrastructure 包含哪些类别？ 4. PreScan 提供哪些传感器？
	答案记录	

项目二　道路场景搭建

实　验　指　导

一、实验目的

通过对交通元素库的添加和属性编辑，使学生掌握交通场景搭建的基本流程。

二、实验仪器设备

测试设备	型号	主要技术参数
计算机 1 台 / 人（安装 PreScan）	—	—

三、实验内容与注意事项

（一）实验内容

1）打开 PreScsn GUI，找到 library 模块。
2）添加路基环境混凝土。
3）添加直横道路、道路标志、交通标志、建筑物并进行属性编辑。
4）添加车辆 1 台、行人 1 位并进行属性编辑和轨迹设定。
5）添加 1 个摄像头，进行属性编辑。
6）添加人眼视觉。

（二）注意事项

1）遵守实验室规章制度。
2）注意人身安全和教具完好。
3）严格按照实验指导相关要求进行操作。

四、操作规程

（一）操作前准备

首先务必做到不带入任何零食饮料。检查计算机和桌面上有无杂物，严禁桌面上方有液体杂物时操作计算机。上课前检查自己座位上的鼠标键盘是否完好。

（二）操作过程

1. 开机及软件启动

1）在机房内打开主机开关以及显示屏开关。
2）在显示屏上找到 PreScan 快捷图标，双击或右键打开启动，出现 GUI 界面。

2. GUI 界面认识

3. 场景搭建

1）【File】→【New Experiment】新建实验，如图 1 所示。

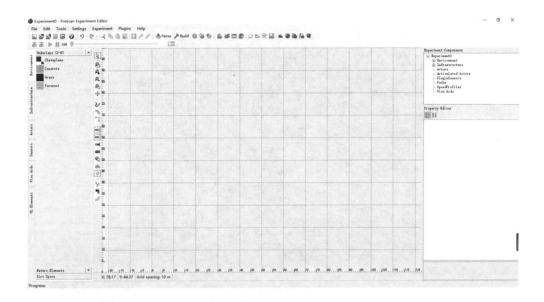

图 1　新建实验

2）搭建环境（水泥地/混凝土地），将【Concrete】拖入网格区域，如图 2 所示。

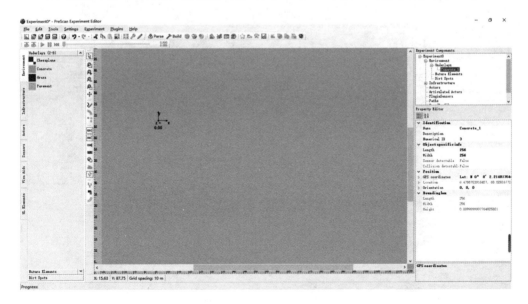

图 2　加载水泥地后界面

3)选择基础设施(直路),将【Straight Road】拖入网格区域,如图 3 所示。

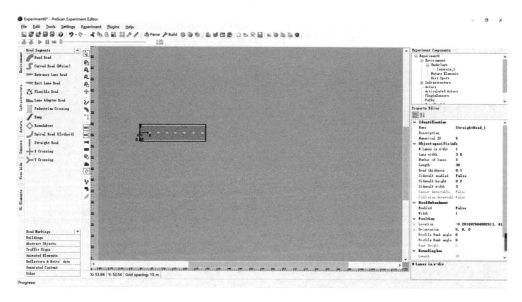

图 3　添加直横道路

在右侧车道属性编辑栏中设置道路的长度为 60m、车道线数目为 4,将车道坐标位置取整,道路限速 80km/h,如图 4 所示。

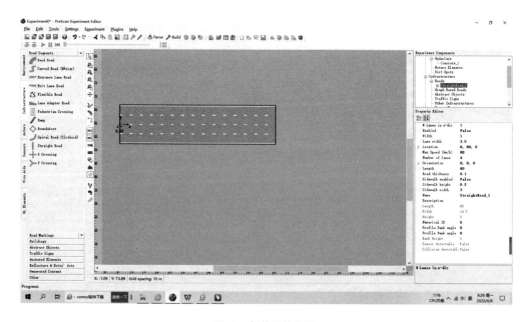

图 4　车道属性修改

单击车道右键【Object configuration】，再单击车道线，可以设置车道线的属性，如图 5 所示，修改结果如图 6 所示。

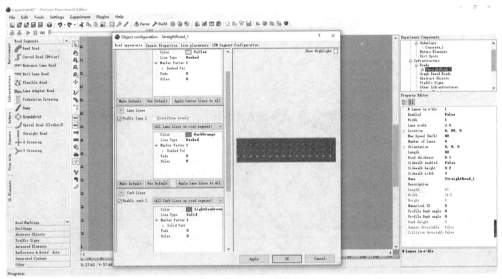

图 5　车道线属性修改

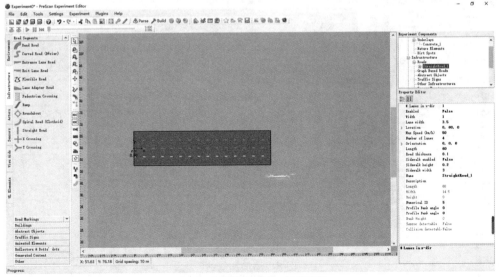

图 6　车道线属性修改后结果

添加其他设施，如道路标志（图7）、加气站（图8）和交通标志（图9）。

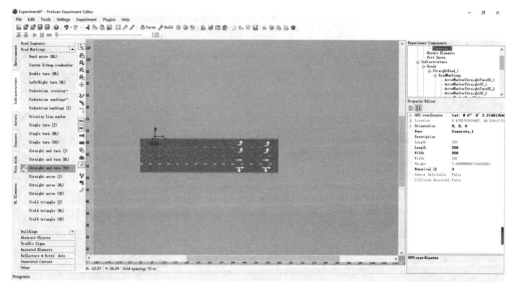

图7　添加道路标志

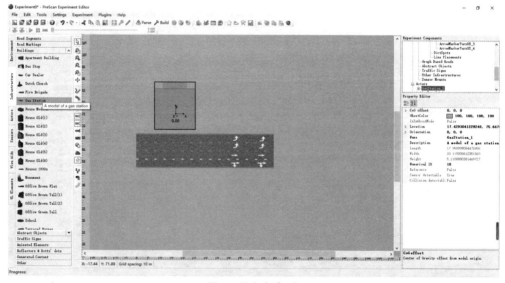

图8　添加加气站

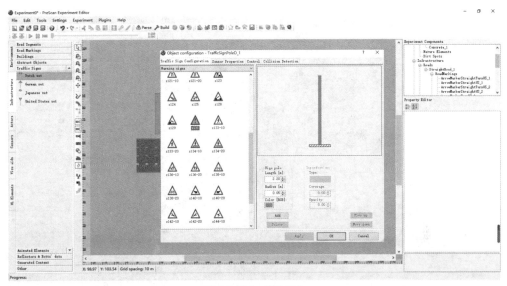

图9 添加交通标志

4）添加车辆（图10）和行人（图11）。

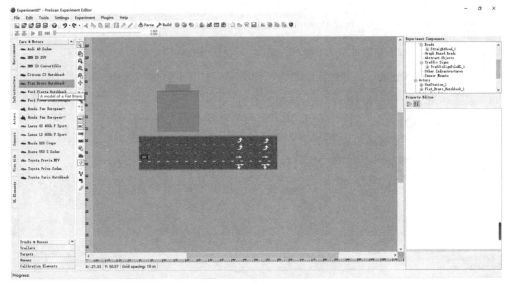

图10 添加车辆

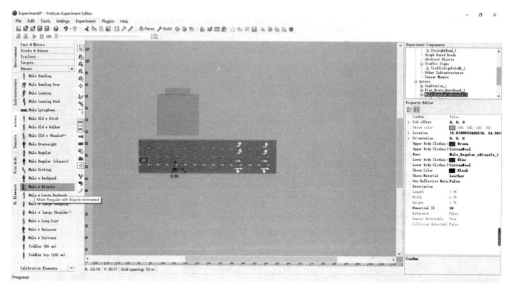

图 11　添加行人

5）路径设置和车速设置。单击图 12 中【Manual Path Definition】按钮即可设置路径，红色的线路是规划的路径。

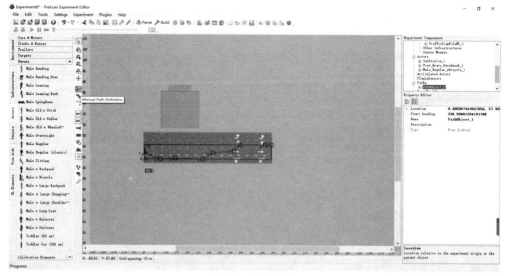

图 12　路径设置

项目二 道路场景搭建

再将车辆拖到路径上，如图 13 所示。

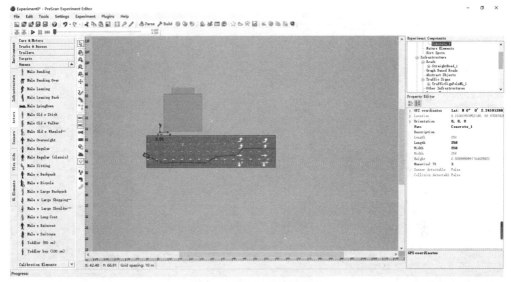

图 13　将车辆拖到路径上

单击播放按钮，可看到车辆行驶的 2D 仿真画面，如图 14 所示。

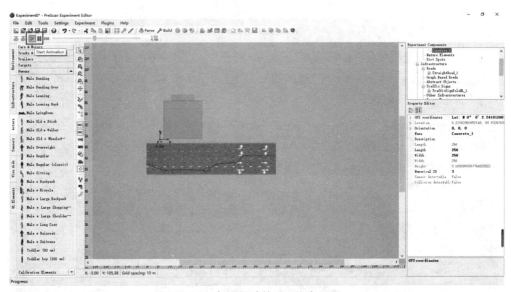

图 14　车辆行驶的 2D 仿真画面

19

双击【SpeedProfile_1】设置每个路段的车速，如可以设置最终速度为50m/s，如图15所示。

图15　车速设置

依次单击【Parse】调试、【Build】建立，然后查看3D仿真，如图16所示。

图16　查看3D仿真

6)添加传感器。将【Camera】拖到车辆上,设置相机参数,结束单击【OK】,如图 17 所示。

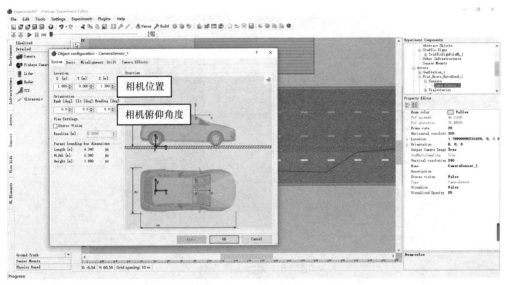

a) System设置

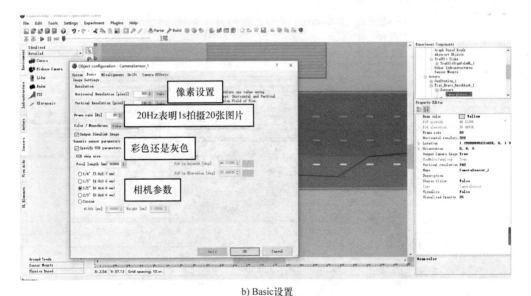

b) Basic设置

图 17　相机参数设置

7）添加人眼视角。拖入 HumanView，放入车辆上某个位置，如图 19 所示。

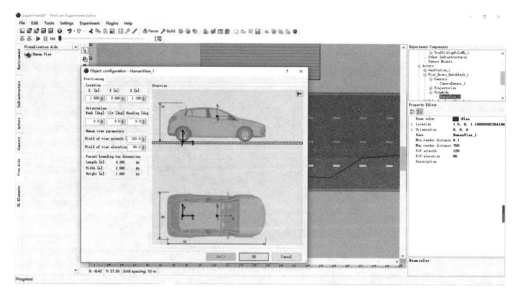

图 18　添加人眼视角

4. 通过 PreScan 打开 MATLAB

1）MATLAB 需要通过 PreScan 自带的管理打开，如图 19 所示。

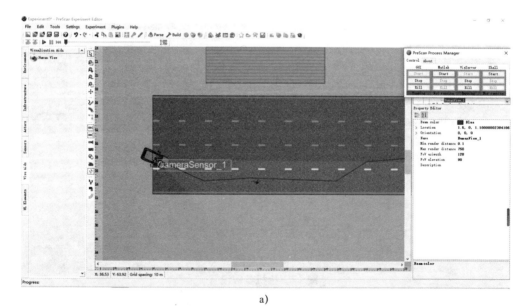

a)

图 19　在 PreScan 打开 MATLAB

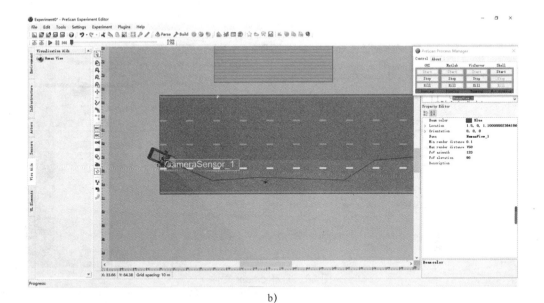

b)

c)

图 19　在 PreScan 扪开 MATLAB（续）

2）在 MATLAB 中找到 PreScan 项目路径，选择 cs.slx 文件，双击该文件，如图 20 所示。

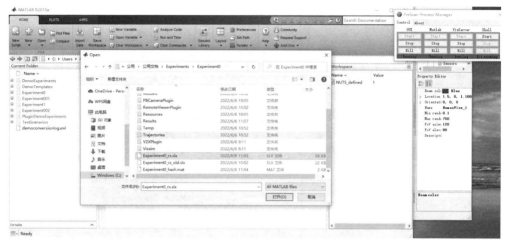

图 20　打开 cs.slx 文件

打开 cs.slx 文件，如图 21 所示。

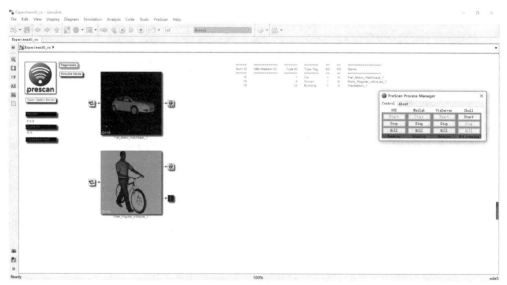

图 21　打开界面

单击【Run】进行运行，如图 22 所示。

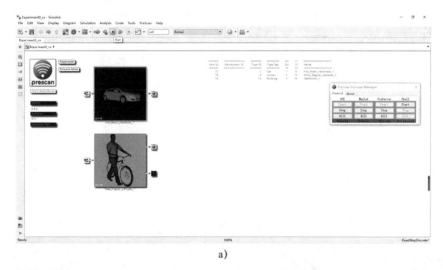

a)

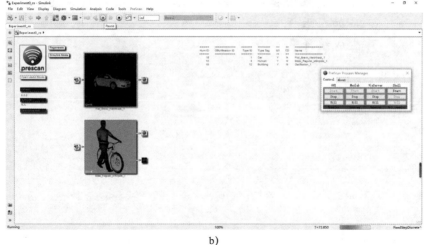

b)

图 22　运行中

注意：1. 每次在 PreScan 中设置属性后要单击【Apply】。
2. 每次修改 PreScan 后要重新单击【Parse】→【Build】，在 MATLAB 中要重新单击【Regenerate】。

五、实验结束工作

1）课后请关闭软件和计算机。
2）清理桌面，收好鼠标和键盘。
3）摆好椅子，清理地面。
4）关闭所有电源。

项目工单

姓名		班级		学号	
专业		学时		日期	
实验目的	通过对交通元素库的添加和属性编辑，使学生掌握交通场景搭建的基本流程					
工作任务	1. 打开 PreScsn GUI，找到 library 模块 2. 添加路基环境混凝土 3. 添加直横道路、建筑物并进行属性编辑 4. 添加车辆 1 台、行人 1 位并进行属性编辑和轨迹设定 5. 添加摄像头和毫米波雷达各 1 个，并进行属性编辑 6. 添加人眼视觉 7. 生成编译表				
任务准备						
制订计划						
计划实施						
实验总结						

（续）

	评分项目	知识能力	实验能力	素养	总评
质量评价	自我评分				
	小组评分				
	教师评分				
	合计				
教师反馈					
思考与练习	思考题目	1. 如何设置车道线车道数？ 2. 如何设置车辆的行驶轨迹？			
	答案记录				

项目三　视觉传感器/毫米波雷达/激光雷达的仿真实操

实 验 指 导

一、实验目的

为了使实验人员在智能网联汽车环境感知系统仿真工作中正确、准确地进行视觉传感器/毫米波雷达/激光雷达的仿真实操实验，特制定本操作规程。

二、实验仪器设备

使用设备	型号	主要技术参数
计算机	无	MATLAB、PreScan

三、实验内容与注意事项

（一）实验内容

1）了解静态场景、动态场景等虚拟场景构建。
2）了解传感器仿真、雷达模拟器。
3）利用视觉检测器模块对驾驶场景中的车辆进行检测。
4）利用雷达检测器模块对驾驶场景中的车辆进行检测。

（二）注意事项

1）遵守实验室规章制度。
2）注意人身安全和教具完好。
3）严格按照实验指导相关要求进行操作。

四、操作规程

（一）虚拟场景构建

自动驾驶汽车的仿真测试，首先需要模拟构建出与真实世界一致的车辆运行场景，而场景的构建可以分为静态场景构建和动态场景构建两个层面。

1.静态场景构建

静态场景构建的作用是还原出场景中与车辆行驶相关的静态元素，如道路（包括材质、车道线、减速带等）和静态交通元素包括交通标志、路灯、车站、隧道、周围建筑等。最常用的手段是基于高精度地图及三维重建技术完成场景的构建，或者基于增强现实的方法来构建场景。

基于高精度地图及三维重建技术构建场景，首先需要采集点云、全景图、测绘矢量等非结构化的测绘数据，并将测绘数据结构化，构建厘米级的高精度地图，其中包含路面、道路标线、交通标识等信息，之后以此为基础，使用三维建模软件建立基础设施与周边环境的可视化数字模型。静态场景构建流程如图1所示。

项目三 视觉传感器/毫米波雷达/激光雷达的仿真实操

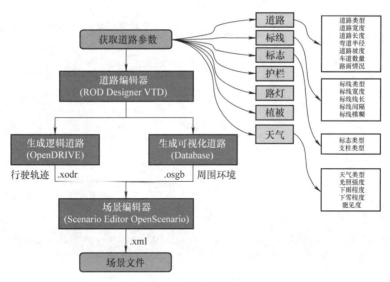

图 1 静态场景构建流程

获取的 3 种场景文件分别如图 2~图 4 所示。

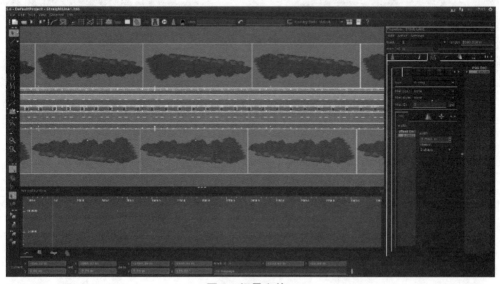

图 2 场景文件 1

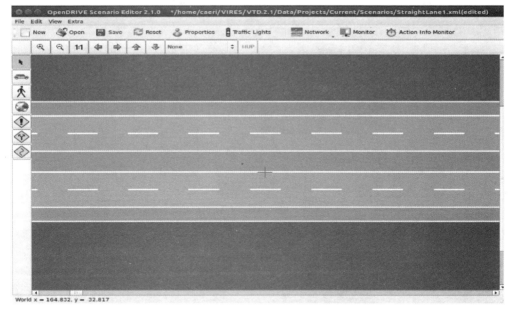

图 3　场景文件 2

图 4　场景文件 3

2. 动态场景构建

广义的动态场景元素包括动态指示设施、通信环境信息等动态环境要素，以及交通参与者（包括机动车行为、非机动车行为、行人行为等）、气象变化（雨、雪、雾等天气状况）、时间变化（主要是不同时刻光照的变化）等。

动态场景构建是为了在静态场景的基础上，复现出场景中的动态元素，并且使得这些元素的动作及其产生的影响严格遵循现实世界的物理规律以及行为逻辑。在这个层面，游戏技术（游戏渲染、物理引擎、Agent AI 等）有非常重要的作用。

首先，游戏引擎的渲染能力可以为仿真场景渲染出非常逼真的光影效果，以及风、霜、雨、雪等天气条件的变化。同时借由游戏引擎中物理引擎的力量，可以为仿真世界定义一套与现实世界一样的物理规则，让光照条件和天气条件的变化，包括各种交通元素的行为对仿真场景产生的影响与现实世界一致，这对车辆感知算法和控制算法的仿真来说非常重要。腾讯 TAD Sim 引入了世界知名的游戏引擎 UE4，得到了更好的环境仿真效果，使传感器的仿真结果更加精准。

场景中影响车辆运行的动态元素除了天气、光照等气象条件，还有测试主车之外其他交通参与者的行为。一种常用的仿真方式采用回放路采数据再现交通元素的行为，这种办法固然能保证元素行为符合现实逻辑，但无法高效构建场景库来满足测试效率需求。利用路采数据在满足交通元素符合逻辑的情况下自动化生成更多用于测试的场景库，成为自动驾驶仿真研究的一大课题。

采用游戏中的 Agent AI 技术是一个解决方案。在游戏中，Agent AI 的作用主要是定义非角色玩家（NPC）的行为，每个 NPC 都需要有自己的行为逻辑。用同样的技术，以大量路采数据训练交通流 AI，可以快速生成真实度高、交互性强的交通场景，构建庞大的场景库，提升测试效率。

动态场景目标模型如图 5 所示。

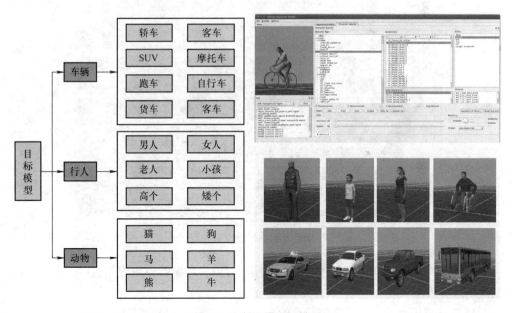

图 5　动态场景目标模型

动态场景文件分别如图 6 和图 7 所示。

（二）感知系统仿真

感知系统的仿真可以分为三个层次，其一是直接仿真传感器收到的信号，如直接仿真摄像头检测到的光学信号，或者雷达超声波和电磁波信号，这种方法叫作物理信号仿真；其次是把传感器探测的单元拆掉，直接仿真控制电控嵌入式系统中专门的数字处理芯片的输入单元，这叫作原始信号仿真；最后一种是传感器目标仿真，由传感器感知和决策。

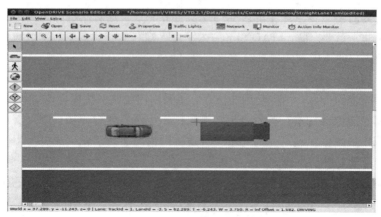

图 6　动态场景文件 1

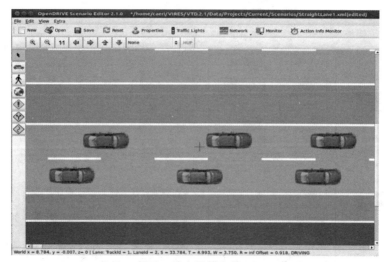

图 7　动态场景文件 2

如果分为两个不同层级的芯片来做，那么可以将传感器检测的理想目标直接仿真到决策层算法输入端。

感知系统仿真的对象主要包括摄像头、毫米波雷达和激光雷达三大类主流车端传感器。影响感知系统仿真结果的两大主要因素，首先是仿真场景重建的真实性，这一点在上一节虚拟场景构建中已经提及；另一个因素是各类传感器模型，在相同的仿真环境中，传感器模型越精确，仿真结果越接近现实。

1. 摄像头仿真

摄像头仿真的一般方法是基于环境物体的几何空间信息构建对象的三维模型，即生成逼真的图像。

根据物体的真实材质与纹理，并通过计算机图形学对三维模型添加颜色与光学属性等，以此来模拟实现图像合成。通常情况下，颜色、光学属性等元素会基于游戏渲染引擎来得到，百度阿波罗采用 Unity 3D、腾讯 TAD Sim 引入了虚幻引擎 UE4。

摄像头仿真通过坐标系转换的方法，将三维空间中的点通过透视关系变换为图像上的点。之后，还需要对相机镜头的结构与光学特性、内部数据采集过程进行仿真，如焦距、畸变、亮度调节、Gamma 调节、白平衡调节、色彩空间、景深、高动态范围（HDR）色调的调整等。

摄像头仿真每一帧的原始数据一般可以使用 RGB 或 YUV 来表示。如需把仿真结果通过网络实时传给自动驾驶系统，一般可使用 H264 压缩成视频流，减少传输带宽。摄像头仿真需要障碍物的真值信息，包括位置、朝向、包围盒、速度和类型等。除了对象检测，摄像头的仿真结果也会被用来训练其他计算机视觉算法，包括目标跟踪和语义分割等。

2. 毫米波雷达仿真

毫米波雷达仿真一般会根据配置的视场角和分辨率信息，向不同方向发射一系列虚拟连续调频毫米波，并接收目标的反射信号。不同车辆的雷达回波强度可使用微表面模型能量辐射计算方式，由车辆模型以及车辆朝向、材质等计算。

同一个障碍物会被多个调频连续波探测到。对于毫米波雷达目标级仿真，则可以根据障碍物的径向距离、距离分辨率和角度分辨率等信息对同一个障碍物的点进行聚类并返回最终仿真结果。

毫米波雷达仿真一般需要支持更改毫米波雷达安装位置、角度、探测距离、探测角度和距离分辨率、噪声参数等。对于某些兼有长距和中距探测功能的毫米波雷达，仿真时则需要同时支持两者的参数设置。

3. 激光雷达仿真

激光雷达仿真的思路是参照真实激光雷达的扫描方式，模拟每一条真实雷达射线的发射，与场景中所有物体求交。以一个 64 线、水平分辨率为 0.4°、最大探测距离为 120m 的雷达为例，该雷达每一帧会发射出 57600 条射线（64×360/0.4）与场景中所有物体求交，如果求得的交点位于最大探测距离内，则为有效点，对于 10Hz 的雷达来说，每秒需要发射 576000 条射线。针对微电子机械系统（MEMS）激光雷达，技术方案原理上与上述方法一致，主要差异是水平方向扫描不再为 360°，而是可以指定扫描的水平角度范围。

激光雷达反射强度和不同物理材质对激光雷达所使用的近红外光线反射率有关。反射强度受到障碍物距离、激光反射角度以及障碍物本身的物理材质影响。仿真时需要给场景资源设置合适的物理材质，包括各种道路、人行道、车道线、交通牌、交通灯、汽车、行人等。每一种物理材质的激光反射率都不相同，可以使用仪器提前测得每一种物理材质的激光反射率并记录下来，也可以参照某些真实激光雷达的做法，将最终反射强度归一化到 0~255。

4. 传感器模型

传感器模型如图 8 所示。

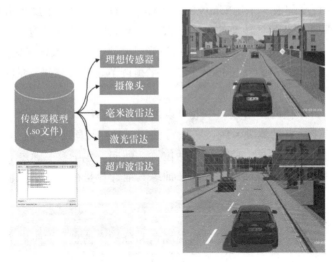

图 8　传感器模型

传感器设置界面如图 9 所示。

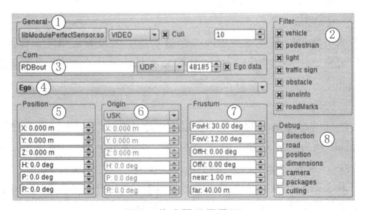

图 9　传感器设置界面

① General：选择传感器模型插件（.so 文件）、传感器类型（camera、radar）以及传感器识别的目标数量。

② Filter：滤波器，选择传感器可以探测到的目标类型（车辆、行人、交通标志、障碍物、车道线、道路标记）。

③ Com：传感器通信设置，可以设置 UDP/TCP 通信方式进行传感器数据的传递，同时还要选择一个端口号来确定传递路径。

④ Sensor owner：选择需要安装传感器的车辆名称。

⑤ Position：设置传感器安装在车辆上的位置和角度。

⑥ Origin：传感器原点。

⑦ Frustum：设置传感器探测范围，包括水平方向探测角度范围、垂直方向探测

角度范围、水平及垂直方向角以及传感器最小、最大探测距离。

⑧ Debug：故障排除设置，如设置关于传感器的故障类型。

5. 雷达测试

雷达测试暗箱内部结构如图10所示。

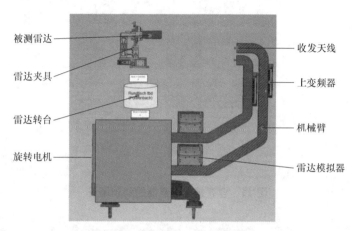

图 10 雷达测试暗箱内部结构

参数和指标见表1。

表 1 参数和指标

参数	指标
支持雷达频率	24GHz、77GHz
支持调制方式	FMCW
模拟目标数量	4
模拟方向数量	2
模拟距离	4～300m
距离精度	25cm
模拟速度	±500km/h
速度精度	0.1km/h

（三）仿真实例

1. 利用视觉检测器模块对驾驶场景中的车辆进行检测

在 MATLAB 编辑器窗口输入以下命令：

drivingScenarioDesigner（'EgoVehicleGoesStraight-VehicleFromLeftGoesStraight.mat'）

输出结果如图11所示。该驾驶场景表示主车辆自南向北行驶，直行穿过十字路口，包含一个视觉传感器；另一辆车在十字路口的左侧车道驶来，直行穿过十字路口。

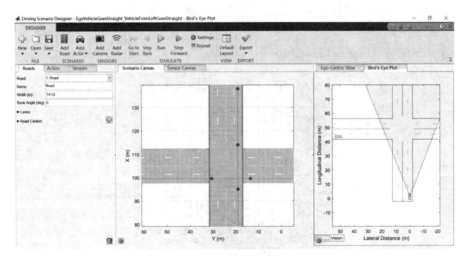

图 11　含有视觉传感器的驾驶场景

在应用程序工具栏上,选择 Export → Simulink → Model,生成驾驶场景和视觉传感器的 Simulink 模型,如图 12 所示。

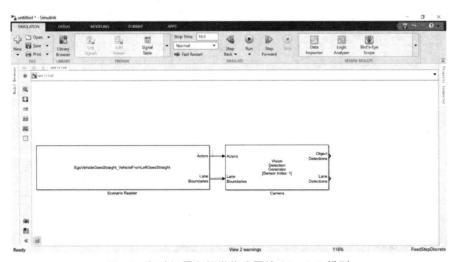

图 12　驾驶场景和视觉传感器的 Simulink 模型

单击"Bird's-Eye Scope",打开鸟瞰图,单击"Find Signals",单击"Run",车辆开始运动并进行检测,如图 13 所示。检测结果储存在 MATLAB 的工作区。

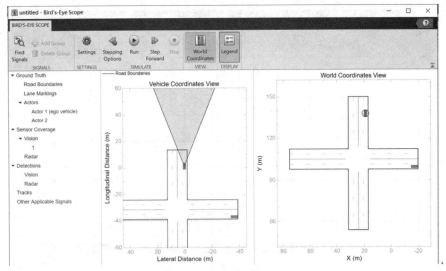

图 13 视觉传感器的检测

2. 利用雷达检测器模块对驾驶场景中的车辆进行检测

在 MATLAB 编辑器窗口输入以下命令：

drivingScenarioDesigner（'EgoVehicleGoesStraight-VehicleFromLeftTurnsLeft.mat'）

输出结果如图 14 所示。该驾驶场景表示主车辆自南向北行驶，直行穿过十字路口，包含一个毫米波雷达；另一辆车在十字路口的左侧车道驶来，在十字路口进行左转弯，且驶在主车前面。

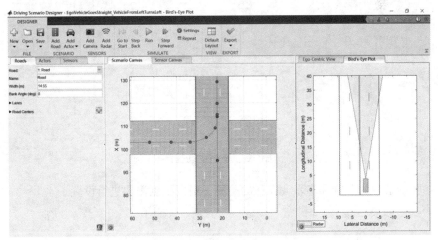

图 14 含有毫米波雷达的驾驶场景

在应用程序工具栏上，选择 Export → Simulink → Model，生成驾驶场景和毫米波雷达的 Simulink 模型，如图 15 所示。

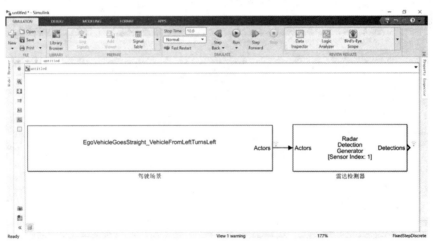

图 15　生成驾驶场景和毫米波雷达的 Simulink 模型

单击"Bird's-Eye Scope",打开鸟瞰图,单击"Find Signals",单击"Run",车辆开始运动并进行检测,如图 16 所示。检测结果储存在 MATLAB 的工作区。

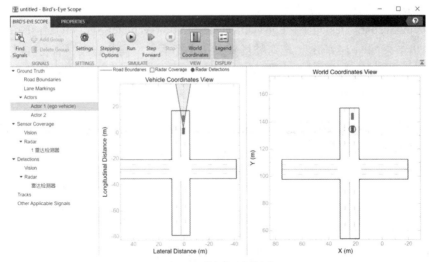

图 16　车辆运动检测

驾驶场景中的车辆和毫米波雷达的检测,可以根据需要进行设置。

项目工单

姓名		班级		学号	
专业		学时		日期	
实验目的		1. 了解静态场景、动态场景等虚拟场景构建 2. 了解传感器仿真、雷达模拟器 3. 利用视觉检测器模块对驾驶场景中的车辆进行检测 4. 利用雷达检测器模块对驾驶场景中的车辆进行检测			
工作任务		1. 使用软件构建静态场景、动态场景等虚拟场景 2. 进行仿真思路分析、熟悉仿真界面 3. 视觉检测器模块应用 4. 雷达检测器模块应用			
任务准备					
制订计划					
计划实施					
实验总结					

（续）

	评分项目	知识能力	实验能力	素养	总评
质量评价	自我评分				
	小组评分				
	教师评分				
	合计				

教师反馈	

思考与练习	思考题目	1. 简述视觉传感器/毫米波雷达/激光雷达的类型、安装位置、数量及作用？ 2. 智能网联汽车环境感知仿真要素有哪些？ 3. 如何利用视觉检测器模块对驾驶场景中的车辆进行检测？ 4. 如何利用雷达检测器模块对驾驶场景中的车辆进行检测？
	答案记录	

项目四　车道保持辅助系统仿真

实 验 指 导

一、实验目的

为了使同学们更深入直观地了解行驶过程中汽车的车道保持辅助系统，现通过 PreScan 软件和 MATLAB 软件对车道保持辅助系统进行仿真。

车道保持辅助系统仿真

二、实验仪器设备

序号	软件
1	PreScan
2	MATLAB

三、实验内容与注意事项

（一）实验内容

通过 PreScan 和 MATLAB 对车道保持辅助系统进行联合仿真。

（二）注意事项

安装 PreScan 软件时要确保可以与 MATLAB 软件连接。

四、具体实验方法

（一）了解车道保持辅助系统

车道保持辅助（LKA）系统能够帮助驾驶人在标记的车道内保持安全行驶，能够实时监测车辆与车道边线的相对位置。当 LKA 系统检测到车辆偏离车道时，可以自动调整转向恢复车道内的正确行驶，而不需要驾驶人的额外干预。

（二）实验过程

1. 打开软件

打开 PreScan 软件。

2. 选择合适的测试场景

1）单击左上角的 File。

2）选择 Open Experiment。

3）选择 TestScenarios、LKA、LKA_curved_dashed_left。

3. 测试场景概况

LKA_curved_dashed_left 测试场景中，右曲率半径 =150m，在 v=20m/s 时进行 LKA 系统仿真，车道虚线存在，如图 1 所示。

图 1　LKA 测试场景

4. 生成 MATLAB 解析表

单击图标启动 MATLAB，生成解析表，如图 2 所示。

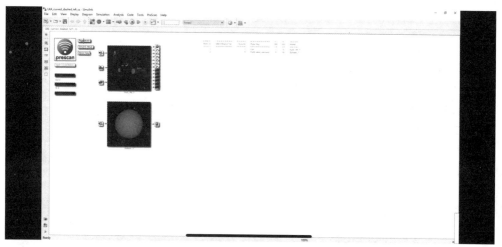

图 2　解析表

5. 进行仿真

1）双击主车，进入编译表，如图 3 所示。

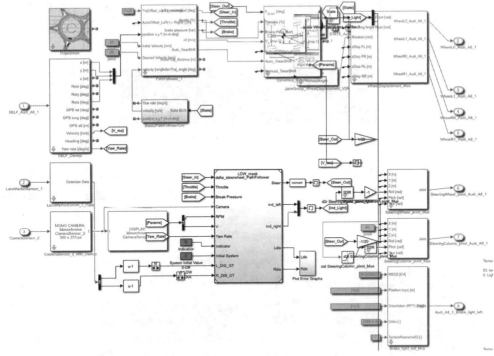

图 3　编译表

2）单击 ACC 板块。

3）开始模拟。驾驶人控制台（GUI）显示系统运行的主要参数：当前激活的运行模式、离开警告灯、自动应用的转向量（指系统适用的最大转向量）和驾驶参数，如速度、转速、制动等，如图 4 所示。

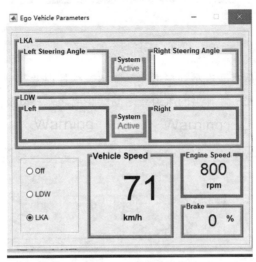

图 4　车辆参数

滤波后的视频输出表示线路检测系统对图像进行预处理后的信号。它由修剪、过滤和变换为双音（黑白）二进制矩阵组成，如图 5 所示。

图 5　预处理后的信号

系统运行的结果显示在视频上输出如图 6 所示。在图像上，线条和车道被突出显示，显示出左右交通线的距离。由 LKA 控制器应用的转向角的数量显示在相机视图的顶部部分。

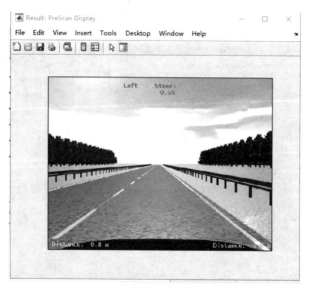

图 6　系统运行的结果

附加的系统功能是对"汽车到车道线的距离"估计误差的时间历史测量。图 7 记录了汽车和从摄像头视图计算出的车道线之间的距离之差，以及由车道标记传感器产生的地面真实距离。

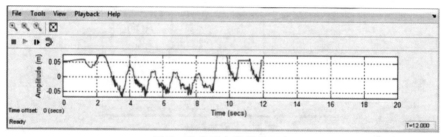

图 7　汽车到车道线的距离

默认情况下，系统以 LDW 模式启动。关闭系统或更改操作模式需要用户进行干预。还应注意的是，当驾驶人打开指示灯或主车的车速低于 50km/h 时，系统将自动停用。

车道保持辅助系统仿真如图 8 所示。

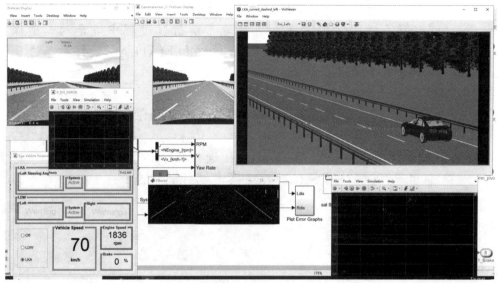

图 8　车道保持辅助系统仿真

项目工单

姓名		班级		学号	
专业		学时		日期	
实验目的	为了使同学们更深入直观地了解行驶过程中汽车的车道保持辅助系统，现通过 PreScan 软件和 MATLAB 软件对车道保持辅助系统进行仿真				
工作任务	1. 选择合适的车道保持辅助系统测试场景 2. 生成解析表和编译表 3. 使用 PreScan 与 MATLAB 进行联合仿真 4. 通过软件可视化功能观察车辆行驶状态				
任务准备					
制订计划					
计划实施					
实验总结					

（续）

	评分项目	知识能力	实验能力	素 养	总 评
质量评价	自我评分				
	小组评分				
	教师评分				
	合计				

教师反馈	

思考与练习	思考题目	1. 车道保持辅助系统应用于什么情况？ 2. 如何生成编译表？
	答案记录	

项目五 车道偏离预警系统仿真

实 验 指 导

一、实验目的

为了使同学们更深入直观地了解行驶过程中汽车的自适应巡航控制系统,现通过 PreScan 软件和 MATLAB 软件对车道偏离预警系统进行仿真。

车道偏离预警系统仿真

二、实验仪器设备

序号	软件
1	PreScan
2	MATLAB

三、实验内容与注意事项

(一)实验内容

通过 PreScan 和 MATLAB 对车道偏离预警系统进行联合仿真。

(二)注意事项

安装 PreScan 软件时要确保可以与 MATLAB 软件连接。

四、具体实验方法

(一)了解车道偏离预警系统

车道偏离预警系统能够实时监测车辆在本车道的行驶状态,并在可能受到后方碰撞危险时发出警告信息。

(二)实验过程

1. 打开 PreScan 软件

2. 选择合适的测试场景

1)单击左上角的 File。

2)选择 Open Experiment。

3)选择 TestScenarios、LKAS、ISO_LDW_curved_left_departure_left_I。

3. ISO 测试场景概况

根据 ISO 要求(ISO 17361:2007)的车道偏离警告(LDW)系统制定的 ISO 曲率试验方案(表1)如图1所示,测试场景如图2所示。

表1 ISO 曲率试验方案

参数	I	II
曲率半径	500m	250m
车速	21m/s	18m/s

项目五　车道偏离预警系统仿真

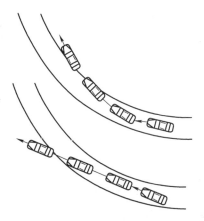

图 1　ISO 曲率试验方案

图 2　测试场景

4. 生成 MATLAB 解析表

单击图标启动 MATLAB，生成解析表，如图 3 所示。

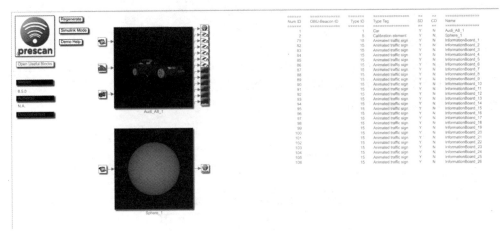

图 3　解析表

5. 进行仿真

1）双击主车，进入编译表，如图 4 所示。

49

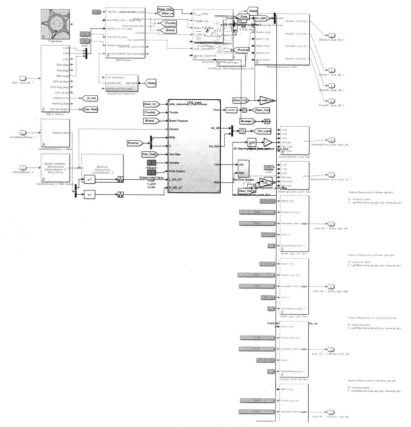

图 4　编译表

2）单击 LDWS 板块。

3）开始模拟。驾驶人控制台（GUI）显示系统运行的主要参数：当前激活的运行模式、离开警告灯、自动应用的转向量（指系统适用的最大转向量）和驾驶参数，如速度、转速、制动等，如图 5 所示。

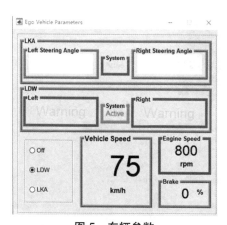

图 5　车辆参数

滤波后的视频输出表示线路检测系统对图像进行预处理后的信号。它由修剪、过滤和变换为双音（黑白）二进制矩阵组成，如图6所示。

图6　预处理后的信号

系统运行的结果显示在视频上输出如图7所示。在图像上，线条和车道被突出显示，显示出左右交通线的距离。由LKA控制器应用的转向角的数量显示在相机视图的顶部部分。

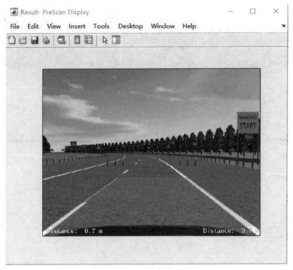

图7　系统运行结果

附加的系统功能是对"汽车到车道线的距离"估计误差的时间历史测量。图8记录了汽车和从摄像头视图计算出的车道线之间的距离之差，以及由车道标记传感器产生的地面真实距离。

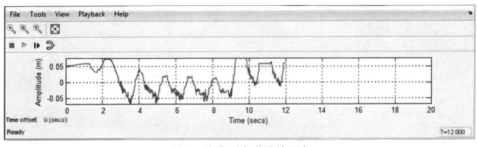

图8　汽车到车道线的距离

默认情况下，系统以 LDW 模式启动，关闭系统或更改操作模式需要用户进行干预。还应注意的是，当驾驶人打开指示灯或主车的车速低于 50km/h 时，系统将自动停用。

车道偏离预警系统仿真如图 9 所示。

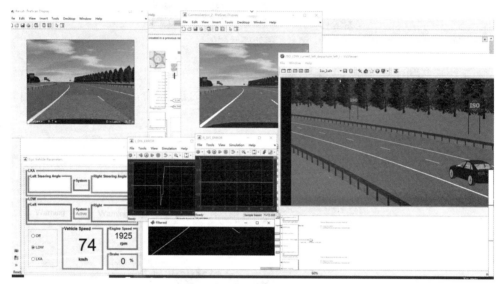

图 9　车道偏离预警系统仿真

项目工单

姓名		班级		学号	
专业		学时		日期	
实验目的	为了使同学们更深入直观地了解行驶过程中汽车的车道偏离预警系统,现通过PreScan软件和MATLAB软件对车道偏离预警系统进行仿真				
工作任务	1. 选择合适的车道偏离预警系统测试场景 2. 生成解析表和编译表 3. 使用PreScan与MATLAB进行联合仿真 4. 通过软件可视化功能观察车辆行驶状态				
任务准备					
制订计划					
计划实施					
实验总结					

（续）

	评分项目	知识能力	实验能力	素养	总　评
质量评价	自我评分				
	小组评分				
	教师评分				
	合计				

教师反馈		

思考与练习	思考题目	1. 车道偏离预警系统应用于什么情况？ 2. 车道偏离预警系统和车道保持辅助系统有什么区别？
	答案记录	

项目六　自动制动辅助系统仿真

实 验 指 导

一、实验目的

为了使同学们更深入直观地了解行驶过程中汽车的自动制动辅助系统（AEBS），现通过 PreScan 软件和 MATLAB 软件对自动制动辅助系统进行仿真。

自动制动辅助系统仿真

二、实验仪器设备

序号	软件
1	PreScan
2	MATLAB

三、实验内容与注意事项

（一）实验内容

通过 PreScan 和 MATLAB 对自动制动辅助系统进行联合仿真。

（二）注意事项

安装 PreScan 软件时要确保可以与 MATLAB 软件连接。

四、具体实验方法

（一）了解自动制动辅助系统

能够实时监测车辆前方行驶环境，并在可能发生碰撞危险时自动启动车辆制动系统使车辆减速，以避免或减轻碰撞后果。

（二）实验过程

1. 打开 PreScan 软件
2. 选择合适的测试场景
1）单击左上角的 File。
2）选择 Open Experiment。
3）选择 TestScenarios、AEBS、AEBS_TEST_B1。
3. 测试场景概况

AEBS_TEST_B1 接近慢速运动物体，模拟两种不同的测试：①目标车恒速 = 20km/h，主车恒速度 = 50km/h；②目标车恒速 = 60km/h，主车恒定速度 = 100km/h。车辆之间的初始距离为 200m。

AEBS 会在 2.6s TTC（碰撞时间）发出警告，在 1.6s 时施加 40% 制动，0.6s 时 100% 制动。

4. 生成 MATLAB 解析表

单击图标启动 MATLAB，生成解析表，如图 1 所示。

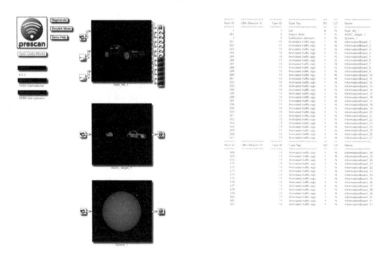

图 1　解析表

5. 进行仿真

1）双击主车，进入编译表，如图 2 所示。

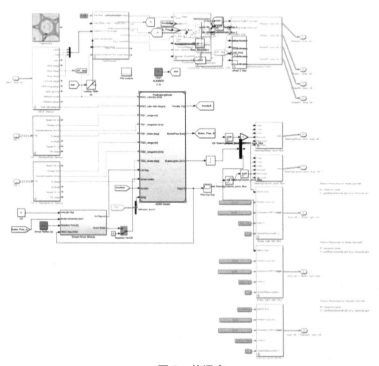

图 2　编译表

2）单击 AEBS 模块。

3）开始模拟。驾驶人控制台（GUI）显示系统运行的主要参数（图3）；激活或停用系统警告，主车辆的转速、转速、制动值等驾驶参数。

雷达输出图显示顶部雷达视图（图4），也可作为 AEBS 的可视化特征。在图4中，雷达检测到的可碰撞物体用蓝色表示，系统检测到的主要风险（TTC=2.6s 范围内的物体）用红色表示。检测到的物体会进一步用橙色或红色突出显示，这取决于系统是处于制动前阶段还是处于整个自动制动阶段。

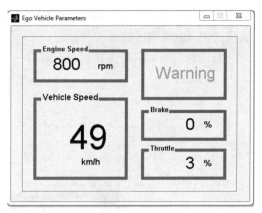

图 3　车辆参数

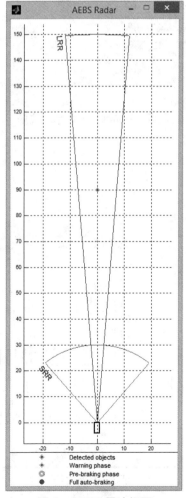

图 4　AEBS 雷达视图

模拟结束后，将会显示制动轮廓、速度与时间的关系以及连续警报标记（驾驶人警告、完全制动和碰撞）。

自动制动辅助系统仿真如图 5 所示，速度曲线如图 6 所示。

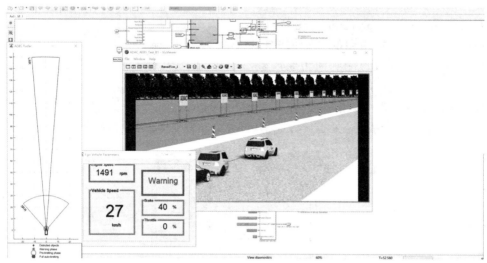

图 5　自动制动辅助系统仿真

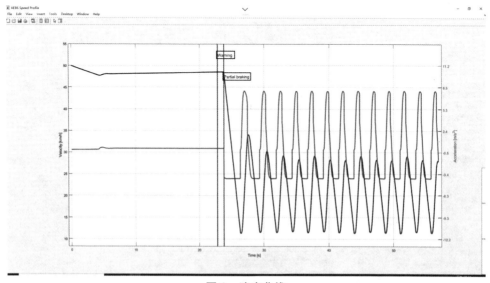

图 6　速度曲线

项目工单

姓名		班级		学号	
专业		学时		日期	
实验目的	为了使同学们更深入直观地了解行驶过程中汽车的自动制动辅助系统,现通过PreScan软件和MATLAB软件对自动制动辅助系统进行仿真				
工作任务	1.选择合适的自动制动辅助系统测试场景 2.生成解析表和编译表 3.使用PreScan与MATLAB进行联合仿真 4.通过软件可视化功能观察车辆行驶状态				
任务准备					
制订计划					
计划实施					
实验总结					

(续)

	评分项目	知识能力	实验能力	素养	总 评
质量评价	自我评分				
	小组评分				
	教师评分				
	合计				

教师反馈	

思考与练习	思考题目	1. 自动制动辅助系统应用于什么情况？ 2. TTC（碰撞时间）是如何定义的？
	答案记录	

项目七　自适应巡航控制系统仿真

实 验 指 导

一、实验目的

为了使同学们更深入直观地了解行驶过程中汽车的自适应巡航控制系统，现通过 PreScan 软件和 MATLAB 软件对自适应巡航控制系统进行仿真。

自适应巡航控制系统仿真

二、实验仪器设备

序号	软件
1	PreScan
2	MATLAB

三、实验内容与注意事项

（一）实验内容

通过 PreScan 和 MATLAB 对自适应巡航控制系统进行联合仿真。

（二）注意事项

安装 PreScan 软件时要确保可以与 MATLAB 软件连接。

四、具体实验方法

（一）了解自适应巡航控制系统

自适应巡航控制系统是典型的智能网联汽车先进驾驶辅助系统，它可以根据道路上的条件来调整主车的速度。为了使自适应巡航系统正常工作，主车必须确定它前面的车道是如何弯曲的，以及哪辆车是目标车辆。

（二）实验过程

1. 打开 PreScan 软件
2. 选择合适的测试场景
1）单击左上角的 File。
2）选择 Open Experiment。
3）选择 TestScenarios、ACC、ACC_ISO_test_001。
3. 测试场景概况

主车跟随第二辆车，第三辆车行驶在相邻车道上，第二辆车加速，如果主车通过第三辆车，那么这个测试就成功了（图 1）。

应用以下运动条件进行测试：第二辆车从 24m/s 不断加速到 27m/s，主车初速度大于 27m/s，测试场景如图 2 所示。

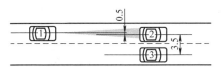 

| ISO Target Discrimination Test* | ISO Target Discrimination Test in PreScan |

图 1　目标识别测试　　　　　　　图 2　测试场景

4. 生成 MATLAB 解析表

单击图标启动 MATLAB，生成解析表，如图 3 所示。

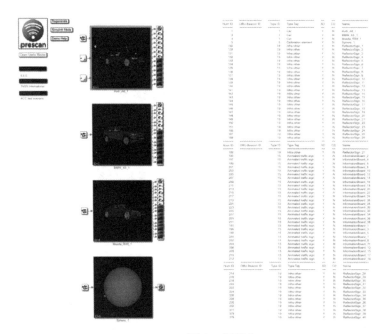

图 3　解析表

5. 进行仿真

1）双击主车，进入编译表，如图 4 所示。

2）单击 ACC 板块。

项目七　自适应巡航控制系统仿真

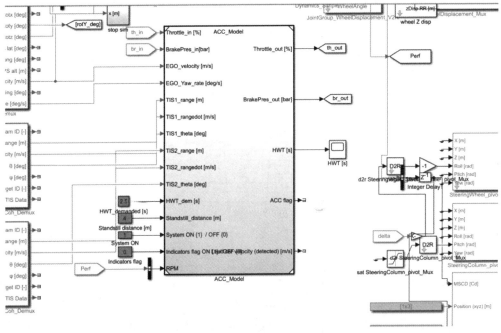

图 4　编译表

3）开始模拟。驱动控制台（GUI）显示系统运行的主要参数，如图 5 所示：当检测到车头时，显示其速度，"Adaptive Cruise Control"文本变成绿色；当控制器进入 HWT 模式时，"Adaptive Cruise Control"文本和"HWT"文本变成红色。运行模型时，在显示模块 GUI 的右上角，"ACC ON"按钮允许打开/关闭 ACC 系统。此外，GUI 还可以显示主车车辆参数，如发动机转速和速度。

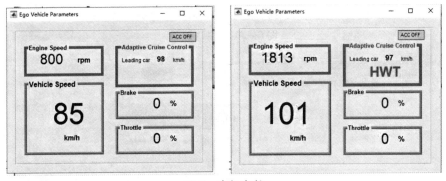

图 5　车辆参数

显示顶部雷达视图的雷达输出图也作为一个可视化特征，如图 6 所示。在图 6 中，雷达检测到的物体用蓝色突出显示，当系统进入 HWT 模式时，先导车辆会变成红色。

自适应巡航系统仿真如图 7 所示。

63

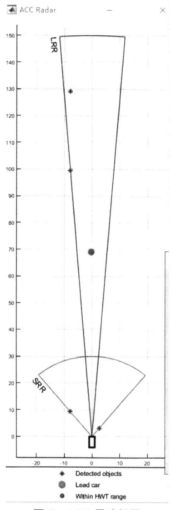

图 6 ACC 雷达视图

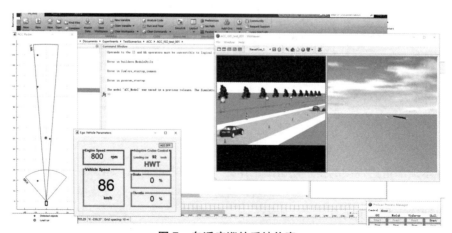

图 7 自适应巡航系统仿真

项目工单

姓名		班级		学号	
专业		学时		日期	
实验目的	为了使同学们更深入直观地了解行驶过程中汽车的自适应巡航控制系统，现通过 PreScan 软件和 MATLAB 软件对自适应巡航控制系统进行仿真				
工作任务	1. 选择合适的自适应巡航控制系统测试场景 2. 生成解析表和编译表 3. 使用 PreScan 与 MATLAB 进行联合仿真 4. 通过软件可视化功能观察车辆行驶状态				
任务准备					
制订计划					
计划实施					
实验总结					

(续)

	评分项目	知识能力	实验能力	素养	总评
质量评价	自我评分				
	小组评分				
	教师评分				
	合计				

教师反馈	

思考与练习	思考题目	1. 自适应巡航系统应用于什么场景？ 2. 在仿真测试中，主车是如何确定哪辆车是目标车辆的？
	答案记录	

项目八　限速标志识别场景的仿真测试

实　验　指　导

一、实验目的

为了使实验人员能够掌握自动驾驶仿真测试中限速标志识别场景的搭建、传感器设置、控制系统设置和仿真运行的方法，特制定本实验指导。

二、实验仪器设备

测试设备	型号	主要技术参数
PreScan	—	—

三、实验内容与注意事项

（一）实验内容

掌握自动驾驶仿真测试中限速标志识别场景的搭建、传感器设置、控制系统设置和仿真运行的方法。

（二）注意事项

1）遵守实验室规章制度。

2）严格按照实验指导相关要求进行操作。

四、操作规程

（一）操作前准备

充分了解自动驾驶汽车测试规程和注意事项，熟悉仿真软件的各个模块和基本功能。

（二）操作过程

1. 场景建模与参数设置

限速标志识别场景建模时在 Infrastructure 工具栏中构建出包含一条车道的长直道且两侧车道线为实线，根据 v_{max} 在表1中选取相对应的限速及解除限速标志牌数值，标志牌间距离至少为100m。

表1　限速标志选取参照表

v_{max}/(km/h)	初始道路限速/(km/h)	限速标志数值/(km/h)	解除限速标志/(km/h)	恢复限速标志/(km/h)
$v_{max} \geq 80$	80	60	60	80
$60 \leq v_{max} < 80$	60	40	40	60
$40 \leq v_{max} < 60$	40	30	—	—
$v_{max} < 40$	40	$v_{max}-10$	—	—

实验中，使被测车辆以高于初始道路限速的 75% 的速度在长直道内驶向限速标志。建模中设置行驶路线和限速标志等信息，如图 1 所示。

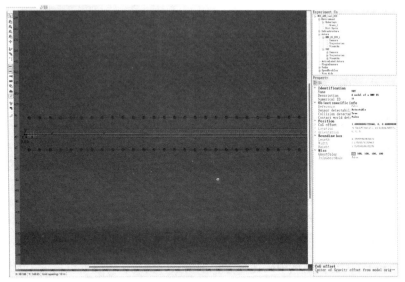

图 1　场景要素构建

2. 车辆参数和传感器参数设置

在 Actors 中选择车型，设置运行路线和车速等信息。VUT 的详细信息可以在右侧关系图谱中直接进行修改。根据车辆实际的传感器配置，在 Sensors 中选取摄像头和雷达等设备移动到车辆中进行三维位置和角度等信息设置（图 2）。如果需要重复实验，一个被测车辆只需要进行一次车辆参数和传感器参数设置，后续可以保存被测车辆信息，选取调用。

每次更改场景设置后，均需单击 Parse 加载解析，之后单击 Build 生成完成的场景文件。整改过程可以通过动画界面查看场景运行是否正常，也可以通过 PreScan Viewer 查看运行过程。

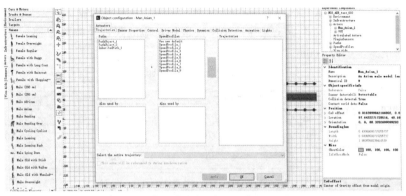

图 2　车辆参数和传感器参数设置

3. 应用场景仿真

打开 MATLAB，搜索打开构建完成的限速标志识别场景，进入 Simulink 页面，检查场景构建的元素是否符合场景要求，比如被测车辆、树木和建筑等。限速标志识别场景要素如图 3 所示。

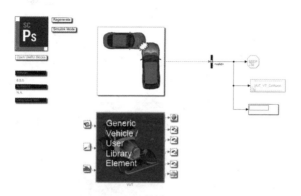

图 3　限速标志识别场景要素

单击 VUT 车辆的位置坐标信息、角度和雷达等信息，场景部分逻辑信息如图 4 所示。检查无误后单击 Run 键开始仿真运行。

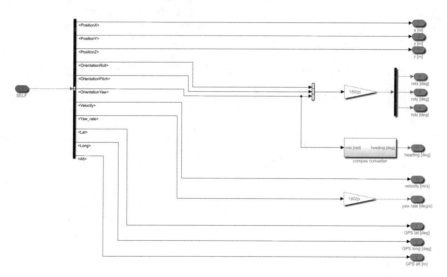

图 4　场景部分逻辑信息

4. 实验通过要求

1）试验车辆最前端超越限速标志时，速度不高于限速标志所示速度。

2）在限速标志牌间行驶时，试验车辆的行驶速度不低于该路段限速的 75%。

3）通过解除限速标志牌后 200m 时，试验车辆行驶速度不低于该路段限速的 75%。

项目工单

姓名		班级		学号	
专业		学时		日期	
实验目的	为了使实验人员能够掌握自动驾驶仿真测试中限速标志识别场景的搭建、传感器设置、控制系统设置和仿真运行的方法,特开展本实验				
工作任务	1. 构建自动驾驶仿真测试中限速标志识别场景所需的道路、车辆和行驶路线等要素 2. 进行车辆参数和传感器参数设置 3. 动画模拟运行 4. 在 MATLAB 中进行场景仿真运行				
任务准备					
制订计划					
计划实施					
实验总结					

（续）

	评分项目	知识能力	实验能力	素养	总　评
质量评价	自我评分				
	小组评分				
	教师评分				
	合计				

教师反馈	

思考与练习	思考题目	1.限速标志识别场景搭建过程中，道路的材质是否对实验结果有影响？ 2.PreScan Viewer 中查看到的运行过程，是否可以完全代替 MATLAB 中的仿真运行？为什么？ 3.在仿真测试中，车辆传感器的响应是否会受到天气的影响？为什么？
	答案记录	

项目九 前方车辆停 - 走场景的仿真测试

实 验 指 导

一、实验目的

为了使实验人员能够掌握自动驾驶仿真测试中前方车辆停 - 走场景的搭建、传感器设置、控制系统设置和仿真运行的方法，特制定本实验指导。

二、实验仪器设备

测试设备	型号	主要技术参数
PreScan	—	—

三、实验内容与注意事项

（一）实验内容

掌握自动驾驶仿真测试中前方车辆停 - 走场景的搭建、传感器设置、控制系统设置和仿真运行的方法。

（二）注意事项

1）遵守实验室规章制度。

2）严格按照实验指导相关要求进行操作。

四、操作规程

（一）操作前准备

充分了解自动驾驶汽车测试规程和注意事项，熟悉仿真软件的各个模块和基本功能。

（二）操作过程

1. 场景建模与参数设置

前方车辆停 - 走场景建模时在 Infrastructure 工具栏中构建出包含一条车道的长直道且两侧车道线为实线；设置路线使得被测车辆紧跟在目标车辆后方行驶。设置目标车辆以 v_{max} 的 75% 行驶。若具备换道行驶能力，目标车辆减速至停止过程中，试验车辆应完成换道并超越目标车辆且不与目标车辆发生碰撞。

使得试验车辆稳定跟随目标车辆行驶后，目标车辆以 2 ~ 3m/s² 减速度减速直至停止；若试验车辆保持跟随状态，当试验车辆车速降为 0km/h 后，目标车辆起步并于 2s 内达到 10km/h。场景要素构建如图 1 所示。

项目九　前方车辆停-走场景的仿真测试

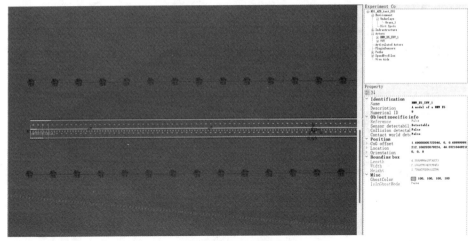

图 1　场景要素构建

被测车辆若具备换道行驶能力，目标车辆减速至停止过程中，试验车辆应完成换道并超越目标车辆且不与目标车辆发生碰撞。若不具备换道行驶能力，试验车辆应跟随目标车辆且不与目标车辆发生碰撞。

2. 车辆参数和传感器参数设置

在 Actors 中选择车型，设置运行路线和车速等信息。VUT 的详细信息可以在右侧关系图谱中直接进行修改。根据车辆实际的传感器配置，在 Sensors 中选取摄像头和雷达等设备移动到车辆中进行三维位置和角度等信息设置（图 2）。如果一辆被测车辆需要多次实验，则只需设置一次参数，保存车辆模板即可。

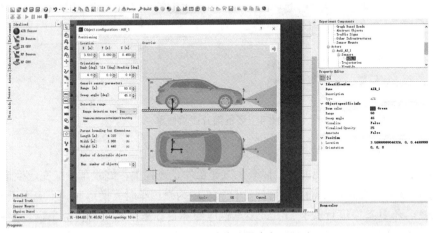

图 2　车辆参数和传感器参数设置

每次更改场景设置后，均需单击 Parse 加载解析，之后单击 Build 生成完成的场景文件。整改过程可以通过动画界面查看场景运行是否正常，也可以通过 PreScan Viewer 查看运行过程。

3. 应用场景仿真

打开 MATLAB，搜索打开构建完成的前方车辆停-走场景，进入 Simulink 页面，检查场景构建的元素是否符合场景要求，比如被测车辆、树木和建筑等。前方车辆停-走场景要素如图 3 所示。

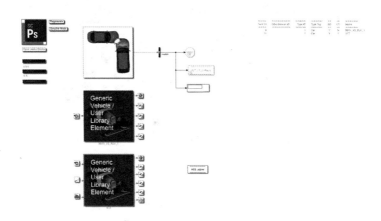

图 3　MATLAB 中场景要素

单击 VUT 车辆的位置坐标信息、角度和雷达等信息，场景部分逻辑信息如图 4 所示。检查无误后单击 Run 键开始仿真运行。

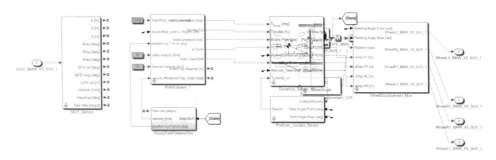

图 4　场景部分逻辑信息

4. 实验通过要求

1）若具备换道行驶能力，目标车辆减速至停止过程中，试验车辆应完成换道并超越目标车辆且不与目标车辆发生碰撞；试验车辆为乘用车时，换道时间不应大于 5s。

2）若不具备换道行驶能力，试验车辆应跟随目标车辆且不与目标车辆发生碰撞；试验车辆为乘用车时，起动时间不应大于 3s，试验车辆为商用车辆时，起动时间不应大于 5s。

项目九 前方车辆停-走场景的仿真测试

<h2 style="text-align:center">项目工单</h2>

姓名		班级		学号	
专业		学时		日期	
实验目的	为了使实验人员能够掌握自动驾驶仿真测试中前方车辆停-走场景的搭建、传感器设置、控制系统设置和仿真运行的方法,特开展本实验					
工作任务	1. 构建自动驾驶仿真测试中前方车辆停-走场景所需的道路、车辆和行驶路线等要素 2. 进行车辆参数和传感器参数设置 3. 动画模拟运行 4. 在 MATLAB 中进行场景仿真运行					
任务准备						
制订计划						
计划实施						
实验总结						

（续）

	评分项目	知识能力	实验能力	素养	总评
质量评价	自我评分				
	小组评分				
	教师评分				
	合计				

教师反馈	

思考与练习	思考题目	1. 在前方车辆停-走场景搭建过程中，在路两边放置树木和建筑物，是否会影响场景测试？为什么？ 2. 在前方车辆停-走场景搭建过程中，是否可以不搭建路沿石？ 3. 在场景仿真运行前，要确认哪些信息？
	答案记录	